Peter Blau

Was gibt es Neues?

Inhalt

Inhalt

Fragen über Fragen

Besuchen Sie uns im Internet unter: www.amalthea.at

© 2014 by Amalthea Signum Verlag, Wien
Alle Rechte vorbehalten
Umschlaggestaltung: Elisabeth Pirker, OFFBEAT
Umschlagfotos: vorne: © ORF/Milenko Badzic (Vitásek, Baier, Marold, Gernot,
Beimpold), ORF/Ali Schafler (Maurer), ORF/Thomas Jantzen (Niavarani);
hinten: © ORF/Milenko Badzic (alle)
Lektorat: Victoria Bauernberger
Herstellung und Satz: Franz Hanns
Gesetzt aus der Charlotte Book 10/13,8 Punkt
Printed in the EU
ISBN 978-3-85002-886-8

Peter Blau

Das Buch zur Sendung

Mit Beiträgen von
Oliver Baier & Michael Niavarani

Mit 61 Abbildungen

Amalthea

»Herzlich willkommen und einen schönen Freitagabend ...«

Vorwort von Oliver Baier

Fast schon 350 Mal habe ich Sie auf diese und ähnliche Weise begrüßt und vierzig Minuten eingeläutet, die sich im Laufe von zehn Jahren zu einem Dauerbrenner im österreichischen Fernsehen entwickelt haben. Dank Ihrer Treue ist »Was gibt es Neues?« ein Fixpunkt in der heimischen TV-Landschaft geworden. Wiewohl dieser Sendung kein neuartiges Konzept zugrunde lag und wir am Anfang mit diesem Format gegen eine übermächtig scheinende deutsche Konkurrenz angetreten sind, haben wir uns innerhalb unseres ersten Jahres mit eigenständigen Ideen, Rubriken und spontanem Witz zu dem gemausert, wofür wir heute bekannt sind.

Gegenüber Kritikern, die das Konzept als nichts Originäres angesehen haben, konterte ich damals, im Jahr 2004, dass Fußball auch in England entstanden ist, aber Griechenland Europameister wurde. Ja, Griechenland! Diese Tatsache zeigt, dass zehn Jahre ein wirklich langer Zeitraum sind.

Aber der eigentliche Erfolg dieser Sendung lag nie in den konzeptionellen Gedanken, sondern in der Qualität von fünf variierenden Menschen, die Woche für Woche in meinem Rateteam Platz nehmen, um meinen absurden Fragen noch absurdere Antworten entgegenzusetzen.

Der richtige Mix dieser Kandidatenrunde ist das eigentliche Erfolgsgeheimnis, denn ohne die Speerspitzen der heimischen Kabarettlandschaft wäre »Was gibt es Neues?« nicht machbar.

In diesem Buch wollen wir Sie einladen, uns von den Anfängen bis zur Gegenwart zu begleiten, und Sie werden überrascht sein, wie sich diese Sendung von den ersten Ausgaben bis heute entwickelt hat. An dieser Erfolgsstory sind mehrere Leute beteiligt, einige sogar von

Anfang an, und bei all diesen, die im Hintergrund eifrig geleitet, gelenkt, organisiert, inszeniert, mobilisiert, kreiert und produziert haben, möchte ich mich an dieser Stelle herzlich bedanken.

Sie, das Publikum, haben uns innerhalb dieser zehn Jahre begeistert aufgenommen und lieb gewonnen, da solche Sendungen wie der wöchentliche Stammtisch funktionieren, an dem man Platz nimmt und sich daran erfreut, dass einem vertraut gewordene Menschen ein Thema, das man eventuell sogar selbst eingebracht hat, mit Spontanhumor und schrägem Witz abhandeln.

Ich hoffe, wir schaffen das auch weiterhin. Aber solange Sie uns mit Fragen versorgen, werden wir versuchen, verrückte Antworten zu finden. So gesehen freue ich mich auf weitere zehn Jahre und vielleicht schreibe ich im Vorwort des Jahres 2024, dass Fußball auch in England entstanden ist, aber Österreich Europameister wurde. Einen 300-Euro-Büchergutschein wär's mir wert.

OLIVER BAIER

Wie alles begann

Wer hätte das gedacht? Damals im Frühsommer 2004, als sich drei kreative Köpfe zusammensetzten, um eine österreichische Version der in Deutschland gerade so erfolgreichen Comedy-Quiz-Serie »Genial daneben« zu ersinnen. Wer hätte gedacht, dass dabei eine Sendung herauskommt, die sich schon nach wenigen Sendungen so sehr in die Herzen der Zuschauer spielen würde, dass sie auch zehn Jahre später noch mit ihrem ureigenen Schmäh als unangefochtener Fixpunkt der Freitag-Abend-Unterhaltung Woche für Woche für Spiel und Spaß sorgt? Sandra Winkler hatte es gedacht. Die ehemalige Comedy-Chefin des ORF überraschte die Mitarbeiter von »Was gibt es Neues?« bereits während der zweiten Staffel mit der mutigen Prophezeiung: »Mit der Sendung gehen wir noch alle in Pension!« Die ersten haben das bald geschafft.

Doch zurück zu den Anfängen der Entstehungsgeschichte dieses komischen Kleinods der Fernseh-Belustigung. Natürlich war es dem kleinen Entwicklungsteam ein fröhliches Bedürfnis, eine originäre und eigenständige Sendung zu erschaffen. Also verfiel das neben Sandra Winkler noch aus Redakteur Peter Wustinger und Moderator Oliver Baier bestehende Trio auf die Idee, ihr einen brisanten Anstrich zu verleihen: Dem möglichst phantasievollen und komödiantisch begabten Rateteam sollten ausschließlich Fragen rund um das aktuelle Wochengeschehen gestellt werden. Zusätzlich solle jede Sendung mit einer pointenreichen fünfminütigen Stand-Up-Comedy des Moderators beginnen, in der sich abermals alles um das aktuelle Wochengeschehen dreht.

Die Frage, ob wirklich jede Woche so viel Witziges und »Fragwürdiges« passiert, dass sich damit eine Sendung füllen lässt, stellte sich zu diesem Zeitpunkt noch niemand. Ganz zu schweigen von der ebenfalls nicht ganz unwesentlichen Frage, wie diese Wochenaktualität über-

haupt zu bewerkstelligen sein soll, wenn die Sendungen zum Teil bis
zu drei Wochen vor ihrem Ausstrahlungstermin aufgezeichnet werden.
Kaum war dieser Plan gefasst, begann die Suche nach dem Sendungstitel. Das ist üblicherweise ein langwieriger Vorgang, der mit allgemei-
nem Brainstorming beginnt und über etliche endlose Sitzungen im
Idealfall zu einem Ergebnis führt, das dann schlussendlich wieder zur
Diskussion gestellt wird, sodass das Prozedere von vorne beginnen
kann. In seltenen Glücksfällen genügt das richtige Wort zum richtigen Zeitpunkt, um die Debatte zu beenden. Nur ein einziger Fall ist
bislang bekannt, in dem ein spontan ein Liedchen anstimmender
Redakteur im Schnellverfahren zum Taufpaten einer Sendung avancierte. In Anbetracht der gerade eifrig angepeilten Aktualität der zu
betitelnden Sendung erwachten in Peter Wustinger nämlich Kind-
heits- und Jugenderinnerungen an einen beliebten Dauerbrenner des
ORF: Heinz Conrads' zunächst als Radiosendung konzipierte und später auch fürs Fernsehen adaptierte Sendung »Was gibt es Neues?«.
Deren berühmte gleichnamige Kennmelodie stimmte er unwillkürlich
an – und bekam für diesen Vorschlag den spontanen Zuschlag.
Von dem einst geplanten unmittelbaren Gegenwartsbezug der Sendung ist allerdings außer dem Titel und den auf das Tagesgeschehen
gemünzten satirischen Anspielungen des Rateteams nicht viel geblie-
ben. Eine ursprünglich für den Beginn jeder Folge geplante aktuelle
Stand-Up-Comedy wurde bereits nach der ersten Staffel gestrichen,
weil sich rasch herausstellte, dass der Unterhaltungswert geschriebe-
ner Pointen nur in seltenen Fällen jenem improvisierter Scherze und
Blödeleien des Rateteams das Wasser reichen kann. Das zeigte sich
nicht nur bei jener unvergesslichen Probesendung, für die ein
namentlich nicht genannt werden sollender und mit dem Füllen der
Besucherränge beauftragter Mitarbeiter einer Komparserie unter Vermeidung jeglichen Mitdenkens kurzerhand eine Busladung tschechi-
scher Studenten als günstige Publikumskulisse engagiert hatte. Die
Sprachbarriere ließ die ganze Show über keinerlei Stimmung aufkommen. »Das war eine Pilot-Sendung wie ein Geisterspiel vor leeren Rängen«, erinnert sich Oliver Baier mit Schauder.
Dass spontane Späße ganz grundsätzlich eher für ausgelassene Hei-

10 years after: Moderator Oliver Baier bei der ersten Sendung am 1. Oktober 2004 ...

terkeit sorgen als gescriptete Witze, weiß man auch im Kabarett, wo ja gelegentlich sogar vermeintlich spontane Reaktionen auf (sorgsam eingeplante) Pannen oder (absichtlich) fehlende Requisiten genau einstudiert werden, um einem schwächeren Sketch zu etwas mehr Komik und Publikumswirksamkeit zu verhelfen. Bei »Was gibt es Neues?« wird vorher nichts geprobt. Keiner im Rateteam kennt die Fragen oder weiß, was auf ihn zukommt. Wenn also dort einmal der Schmäh rennt, ist das garantiert immer lustiger und authentischer als jede vorbereitete Pointe. Je schneller das Team sich auf die Fragen stürzen kann und in Fahrt kommt, umso besser. Dieses Argument war schlussendlich auch ausschlaggebend dafür, dass ein zweiter – vermeintlich unverzichtbarer – Eckpfeiler der Sendung gefällt wurde. Und das, ohne ihre Stabilität auch nur im Mindesten zu gefährden.

Um dem Titel »Was gibt es Neues?« zumindest halbwegs gerecht zu werden, wurde die ersten Jahre über geradezu krampfhaft versucht, jede Frage und jeden rätselhaften Fachbegriff zumindest in einen pseudoaktuellen Kontext zu setzen. Sollte nach dem »Schweizer Riegel« gefragt werden, wurde – nur für die Anmoderation – so lange recherchiert, bis eine zufällig gerade eröffnete, aber grundsätzlich völlig unerhebliche Messe für Bauen und Wohnen in Basel gefunden war. Die im Pilotenjargon gebräuchliche Floskel »kill the rabbit« konnte erst am Welttierschutztag begründet zum Einsatz kommen, der »Stechgroschen« stand bis zum Weltspartag auf der Warteliste. Lautete die Frage, warum auf mittelalterlichen Marktplätzen an geheimen Stellen Spielwürfel versteckt waren, musste für die Überleitung gar die Eröffnung eines »würfelförmigen Kunstmuseums auf einem zentralen Platz in Stuttgart« bemüht werden. Ganz schön viel Aufwand und Arbeit für die Einflechtung vornehmlich verwirrender und bremsender Fremdkörper im Sendungsablauf.

Der Erkenntnis, dass vorgefertigte Witzigkeiten eine vom spontanen Schmäh lebende Sendung nur in Ausnahmefällen humoristisch bereichern können, fiel auch die ursprüngliche Version der »Promifrage« zum Opfer. Nicht mehr viele werden sich daran erinnern können, dass es anfänglich nur selten die Prominenten selbst waren, die die Schlussfrage stellten, sondern Parodisten, die die Promis auf möglichst lustige Weise persiflierten. Kabarettist und Stimmtalent Herbert Haider fragte beispielsweise als »bäriger« Hansi Hinterseer nach dem »Vibrationsbär« und Ö3-Comedian Christian Schwab stellte in seiner damaligen Paraderolle als »Sepp Schnorcher« gleich in mehreren Folgen Fragen mit sprachlichem Heimatbezug zu seinem »Klingenden Österreich«. Inzwischen ist es – abgesehen vom »Sendungsthema« – ausgerechnet diese einst als Element von vermeintlich zeitloser Lustigkeit geplante »Promifrage«, die in jeder Folge von »Was gibt es Neues?« zumindest für einen abschließenden Hauch der vom Sendungstitel angedeuteten Aktualität sorgt.

Ganz schnell wieder verworfen wurde auch die 2008 in einigen wenigen Folgen ausprobierte »Panikfrage«. Zur Erinnerung: Dabei handelte es sich um eine aus sendungsdynamischen Gründen einge-

... und zehn Jahre später.

führte Schnellraterunde, bei der jeder im Rateteam die Aufgabe hatte, eine ganz kurze Erklärung für das in die Runde geworfene Rätselwort aus der Hüfte zu schießen. Sie erwies sich jedoch vielmehr als Schuss ins eigene Knie, beraubte sie das Team und die Sendung doch der unverzichtbaren Möglichkeit, entspannt miteinander Schmäh führen zu können.

Als durchaus funktionell erwies sich indes die Einführung der Figur des ratlosen Archivars Bruckmann. Wenn es darum geht, Fragen aus aller Welt zu stellen, die einer etwas ausführlicheren Anmoderation bedürfen, hat dieser komische Kauz, der in Form einer unterbrech-baren Zuspielung zugeschaltet wird, deutlich bessere Karten als Oliver Baier, der oft darum kämpfen muss, sich inmitten der Kinderge-burtstagsstimmung beim Rateteam Gehör zu verschaffen. ORF-Innenpolitik-Redakteur und Nebenerwerbs-Kabarettist Claus Bruckmann verkörpert die Rolle des etwas unbeholfenen Kollegen aus den lichtlosen Katakomben überdies dermaßen glaubwürdig, dass ihn immer wieder Fragen per Post erreichen, die mit »ORF-Archiv, z. H. Herrn Bruckmann« adressiert sind.

Der Welttag
der Frustrationsschreie

Das Sendungsthema ist ein Kapitel für sich. In erster Linie dient es ja nur dazu, das Wesen oder den Charakter der Goodies zu bestimmen, mit denen Oliver Baier seine Spielkameraden für besonders originelle Rateleistungen belohnt. Gelegentlich orientiert sich auch die eine oder andere Frage an dem Sendungsmotto oder -thema. Nach über 350 Ausgaben von »Was gibt es Neues?« wäre es aber reichlich einfallslos, alle Jahre wieder auf die gängigen saisonalen Feiertage wie Weihnachten, Ostern, Song Contest oder Halloween zurückzugreifen. Auch die ORF-internen Anlässe, wie der Start einer neuen »Dancing Stars«- oder »Die große Chance«-Staffel, wiederholen sich mit der Zeit. Weltbewegende Großereignisse wie Olympische Spiele oder Venus-Transits finden leider auch nicht alle paar Monate statt. Und so manche ORF-Schwerpunktaktion, zu deren Thema sich die Direktion auch eine eigene »Was gibt es Neues?«-Sendung wünschen würde, ist für eine Sendung, in der es möglichst spaßig zugehen soll, schlicht ungeeignet. Nichts gegen »Bewusst gesund«, aber Blutdruckmessgeräte und Ergometer sind schlicht zu unhandlich und gefährlich, um sie den Lustigen aus der ersten Reihe zuzuwerfen.

Die Aufgabe, möglichst viele neue, außergewöhnliche Anlässe ausfindig zu machen, gestaltet sich folgerichtig von Staffel zu Staffel herausfordernder. Immer hemmungsloser wird daher in letzter Zeit zu diesem Zweck in dem reichhaltigen Angebot kurioser Gedenktage und merkwürdiger Jubiläen gewildert: Vom 100. Todestag Karl Mays, dem 250. Geburtstag des Puzzles oder dem 150. Jahrestag der ersten Hundeausstellung in Österreich bis zum »Sprich wie ein Pirat«-Tag, dem »Tag des verlorenen Sockens« und dem »Welttag der Frustrationsschreie«.

Besonders beliebt sind natürlich Feier-, Gedenk- und Welttage, zu denen es Lustiges zu erzählen gibt. Wie zu dem alljährlich am 4. Mai begangenen – und selbstverständlich auch bereits von »Was gibt es Neues?« abgefeierten – »International Star Wars Day«. Welche Floskel entspricht im Universum der Jedi-Ritter unserem »Grüß Gott«, »Mahlzeit« oder »Auf Wiederschauen«? Ganz klar: »Möge die Macht mit dir sein.« Mit genau diesem Satz verabschiedete sich daher auch George Lucas – Drehbuchautor, Produzent und Regisseur der epischen Science-Fiction-Saga – im Jahr 2005 von einem Interviewer des deutschen Nachrichtensenders »n-tv«. Auf Englisch versteht sich: »May the force be with you.« Übersetzt wurde dieser berühmte Satz vom offenbar nicht besonders »Star Wars«-affinen Simultan-Dolmetscher auf inzwischen schon legendäre Weise: »Am 4. Mai sind wir bei Ihnen.«

Um der Wahrheit die Ehre zu geben: Diese schöne Geschichte war nicht der Auslöser dafür, dass der 4. Mai zum »International Star Wars Day« ernannt wurde. Die akustische Ähnlichkeit von »May the fourth« und »May the force ...« war schon einige Jahre zuvor von ein paar humoristisch begabten Fans zum Anlass genommen worden, dieses Datum zum Feiertag zu küren.

Die Liste jener Gedenktage, denen möglicherweise schon bald eigene »Was gibt es Neues?«-Sendungen gewidmet sein sollen, ist noch lang. Als ganz besonderes akustisches Erlebnis könnte die Sendung zu Ehren des »Welttags der Blockflöte« (10.1.) in die ORF-Geschichte eingehen. Der »Welttag der Taschenlampe« (21.12.) würde für ein im österreichischen Fernsehen erst- und letztmaliges Beleuchtungskonzept sorgen. Am »Tag der Schachtelsätze« (25.2.) müssten alle Wortmeldungen des Rateteams mindestens drei Nebensätze beinhalten, am »Tag der schlechten Wortspiele« (12.11.) mindestens ein schlechtes Wortspiel. Am »Zuspätkommtag« (30.7.) beginnt »Was gibt es Neues?« – aber wirklich nur ausnahmsweise – nicht zu dem im Fernsehprogramm angegebenen Zeitpunkt. Dafür dann umso feierlicher.

Drei Welttage könnten von der Redaktion kurzerhand zu internen Feiertagen umfunktioniert werden. Am »Unsichtbarkeitstag« (11.4.) gibt es zur Freude der kaufmännischen Direktion nicht nur kostengünstige unsichtbare Goodies, er wird vor allem zu Ehren all jener

Im Februar 2013 feierte »Was gibt es Neues?« seine 300. Ausgabe! Stehend v. l. n. r.: Gerold Rudle, Autor Peter Blau, Redakteur Peter Wustinger, Regisseurin Heidi Haschek, Michael Niavarani, »Gebhardt Productions«-Chef Florian Gebhardt, Viktor Gernot, Eva Marold, Bildmeisterin Kornelia Meriä, Aufnahmeleiter Christian Srnka. Sitzend v. l. n. r.: Regieassistentin Karin Tschabuschnig, Dominique Dünser, Uli Beimpold, Oliver Baier, Claudia Kellner, Laura Haschek.

Mitarbeiter von »Was gibt es Neues?« gefeiert, die »unsichtbar« hinter den Kulissen werkeln. Neben den vielen Fachkräften für Licht, Ton, Kamera, Maske, Kostüm etc. sind es vor allem der seit Anbeginn zuständige ORF-Redakteur Peter Wustinger und das kleine, umsichtige und unendlich emsige Team von »Gebhardt Productions«, die von den Voraufzeichnungen der Zuschauerfragen über die exakte Organisation der Aufzeichnungen bis zum Versand der Büchergutscheine alles, dessen es für den reibungslosen Betrieb der Sendung bedarf, sorgsam aber fest im Griff haben.*

Kein Gedenktag wäre indes geeigneter als der »Ich habe die Kontrolle«-Tag (30.3.), um jenen Herrn und all seine Verdienste gebüh-

---

* Zumindest in dieser Fußnote unbedingt namentlich erwähnt werden müssen in diesem Zusammenhang Dominique Dünser, Laura Haschek, Claudia Kellner, Angela Stockinger und Aufnahmeleiter Christian Srnka.

rend hochleben zu lassen, der Woche für Woche sein Talent und Geschick als Flohzirkus-Direktor und Ratefüchse-Dompteur unter Beweis stellen muss. Schließlich hat er als Radiomoderator (z. B. »One o'clock«), Kabarettist (z. B. »Schlagerschlachtung«), TV-Regisseur (z. B. »Echt Fett«) und Schauspieler (u. a. in dem zweiteiligen TV-Film »Aufschneider«, im »stadtTheater Walfischgasse« und bei den »Komödienspielen Porcia«) die heimische Unterhaltungslandschaft in den letzten 20 Jahren multimedial mitgeprägt: »Was gibt es Neues?«-Moderator Oliver Baier. Ihm obliegt die verantwortungsvolle Aufgabe, das fröhliche Chaos zu leiten und die oftmals ausufernde Stimmung im richtigen Moment in die gewünschten Bahnen zu lenken.

Am »Tag des scharfen Essens« (19.8.) gibt es dann für das Rateteam büschelweise frische Pfefferoni als Goodies. Und das nur, um Regisseurin Heidi Haschek und ihrer Regie-Assistentin Karin Tschabuschnig, die von Anfang an maßgeblich Anteil am Erfolg von »Was gibt es Neues?« haben, eine Freude zu bereiten. Ob sie Fans scharf gewürzter Speisen sind, spielt dabei keine Rolle. Vielmehr geht es um das Gefühl der Genugtuung und der Glückseligkeit, dass das Rateteam trotz der – von ihnen immer wieder heftig kritisierten – Essbarkeit der ihm zugeworfenen Belohnungen voraussichtlich keine tonstörenden Kau- und Knabbergeräusche erzeugen wird.

Das Ding der Woche

Über so manche Sendungen und Sendungselemente wird wochenlang konzeptionell nachgedacht, bevor sie pilotiert, verbessert oder wieder verworfen werden. Andere stolpern einfach auf Sendung und dürfen ungeplant und unerprobt ihre Feuertaufe bestehen. So in etwa war das mit dem »Ding der Woche«. Ehre, wem Ehre gebührt: Radio-Redakteurin Julia Korponay-Pfeifer war es, die nach der Ausstrahlung der ersten Folgen von »Was gibt es Neues?« eines Morgens ein merkwürdiges Plastikteil mit zwei Bändern in der Redaktion vorbeibrachte und vorschlug, das Rateteam doch auch nach dem Zweck unerklärlicher Gegenstände suchen zu lassen. Die zum Teil sehr kreativen, vergeblichen und komischen Versuche der Anwesenden, dem Sinne des Erfinders auf die Spur zu kommen, veranlassten die Sendungsverantwortlichen, dieses Spiel gleich tags darauf bei der nächsten Aufzeichnung auszuprobieren. Das »Ding der Woche« war geboren.

»Hätte dieser Versuchsballon nicht auf Anhieb funktioniert«, erinnert sich Peter Wustinger an seine damalige Rückversicherung, »wäre die Passage halt wieder herausgeschnitten worden. Und außer den Besuchern im Studio hätte niemand etwas gemerkt.« Heute hagelt es Beschwerden, wenn das »Ding der Woche« einmal fehlt. Denn die Rubrik wurde vom Publikum sofort mit Begeisterung aufgenommen. Beim Rateteam stieß sie indes anfangs nicht auf ungeteilte Gegenliebe. Vor allem Gerold Rudle machte aus seinem Missmut gegenüber dem »doofen Ding« monatelang keinen Hehl – und münzte seine schlechte Laune gekonnt in einen Running Gag um. Tatsächlich setzt diese aus dem Rahmen fallende Raterunde das Team besonders unter Druck. Denn im Gegensatz zu den »normalen« Fragen, bei denen sich jeder in Ruhe seine Antworten überlegen und sich in einem günstigen Moment ins Geschehen einschalten kann, wird das »Ding« einfach gnadenlos weitergereicht. Und mit ihm auch der Brennpunkt der Aufmerksamkeit. Da heißt es dann, punktgenau die Pointen parat zu

Das allererste »Ding der Woche«: Als sich Gerold Rudle am 22. Oktober 2004 spaßeshalber eine orthopädische Sockenanziehhilfe auf den Kopf setzte, wusste er noch nicht, dass er gerade zum Mitbegründer seiner langjährigen Lieblingsrubrik geworden war.

haben. Das stresst verständlicherweise etwas mehr als die beruhigende Gewissheit, sich im Fall völliger Einfallslosigkeit auch eine ganze Raterunde lang unauffällig zurücklehnen zu können. Bei einem fünfköpfigen Team merkt am Ende im Fernsehen nämlich niemand, ob der Witz bei dem einen oder der anderen vorübergehend Pause gemacht hat. Ist man aber mit dem »Ding« in der Hand schmähstad, fällt es unweigerlich auf.

Der Erfolg der Rubrik »Ding der Woche« hat übrigens vor einigen Jahren einen deutschen Sender dazu veranlasst, dieser Idee gleich eine ganze Sendung zu widmen: In dem sehr ähnlich aufgebauten Comedy-Quiz »Das Ding vom Dach« werden dem Panel allerdings überwiegend Gerätschaften und Werkzeugteile zum Enträtseln vorgelegt, die nur sehr selten den strengen Auswahlkriterien von »Was gibt es Neues?« gerecht würden. Ähnlich wie bei den Fragen und Fachbegriffen gilt nämlich auch für das »Ding der Woche«, dass es den Ratefüchsen eine möglichst große Bandbreite an Interpretationsmöglichkeiten und Anknüpfungspunkten bieten muss, um einen Platz in der Sendung zu bekommen. Nur »rätselhaft« oder »unmöglich draufzukommen« ist definitiv zu wenig.

Das lustigste Rateteam der Welt

Frage: Wer war am 1. Oktober 2004 neben Michael Niavarani, Klaus Eberhartinger, Gerold Rudle und Eva Marold der Fünfte im Rateteam der allerersten Ausgabe von »Was gibt es Neues?«?

A Andi Knoll   **B** Alf Poier   **C** Armin Assinger   **D** Alfred Dorfer

Kaum einer kann sich mehr daran erinnern. Er selbst womöglich auch nicht mehr. Es war »Mr. Millionenshow« Armin Assinger, der als gut gelaunter Jolly Joker des ORF auch »Was gibt es Neues?« mit seinem Kärntner Mutterwitz bereichern sollte. Bereits nach zwei Folgen nahm er wieder Abschied, da er sich, so Assinger damals, in der Rolle des Moderators und Quizmasters doch wesentlicher wohler fühle. Er reiht sich damit in die lange Reihe prominenter Kolleginnen und Kollegen ein, die die Sendung im Lauf der Jahre mit ihrem individuellen Stil und Humor um neue schillernde, schräge oder schrille Facetten bereichert haben: weiblicherseits u. a. Dolly Schmidinger, Jazz-Gitti, Angelika Niedetzky, Sigrid Hauser, Elke Winkens, Elli Colditz, Nadja Maleh, Claudia Rohnefeld und Kristina Sprenger, männlicherseits u. a. Ciro De Luca, Joesi Prokopetz, Clemens Haipl, Reinhard Nowak, Christoph Fälbl, Alex Kristan, Fifi Pissecker, Severin Groebner, Klaus Eckel, Martin Puntigam, Gerhard Walter und Werner Brix.
Sie alle durften die Erfahrung machen, dass »Was gibt es Neues?« – so locker die Sendung auch wirkt – doch ganz spezielle Anforderungen an ihre Mistreiter stellt. Und die haben mit dem wirklichen Bühnenleben eines Komödianten oder Kabarettisten nur bedingt etwas zu tun. Vor allem ist es die Fähigkeit, sich mit gefühlvollem Timing und als bedingungsloser Teamplayer in die Dynamik der gut eingespielten Gruppe einklinken zu können. Im Fußball spräche man von blindem Vertrauen beim schnellen Kurzpassspiel und von routinierter Antizipation der Laufwege bei weiten Maßflanken und scharfen Vorlagen. Anders gesagt: pointiertes Tiki-Taka, effektives Flügelspiel und ein –

bei Bedarf uneigennütziger – Zug zum Tor. Wer am Ende die Pointe einlocht, ist für das Endergebnis schließlich egal. Die Stimmung während des Spiels und möglichst auch noch nach dem Abpfiff muss stimmen. Auf den Rängen und am Rasen.

Das Rateteam der ersten »Was gibt es Neues?«-Sendung am 1. Oktober 2004: Rund um Moderator Oliver Baier erstrahlen in jugendlicher Blüte Armin Assinger, Michael Niavarani, Eva Marold, Klaus Eberhartinger und Gerold Rudle.

Special-Guest-Appearances aus aktuellen Anlässen hatten der inzwischen auch als Solokabarettist tätige »SOKO Donau«-Kommissar Gregor Seberg, die Schweizer Kabarettistin Nadja Sieger vom Duo »Ursus & Nadeschkin«, Schauspielerin Katharina Stemberger, Michael Niavaranis kongeniale bayerische Kabarett-Partnerin Monika Gruber und der deutsche Comedian Oliver Pocher.

Am nahtlosesten und unbekümmertsten als Stargast ins Rateteam einfügen konnte sich bislang der bayerische Kabarettist Michael Mittermeier. Er fühlte sich gleich bei seinem ersten Auftritt im Frühjahr 2006 so pudelwohl, dass er im Herbst erneut extra nach Wien reiste, um ein zweites Mal mit von der Partie zu sein. Als besonderen und spezifisch österreichischen Vorzug von »Was gibt es Neues?« im Vergleich zum deutschen »Genial daneben« lockten ihn, wie er begeistert erzählt, die großen Freiheiten, die er als Komiker in »diesem verrückten Team« genieße, »dem es ja viel mehr darum geht, eine Gaudi zu haben, als unbedingt auf die richtigen Antworten draufzukommen«. Neben der unerlässlichen funktionellen Homogenität des Rateteams ist auch die Vielfalt des vertretenen Humors bei der Zusammen-

stellung ein wesentliches Kriterium. Jeder Zuschauer soll die Möglichkeit haben, seine »Lieblinge« zu finden: jene Ratefüchse, deren Witz inhaltlich oder stilistisch am ehesten den eigenen Geschmack treffen. Unvermeidlich ist der Umkehrschluss: Jeder Zuschauer ist der festen Überzeugung, dass auf die humoristischen Beiträge des einen oder anderen Rateteam-Mitglieds jederzeit verlustfrei verzichtet werden könnte. Mehr noch: Unhöflichkeiten wie »Wann feuern Sie endlich die völlig unlustige XY« oder »Wenn Herr XY weiter mitmachen darf, schauen wir nie wieder zu« landen in unschöner Regelmäßigkeit im »Was gibt es Neues?«-Posteingang oder beim ORF-Kundendienst. Das Schöne daran: Solche Rückmeldungen betreffen alle. Jeder hat seine Fans und seine – freundlich formuliert – tendenziell eher negativ eingestellten Zuschauer. Wirklich jeder? Zugegebenermaßen gibt es eine Ausnahme: Michael Niavarani. Den mag nun wirklich niemand. Nämlich dann, wenn er nicht im Rateteam sitzt.

Michael Niavarani betreffen tatsächlich die mit Abstand meisten Beschwerden. Und zwar ausschließlich darüber, dass er nicht mit verlässlicher Regelmäßigkeit jede Woche mit von der Partie ist. Leider hat der gute Mann als gefragter Schauspieler, erfolgreicher Kabarettist, Bestseller-Autor, »Simpl«-Chef und ehemaliger Intendant der »Festspiele Berndorf« jede Menge anderer zeitraubender Verpflichtungen, die es ihm nicht erlauben, bei jeder Sendungsaufzeichnung dabei zu sein. Ansonsten aber ist er, so scheint es, über jede Kritik erhaben. Ein ratloser Blick oder ein Seufzen genügen – schon hat der körperbehaarte Perser mit der Komik im kleinen Finger die Lacher auf seiner Seite. Niavarani wird nämlich nicht nur fallweise von Thalia, der Muse der Komödie, geküsst, er pflegt mit ihr ganz offensichtlich seit seiner Jugend ein inniges Verhältnis. Oder er erpresst sie erfolgreich mit kompromittierenden Fotos.

Viktor Gernot ist nicht nur Nias Freund und Kabarettpartner, sondern vor allem der verlässlichste Flügelspieler, den sich ein Rateteam nur wünschen kann. Neben seinem schnellen Witz, seinem Esprit und seiner Selbstironie hat der Musiker, Entertainer und Kabarettist vor allem ein genaues Gespür dafür, wann die Stimmung in Gefahr gerät. Nicht erst einmal hat er einem Kollegen, der sich heillos in seinen Erklärungsversuchen verrannt hatte, mit einer Pointe im richtigen Moment aus der drohenden Bredouille geholfen. Ein Teamspieler, wie er im Buche steht. Außerdem verfügt er über das bewundernswerte Talent, das »Ding der Woche« oft innerhalb weniger Sekunden farblich und materiell analysieren und nach versteckten Inschriften untersuchen zu können. Zum Entziffern fehlt ihm allerdings zumeist die Lesebrille.

Klaus Eberhartinger ist ebenfalls seit der ersten Sendung Stammspieler bei »Was gibt es Neues?«. Vorübergehend auf Pause geht diese als Frontman der legendären Austropop-Band »Erste Allgemeine Verunsicherung« berühmt gewordene geniale Kreuzung aus Spaßvogel und Rampensau nur, wenn sie mal eben die »Dancing Stars« gewinnen oder moderieren muss. Mit seinen zumeist ansatzlos aus der Hüfte geschossenen Antworten macht er einem alten »EAV«-Motto regelmäßig alle Ehre: »Kann denn Schwachsinn Sünde sein?«.

Eva Marold bereichert die Sendung seit Anbeginn mit einem trockenen Schmäh, der selbst hartgesottenen Humorschaffenden bisweilen
den Atem stocken lässt. Hat sie das jetzt wirklich gesagt? Da merkt
man die biologische burgenländische Bodenhaltung, der die erfolgreiche Musical-Darstellerin entwachsen ist. Mit ihrer umwerfenden
Stimme und einem erfrischenden Schalk im Nacken macht sie auch
als Solokabarettistin, Romanautorin (»Zu wahr, um schön zu sein«)
und zuletzt sogar als Schlagersängerin Furore. Für »Was gibt es
Neues?« aber lautet das Motto »Hauptsache Humor«. Und in dieser
Hinsicht hat sie es wahrlich faustdick hinter den Ohren. Nachdem sie
auf der Suche nach der Bedeutung eines Fachbegriffs anfänglich des
Öfteren auf einen merkwürdigen Tiernamen getippt hatte, gilt für sie
bei »Was gibt es Neues?« bis heute ein absolutes »Fisch«-Verbot. Der
»französische Grunzer« war und bleibt eine Ausnahme, liebe Eva!

Gerold Rudle zählt ebenso zum Rateteam der ersten Stunde wie sein langjähriger Bühnen-Kompagnon Herbert Steinböck. Der Startschuss für »Was gibt es Neues?« fiel 2004 zusammen mit dem Schlussstrich unter das erfolgreiche Kapitel »Steinböck & Rudle«. Als Duo hatten die beiden sympathischen Schauspieler die heimische Kleinkunstszene zwölf Jahre lang mit schrägem Sketch-Kabarett der besonders hochwertig-verspielten Sorte versorgt. Das 30-jährige Bestandsjubiläum ihrer künstlerischen Geburtsstätte namens »Kabarett Niedermair« nahmen sie vergangenen Herbst zum Anlass, die besten Nummern von früher zu revitalisieren. Ein Comeback? Wer weiß. Falls ihnen zwischen ihren jeweiligen aktuellen Projekten (u. a. »Weinzettl & Rudle«, »Steinböck & Strobl«) genug Zeit bleibt.

Andreas Vitásek komplettiert die Riege jener Ratefüchse, die bereits seit der ersten Staffel im Herbst 2004 regelmäßig etwas für ihre persönliche Wortschatzerweiterung tun. Bei Vitásek ist dieser Lerneffekt aber keine Einbahnstraße. Er sorgt seinerseits bisweilen auch für Wortschatzerweiterungen beim Publikum. Womit wir schon wieder beim »französischen Grunzer« wären*. Für einen Künstler, der vor über 30 Jahren ursprünglich von der clownesken pantomimischen Komik kam, hat sich Vitásek mit beachtlicher Wortgewandtheit und subtiler Satire fest im Spitzenfeld des heimischen Humors verankert. In seinen poetisch-gewitzten, satirisch-bissigen und manchmal fast schon märchenhaft-berührenden Soloprogrammen beweist er stets eine Vorliebe und ein besonders feines Gespür für surreale Situationen und merkwürdige Mitmenschen. Kein Wunder, dass er sich bei «Was gibt es Neues?» so wohlfühlt.

* … siehe Kapitel »Mit Auftrittsrohr am Fummelplatz«

Uli Beimpolds Weg zu »Was gibt es Neues?« verlief völlig schnörkellos. Wer am Burgtheater eine überdimensionale Birne spielt und fürs Kino ein »Schweinchen namens Babe« synchronisiert, qualifiziert sich nämlich direkt fürs Rateteam. Das steht bestimmt irgendwo in den Statuten der Sendung. Die bei Theater, Film und Fernsehen begehrte Schauspielerin bemüht sich seither redlich, ihrer Haarfarbe alle Ehre zu machen. Erstaunlicherweise hat ausgerechnet sie, die so lustig auf allen Leitungen stehen kann, die meisten Fragen bisher richtig beantwortet. Gefühlsmäßig. Mitzählen kann vor Lachen eh keiner.

Lukas Resetarits ist der Alt- und Großmeister des zeitgenössischen österreichischen Kabaretts. Im Team von »Was gibt es Neues?« ist er aber eher der Benjamin. Erst im Februar 2011 nahm er das erste Mal hinter dem geschwungenen Tisch des Rateteams Platz. Dabei wäre er schon von Anfang an ein willkommener Gast gewesen. Doch da gönnte er sich das wohlerworbene Recht des Älteren, erst einmal abzuwarten, wie sich die Sendung entwickelt. Offenbar tat sie das zu seinem Wohlgefallen. Wenn er das Rateteam nun mit seinem facettenreichen und fundierten Witz und Wissen unterstützt, hat es die Redaktion gar nicht so leicht, Fragen und Fachbegriffe auszuwählen, auf die der lebenserfahrene und auch sonst nicht auf der Nudelsuppe dahergeschwommene Hobby-Mediziner, Freizeit-Pilot und leidenschaftliche Zoologe nicht prompt die richtige Antwort parat hat.

Thomas Maurer ist für die Redaktion auch so ein unangenehm rundum beschlagener Besserwisser. Der scharfsinnige Politsatiriker verfügt nicht nur über ein geradezu lexikalisches Literatur- und Geschichtswissen, er hat überdies die beneidenswerte Fähigkeit, logisch und analytisch kombinieren zu können. Die genügt ja oft schon, um richtigen Antworten auf die Spur zu kommen. Gepaart mit einem gehörigen Schuss Nonsens, ist sie auf alle Fälle die beste Voraussetzung, um auf Antworten von niveauvoller Bodenlosigkeit zu kommen, die sonst niemandem einfallen würden. Dass er sich über seine eigenen gelungenen Pointen unübersehbar diebisch freuen kann, macht ihn dann wieder sympathisch menschlich.

Florian Scheuba zählt zweifellos zu den gescheitesten satirischen Kolumnisten des Landes. Außerdem ist er – wie auch Thomas Maurer – ein aktiver »Staatskünstler« und – wie auch Viktor Gernot – Mitglied i. R. des einst als Schülerkabarett gegründeten Quartetts »Die Hektiker«. Als Autor und Bühnenkünstler kombiniert er seine seit frühester Jugend sorgsam gehegte rotznasige Frechheit mit seinem unbeugsamen Engagement zu aufrechtem und enthüllendem Gesellschafts- und Politkabarett. Vom Wesen her ist er einer, der bei einer Glöckerlpartie nicht etwa rasch davonrennt, um nicht erwischt zu werden, sondern sich zur Verdopplung des Spaßes stellen lässt, um sich dann souverän herauszureden. Ein Scheuba lässt sich nämlich nichts gefallen. Selbst dann nicht, wenn er es vielleicht verdient hätte.

Susanne Pöchacker wollte schon immer auf die Kabarettbühne. Darum hat sie sich auch an der Universität der vielleicht langweiligsten Stadt Mitteleuropas (Hannover) zur Diplomphysikerin ausbilden lassen und arbeitet seither als Unternehmens-Coach. Logisch. Der ORF wurde trotzdem erst auf ihr komödiantisches Talent aufmerksam, als sie 2005 an der theatersportlichen TV-Improvisationsshow »Die Frischlinge« teilnahm. Ins Team von »Was gibt es Neues?« war es dann nur noch ein Katzensprung. Mit ihrer schrägen Bühnenfigur »Grete, die Rakete« gewann sie kurz darauf den Newcomer-Wettbewerb »Grazer Kleinkunstvogel«. Jetzt muss die Spaßmacherin aus Scheibbs nur noch lernen, Goodies sicher zu fangen. In diesem Punkt ist sie nämlich eine Gefahr für sich und andere.

Monica Weinzettl kann es sich bisweilen auch nicht verkneifen, die öffentlich-rechtlichen Begegnungen mit ihrem Gatten und Kabarett-Partner Gerold Rudle für partnerschaftlich pointierte Neckereien zu nutzen. Den meisten Fernsehzuschauern ist die gelernte Ernährungs- und Fitnesstrainerin als extrem blonde Vorzimmerdame »Frau Knackal« in der Dorfer/Düringer-Sitcom »MA 24/12« unvergesslich. Derzeit beschäftigt sich die vielseitige Künstlerin neben ihren zahllosen Auftritten hauptsächlich mit extravagant-verspielten Möbelrestaurationen. 2006 wurde Weinzettl für ihr bislang einziges, ziemlich schizophrenes Soloprogramm »Knackal lebt« im Rahmen der Ybbsiade die Auszeichnung »Spaßvogel« verliehen. Und diesem Ehrentitel wird sie mit einer Extraportion Selbstironie seit 2007 auch bei »Was gibt es Neues?« gerecht.

Katharina Straßer bildet mit Thomas Stipsits neben Weinzettl/Rudle das zweite Pärchen bei »Was gibt es Neues?«. Nachdem sie bereits 2007 im zarten Alter von 23 mit dem Nachwuchs-»Nestroy« ausgezeichnet worden war und Volksopern-Fans als »Eliza« in »My fair Lady« unvergessliche Erinnerungen beschert hatte, stieß die Tiroler Schauspielerin 2012 zum Rateteam. Jung, fesch, fröhlich – und ganz schön frech. Das bewies sie gleich in ihrer ersten Sendung, als sie Oliver Baier auf seine freundliche Frage »Wolltest du etwas sagen oder mich nur anlächeln?« trocken entgegnete: »Weder noch, eigentlich.«

Thomas Stipsits stieß auch erst vor wenigen Jahren – 2010 – zu der lustigen Rätselrunde. Dem stets erfrischend unbekümmert und ungekünstelt wirkenden Stinatzer Kabarettisten ist es mit fünf Soloprogrammen in nur zehn Jahren gelungen, sich aus dem Nichts ins Spitzenfeld des heimischen Kabaretts zu katapultieren. Der größte Erfolg gelang ihm im Duo mit Manuel Rubey: »Triest« wurde 2012 mit dem »Österreichischen Kabarettpreis« ausgezeichnet. Seiner Vorliebe für bunt gemusterte Hemden kommt die Kostüm-Abteilung des ORF mit fallweise fast schon übertriebenem Engagement entgegen.

Andreas Steppan hat sich mit der »Do it yourself«-Serie »Selfman« als Hand- und Heimwerker in das kollektive Bewusstsein all jener Österreicher eingebrannt, die bereits in den 90ern des Fernsehens mächtig waren. In Deutschland wird der smarte Entertainer interessanterweise ausschließlich mit einer bestimmten Sorte Knabbernüsse assoziiert, für die er acht Jahre lang im TV warb. Die Bühnenkarriere des Sängers, Schauspielers und Kabarettisten begann – nach dem Rausschmiss aus dem Max-Reinhardt-Seminar – mit einer Parodie auf Sammy Davis Jr. in der ORF-Talente-Show »Die große Chance«. In »Was gibt es Neues?« versteht er es als Gentleman des Rateteams glänzend, seinen spitzbübischen Charme und entwaffnenden Humor gezielt einzusetzen. Ganz besonders, wenn er wieder einmal treu- und offenherzig eingesteht: »Ich habe nicht die geringste Ahnung.«

Günther Lainer bereichert die Sendung nun schon seit 2008 regelmäßig mit seinem recht rustikalen oberösterreichischen Schmäh. Der
gewichtige Tischler, geübte Jongleur (»Gausl«) und gelernte Religions-
lehrer setzt sein witziges Wesen auch abseits des Fernsehens als Clini-
clown und Kabarettist gewinnbringend ein. Starallüren liegen ihm
fern. Dass eines seiner Stammlokale in Linz einen von ihm einst
kreierten, kalorienarmen Hamburger unter dem Namen »Gausl-Bur-
ger« in die Karte aufgenommen hat, reicht ihm völlig. Da kann er es
sogar verschmerzen, dass er von dem für Make-up und Maske zuständigen ORF-Personal gelegentlich noch immer mit dem Installateur
verwechselt wird, wenn er den Schminkraum betritt. Nicht schlecht
geschaut hat er aber, als er ein Beschwerde-Mail vom Kundendienst
weitergeleitet bekam, in dem es hieß, er habe den Job im Rateteam ja
sicher nur deshalb bekommen, weil er der Schwager von Armin Assinger sei*.

* Günther Lainer verkörperte ab 2011 in den Fernsehwerbungen der Firma »Lagerhaus«
den Schwager von Armin Assinger. In echt ist er mit ihm natürlich weder verwandt
noch verschwägert. Das ist halt oft so als Schauspieler, dass man Rollen spielt …

Gerald Votava hat sich vor allem als Hauptprojektleiter bei der etwas anderen, mit »Romy« und »Salzburger Stier« ausgezeichneten Comedy-Show »Projekt X« einen Namen für atemberaubend andersartige Unterhaltung gemacht und bereichert mit seinem aufrechten, schrägen Humor regelmäßig die »Was gibt es Neues?«-Raterunde. Seine künstlerische Bandbreite ist imposant. Als Kabarettist hat er u. a. zusammen mit Oliver Baier bereits Anfang der 90er die eigentümliche »Yakimoto-Revue« gespielt, mit Thomas Maurer und Martin Puntigam sieben Jahre lang die »Supernacht der Weihnachtsstars« zelebriert und mit Willi Resetarits die »Weil, warum«-Show erarbeitet. Als Musiker und Produzent arbeitet der ehemalige »FM4«-Moderator mit namhaften Singer-Songwritern der Wiener Szene zusammen. Seit 2009 widmet er sich verstärkt der Schauspielerei, vor allem im Wiener »Theater Rabenhof«. Im Fernsehen war er zuletzt als pedantisch-verklemmter Walter in der Serie »Schlawiner« zu sehen.

Markus Mitterhuber hat mit seiner unverwechselbaren Komik jahrelang die Revuen des Kabarett »Simpl« und das ORF-Kinderfernsehen
mitgeprägt und Dutzende aberwitzige Charaktere kreiert. Bei »Was
gibt es Neues?« fungiert der Schauspieler und Kabarettist als an lustiger Logorrhoe leidender Professor Seltsam des Rateteams. Ohne
Punkt und Komma, unbehelligt von physikalischen Grundgesetzen
oder kommunikativen Konventionen redet er sich mit hoher Überzeu-
gungskraft in einen völlig versponnenen Wirbel nach dem anderen.
Und meistens findet er auch wieder heraus.

Robert Palfrader ist nicht nur neben Maurer und Scheuba der dritte im Bunde der von angemessener Respektlosigkeit und investigativem Weltverbesserungswillen satirisch beseelten »Staatskünstler«, er ist der breiten österreichischen Öffentlichkeit vor allem als »Kaiser Robert Heinrich I.« bestens bekannt. 2008 und 2010 wurde ihm für die Verkörperung dieses gleichermaßen gütigen wie strengen Monarchen eine »Romy« verliehen. Inkognito und bürgerlich verkleidet mischt sich der ehemalige Kaffeehaus-Betreiber, »echt fett«-Star und »Braunschlag«-Bürgermeister gelegentlich gut gelaunt unters gemeine Volk im »Was gibt es Neues?«-Rateteam.

Rudi Roubinek treibt in »Wir sind Kaiser« als Palfraders Obersthofmeis-
ter und devoter Drahtzieher namens »Seyffenstein« sein witziges
Unwesen. In dieser Figur trat der bis dahin als Gestalter, Autor und
Redakteur eher hinter der Kamera tätige Tausendsassa erstmals selbst
ins Rampenlicht. Als Mitbegründer des Autorenkollektivs »Die Tafel-
runde« war er u. a. auch an den Konzepten und Büchern für die
Comedyrateshow »Hirn mit Ei« und vielen »Romy«- und »Nestroy«-
Galas beteiligt. In den »Seitenblicken« taucht er bei Berichten über
Oldtimer-Rallyes bisweilen auch als wind- und wetterfester Autonarr
auf.

Gerald Fleischhacker zählt als Ritter – oder »Writer« – der »Tafelrunde« ebenfalls zum Autoren-Team von »Wir sind Kaiser«, verdankt seinen Bekanntheitsgrad aber wohl vor allem seiner langjährigen Tätigkeit als Moderator bei »Ö3« und »Radio Wien«. In den letzten Jahren hat er sich auf den heimischen Kleinkunstbühnen mit seinen Soloshows »Alles muss raus« und »Feinkost« auch als blitzschneller Comedian einen Namen gemacht. Seine Routine in der Übersetzung des Alltäglichen und Tagesaktuellen in politisch nicht immer ganz korrekte Pointen verdankt er auch den regelmäßigen satirischen Monatsrückblicken, die er zusammen mit dem »Kurier«-Kolumnisten und Kabarettisten Guido Tartarotti auf die Bühne bringt.

Leo Lukas ist – das sei zum Zwecke der nahtlos gleitenden Überleitung vorangestellt – humoristischer Teamkollege von Fleischhacker und Tartarotti bei ihrem traditionellen satirischen Jahresrückblick »Im Rückspiegel«. Hauptsächlich aber ist der multipel talentierte Künstler seit über 30 Jahren Solokabarettist, Kinder-Musical-Regisseur und Bestsellerautor von inzwischen bereits über 40 »Perry-Rhodan«-Romanen. Als Mitglied des »Was gibt es Neues?«-Rateteams erweckt er gelegentlich den Anschein, dass er sich etwas dümmer stellt als er ist, um eine sich lustig anlassende Raterunde nicht allzu schnell zu beenden. Wird der gebürtige Köflacher aber – aufgrund einer Unachtsamkeit der Redaktion – ausgerechnet nach der Bedeutung der vermeintlichen Sportart »Steirisch Tauchen« befragt, kann er mit seinen heimatkundlichen Kenntnissen nicht hinter dem Berg halten. Nicht umsonst hieß eines seiner frühen Soloprogramme »Leo Lukas fährt über den Wechsel – 2 Stunden (mit Pause)«.

Ihr Postfach ist voll

Hut ab! Über 120.000 Mails mit Fragen sind seit dem Sendungsstart im Oktober 2004 im »Was gibt es Neues?«-Postfach* gelandet. Viele davon mit mehreren Vorschlägen, einige sogar gleich mit langen Listen rätselhafter Begriffe und Begebenheiten. In Summe, so darf grob geschätzt werden, sind bislang eine Viertelmillion Fragen in der Redaktion gelandet. Und sie werden alle sorgfältig gelesen und geprüft. Ob der nicht abreißen wollenden, erfreulichen Fülle an Einsendungen zugegebenermaßen manchmal erst mit ein paar Monaten Verspätung. Mehrfacheinsendungen der gleichen Frage erhöhen aber keinesfalls die Chance, dass sie genommen wird, sondern höchstens den Unmut jenes Mitarbeiters, der den Posteingang zu bearbeiten hat. Gesichtet, aussortiert, nachrecherchiert, formuliert, geordnet, griffbereit verstaut und schließlich zu möglichst abwechslungsreichen Sendungen zusammengeschnürt wurden und werden die Fragen nämlich von Anfang an von ein und derselben Person**.

Schön wäre es natürlich, wenn jede dieser bislang eingetrudelten 250.000 Fragen auch verwendbar wäre. Leider sind es unterm Strich nur rund 1 % der Einsendungen, die es schlussendlich auch in die Sendung schaffen und deren Absender dann auch mit einem 300-Euro-Büchergutschein gebührend belohnt werden. Diese geringe

---

* Das Kontaktformular ist am einfachsten via *www.wasgibtesneues.at* oder *tv.orf.at/wasgibtesneues* erreichbar. Die Mailadresse lautet *wasgibtesneues@orf.at*.
** Da es sich bei dieser Person – Sie ahnen es bereits – um den Autor auch dieses Buches handelt, bitte ich ggf. um Nachsicht, wenn ich bei unserer Tour hinter die Kulissen von »Was gibt es Neues?« gelegentlich in die erste Person abgleite. Sonst liefe ich Gefahr, über mich selbst in der dritten Person schreiben zu müssen. Und man soll dem Wahnsinn ja nicht fahrlässig Vorschub leisten. Schon gar nicht als mehrfach vorbelasteter Patient, der sein Gehirn täglich mit überwiegend nutzlosem Fraktal-Wissen anfüllen muss, dabei den Überblick über Zehntausende Fragen nicht verlieren darf und zu allem Überfluss auch noch für den ORF tätig ist. Da schrammt man ohnedies schon regelmäßig an der Schwelle zur Geistesschwäche.

»Erfolgsquote« hat viele Ursachen. Der unvermeidliche Hauptgrund sind Doubletten. Da von keinem Zuschauer erwartet werden kann, dass er sorgfältig Buch über alle – inzwischen über 2.000 – bereits gestellten Fragen führt, kommt es natürlich vor, dass besonders geeignete Begriffe immer wieder eingeschickt werden, obwohl sie bereits auf Sendung waren. Die Top 3 dieser Kategorie sind: der Suppenbrunzer, die Geräuschprinzessin und die Playboygrenze. Bitte nicht mehr einschicken. Danke!

Noch höher ist die Doubletten-Quote bei Begriffen, die auf den ersten Blick sendungstauglich erscheinen mögen, aber aus guten Gründen das Auswahlverfahren bei der monatlich einberufenen »Fragen-Sitzung« nicht überstanden haben. Woher soll ein noch so aufmerksamer Zuschauer auch wissen, welche Fragen bereits eingeschickt und intern abgelehnt wurden? Eine erfreuliche Arbeitserleichterung wäre es allerdings, wenn zumindest der unangefochtene Sieger in der Disziplin »Postfach verstopfen« in Zukunft nicht mehr täglich aussortiert werden müsste: die inzwischen tausendfach eingeschickte »Hurenkinder- und Schusterjungenregelung«. Zwei entscheidende Gründe sprechen gegen den Einsatz dieser beiden Fachbegriffe aus dem Druckerei- und Layout-Wesen:

1. Es sind – sogenannte – »One-Jokes«: Witzworte, die nur ein sehr eindimensionales und daher für das Team undankbares und für das Publikum wenig abwechslungsreiches Ratespektrum eröffnen.

2. Aufgrund der Häufigkeit der Einsendung darf inzwischen überdies davon ausgegangen werden, dass jeder, der sich an seinem Computer je mit automatischen Zeilenumbrüchen o. Ä. befasst hat, über diese Begriffe gestolpert ist. Somit zwangsläufig auch die Mehrheit der Mitglieder des Rateteams.

Im Internet vermehren sich überdies oft in Windeseile Geschichten und Meldungen, die zwar nur schwer zu widerlegen, aber deswegen nicht weniger falsch sind. Ein besonders schönes Beispiel dafür ist der einem simplen Übersetzungsfehler geschuldete »Katzendieb«. Auf Dutzenden Seiten findet sich die merkwürdige Meldung, dass es in

Australien gesetzlich verboten sei, mit schwarzer Kleidung, schwarzen Filzschuhen und schwarz angemaltem Gesicht in der Öffentlichkeit zu erscheinen, weil man sonst für einen Katzendieb gehalten und eingesperrt wird. Wahr ist vielmehr, dass es sich laut einem uralten australischen Gesetz bei einem so adjustierten Gesellen nur um einen sofort dingfest zu machenden »catburglar« (Einschleichdieb) handeln kann, der auf leisen Pfoten seinem kriminellen Geschäft nachgeht. Mit Katzen hat er nichts am Hut.

Ein nie versiegender, vorzugsweise stoßweise sprudelnder Quell oftmals gleich Dutzender gleichlautender Einsendungen sind TV-Sendungen und Tageszeitungen. Redaktionsintern wurde dieses Phänomen nach der bei Fragen-Fahndern beliebten populärwissenschaftlichen Fernsehsendung »Galileo«-Effekt* getauft. Die Autoren dieser und ähnlicher Sendungen und Zeitungsseiten haben oft ein besonderes Faible für wissenschaftliches Fachvokabular, um ihren Geschichten einen möglichst gelehrten Anstrich zu verleihen. Wenn der Redaktion der Begriff als Rätselwort brauchbar erscheint, gibt es in diesen Fällen keine fairere Lösung, als dem Ersteinsender den Büchergutschein zukommen zu lassen. Da entscheiden oft Sekunden. Auch aktuelle Berichte und Meldungen über kuriose Vorkommnisse aus aller Welt sind für das fleißige Publikum beliebte Inspirationsquellen. Und das oft völlig zurecht. Nicht selten landet daher ein derartiges originelles Ereignis nach einer Erwähnung z. B. in der »ZiB 24« innerhalb weniger Minuten über fünfzig Mal im Posteingang. Doch in diesem Fall ist der Schnellste nicht unbedingt gleichzeitig auch der Sieger. Mit der Geschichte allein fangen wir nämlich nur wenig an, mag sie auch noch so lustig sein. Auf die richtige Fragestellung kommt es an!

---

* Bitte schicken Sie uns den Begriff »Galileo-Effekt« nicht ein. Ich habe ihn selbst erfunden. Und für von mir selbst erfundene Begriffe schenken wir sicher niemand anderem einen Büchergutschein.

Alles eine
Frage der Frage

Nicht nur unsere Medien sind voll mit unterhaltsamen, teils aberwitzigen Berichten aus aller Herren Länder, auch die Weltgeschichte ist reich an merk- und fragwürdige Anekdoten – zumeist in Zusammenhang mit leicht unzurechnungsfähigen Monarchen. Und in letzter Zeit erscheinen auch immer mehr Bücher mit sogenanntem »nutzlosem Wissen«: amüsante Sammlungen kurioser Fakten, sinnloser Statistiken und anderer seltsamer Details. Der Fundus an unterhaltsamen Geschichten, die eine Frage für »Was gibt es Neues?« abwerfen könnten, ist also riesig. Die Kunst besteht darin, die ideale Frage zu finden. Denn nach außergewöhnlichen Begebenheiten oder Tatsachen lässt sich immer aus vielen verschiedenen Richtungen und auf unterschiedlichste Art und Weise fragen. Und so traurig die Erkenntnis ist: Der Großteil dieser oft hochamüsanten Geschehnisse lässt keine für »Was gibt es Neues?« geeignete Fragestellung zu.

Bei der Formulierung gilt es nämlich zweierlei zu bedenken: Die Frage darf einerseits nicht zu wenige Anhaltspunkte bieten, sonst rudert das Rateteam halt- und ansatzlos im Nebel. Sie darf aber andererseits auch nicht zu viel verraten, sonst sind der Phantasie des Teams auf der Suche nach der richtigen Antwort zu viele Grenzen gesetzt. Anhand eines Beispiels lässt sich dieses Problem am besten demonstrieren.

Vor knapp 100 Jahren wurde in der Stadt Vernal im US-Bundesstaat Utah ein Bankgebäude errichtet, das als »Bank, die per Post verschickt wurde« berühmt wurde. Für die Anlieferung der 80.000 nötigen Ziegelsteine aus dem 250 Kilometer entfernten Salt Lake City bediente sich der Bauherr nämlich der Post. Er hatte sich ausgerechnet, dass ihn das Porto für rund 11.400 Pakete mit je 7 Ziegeln und einem

Maximalgewicht von 23 Kilogramm deutlich billiger kommt als jede andere Transportvariante. Rund ein Jahr lang musste der arme Briefträger in Vernal täglich 40 dieser Pakete zustellen. Die Post reagierte auf diesen »Missbrauch« mit der Einführung eines Maximalgewichts, das ein Kunde täglich verschicken darf. »Es liegt nämlich nicht in der Absicht der United States Postal Services«, so ihr damaliger Generaldirektor, »dass ganze Gebäude per Post verschickt werden«.

So weit dieses uns mehrfach eingeschickte historisch-architektonische Kuriosum. Die naheliegendste Frage bei vielen solchen merkwürdigen Geschichten beginnt immer mit den Worten »Was ist das Besondere an …?« Sonderlich originell ist diese Variante nicht. Und zumeist auch nicht brauchbar, weil sie dem bei derartigen Frageformulierungen oft unauffällig die Augen verdrehenden Rateteam ein zu weites Feld an Möglichkeiten offen lässt. Was könnte alles das Besondere an einem Bankgebäude in Utah sein? Alles! Da phantasiert sich das Team zwangsläufig einen Wolf. Einen orientierungslosen überdies. Zweite Variante: Warum ließ ein Bauherr die Ziegel für ein Haus in Paketen von der Post anliefern? Da liegt die Lösung, dass es sich um eine Sparmaßnahme gehandelt haben könnte, zu sehr auf der Hand. Auch viele weitere Fragenvorschläge zum Thema »Bank of Vernal« waren aus unterschiedlichen Gründen ungeeignet. Erst die Variante »Wieso wurden vor knapp 100 Jahren in den USA über 10.000 Pakete mit je 7 Ziegelsteinen verschickt?« erfüllte alle Bedingungen: eine witzige Frage, die dem Rateteam auf der Suche nach der Lösung viele konkrete Anknüpfungspunkte bei genügend Freiraum zur Entfaltung ihrer schrägen Phantasie bietet.

Grundsätzlich gliedert sich jede Fragerunde in drei Abschnitte: 1) Die Frage wird gestellt, 2) das Rateteam rät, scherzt und sucht die Antwort, 3) die Frage wird beantwortet. Daher sind es auch immer drei Faktoren, nach denen die von Doubletten und anderen ungeeigneten Vorschlägen bereinigten Einsendungen bei den Fragensitzungen auf ihre Verwendbarkeit hin geprüft werden. Um in den Topf »Engere Wahl« zu kommen, sollten zumindest zwei davon unbedingt erfüllt sein:

1. *Ist die Frage lustig, überraschend oder originell?*
Es gibt Fachbegriffe und Piktogramme, die unmittelbar für Heiterkeit sorgen. Das kann, muss aber keineswegs auch an schlüpfrigen Assoziationen liegen. Ebenso gibt es ausführlichere Fragen, die eine derartig witzige oder skurrile Situation beschreiben, dass die Stimmung sofort stimmt.

2. *Bietet die Frage vielfältige Anknüpfungspunkte?*
Eine gute Frage eröffnet dem Rateteam mannigfaltige Möglichkeiten, mit ihrer Kreativität anzudocken und ihrem Schmäh freien Lauf zu lassen. Bei den oftmals aus zwei Worten zusammengesetzten Fachbegriffen ist es oft von Vorteil, wenn zumindest eines seiner Einzelteile nicht ganz eindeutig zuzuordnen ist, sondern unterschiedliche Assoziationsmöglichkeiten zulässt.

3. *Ist die Antwort lustig, überraschend oder originell?*
Im Idealfall ist die Auflösung dann auch noch eine Schlusspointe für die Raterunde und die Zuschauer.

Wer seine Fachbegriffe, Fragen oder Rätselaufgaben also zukünftig vorm Abschicken auf diese drei Faktoren hin abklopft, erhöht seine Erfolgsaussichten ganz beträchtlich. Viel Erfolg! Und im Folgenden jetzt viel Spaß mit den erhellendsten und erheiterndsten Fragen und Antworten aus 10 Jahren »Was gibt es Neues?«.

Fragen
über
Fragen

»Stets findet Überraschung statt, wo man's nicht erwartet hat.«[*]
Eine Aufwärmrunde

Zum Aufwärmen gibt es vorab 31 Begriffe, die sich hartnäckig und erfolgreich gegen die Aufnahme in eines der nachfolgenden Kapitel gewehrt haben. Denn durch eine thematische Zuordnung und damit einhergehende Preisgabe ihrer Herkunft würden sie den Großteil ihres komischen Potenzials einbüßen. Erst aus dem Unwissen, ob ein Begriff der Botanik, dem Juristenjargon, dem Sport oder der Haushaltskunde entstammt, entsteht ja oftmals der Spaß, ihm auf völlig verschiedenen Pfaden auf die Schliche zu kommen. Ein wichtiges Kriterium bei der Bündelung der Fachworte und Fragen zu Kapiteln war daher auch immer wieder die vorsätzliche Verwirrung und der Versuch, assoziative Brücken zu bauen, die ins Leere führen.

Wer seinen Lesespaß erhöhen will, mag bei den rot gedruckten Rätselworten kurz innehalten und selbst versuchen, der Bedeutung auf die Spur zu kommen, oder sie zur fröhlichen Entschlüsselung in die Runde werfen. Ist einem die richtige Antwort nämlich erst bekannt, wirkt sie oft so klar und naheliegend, dass sie die Phantasie bei der Suche nach anderen Deutungen oder thematischen Herkünften sehr zu blockieren vermag.

Empfehlenswert ist weiters ein wohldosierter Konsum der anschließenden Kapitel, auf dass einen das geballte amüsante, aber zugegebenermaßen großteils grundsätzlich auch verzichtbare Wissen nicht erschlägt. Es gibt gute Gründe dafür, dass »Was gibt es Neues?« nicht täglich zwei Stunden lang gesendet wird.

Die Quer-Beet-Tour durch das weite Feld der Fachbegriffe beginnt mit der Quengelware. So wird jenes speziell auf Kinderwünsche abge-

[*] Wilhelm Busch

stimmte Süß- und Spielwarensortiment in Supermärkten bezeichnet, das in den Regalen vor den Kassen bewusst in Augenhöhe und Reichweite quengelnder Kinder platziert wird.

Als Angstrand bezeichnen Biker jenen Streifen des Profils eines Motorradreifens, der noch keinerlei Abnützungserscheinungen aufweist. Die Breite dieses Randes ist klarerweise ein Indikator für die mehr oder weniger ängstliche Fahrweise des Benutzers.

Der Angstrand ist eng verwandt mit dem Angstnippel. Hierbei handelt es sich um kleine an den Außenseiten der Fußrasten eines Motorrads angebrachte Metallstifte, die bei zu steiler Kurvenlage auf dem Asphalt kratzen, um anzuzeigen, dass das Schräglagen-Limit schön langsam erreicht ist.

Mit dem Begriff Angsttrieb fangen Motorradfahrer indes nichts an. Förster und Baumschuldirektoren wissen aber, dass Bäume, die zu wenig Licht oder zu viel schadstoffreiche Luft bekommen, zumeist an der Oberseite der Hauptäste vertikale Triebe ausbilden, die sich gewissermaßen nach Licht und Luft strecken. Diese werden als Angsttriebe bezeichnet.

Bei einem Vereinigungskampf handelt es sich nicht um eine heftigere Sexualpraktik, sondern um einen Begriff aus der weiten Welt des Sports. Es gibt bekanntlich Sportarten, in denen gleich mehrere Verbände Weltmeistertitel verleihen. Die bekanntesten sind wahrscheinlich Boxen und Schach. Wenn nun beispielsweise die Weltmeister von zwei verschiedenen Verbänden gegeneinander antreten, um den wahren und einzigen Weltmeister zu ermitteln, der dann von beiden Verbänden anerkannt wird, spricht der Fachmann von einem Vereinigungskampf.

Spurbläser und Herrentaucher sind allen unanständigen Vermutungen zum Trotz ebenfalls harmlose sportliche Begriffe. Als Spurbläser werden jene Mitarbeiter bei Skisprung- und Skiflug-Konkurrenzen bezeichnet, die die Anlaufspur mit Laubbläsern vom frisch gefallenen Schnee freihalten. Der Herrentaucher ist eine Tanzfigur beim Boogie oder Disco-Fox, bei der der Herr zwischen den Beinen der Dame durchtaucht.

Auch der Gruppenschlauch und der Tieftonholzknüppelvergnügling verbitten sich jegliche Obszönität. Ersterer ist ein flexibel verwendbarer Fahrradschlauch, der für eine ganze Gruppe von Reifendimensionen geeignet ist. Zweiterer ist ein leider ziemlich aus der Mode gekommener Ausdruck für einen Fagott-Spieler. Im Buch »Philharmonische Begegnungen« heißt es: »Das Fagott ist eines der wenigen Instrumente, die unter verschiedenen Himmelsstrichen ganz unterschiedliche Namen führen: In Italien fagotto, in englischsprachigen Ländern bassoon – und zu Zeiten der Stadtpfeifereien und in alten Musik-Lexica hieß der Fagottist bei uns Tieftonholzknüppelvergnügling.«

Bei einem Springsack handelt es sich um einen großen Kübel aus Planen-Stoff für Gartenabfälle und dergleichen, der durch eine große Spirale aus Metall gewissermaßen aufspringt und stehen bleibt. Vermutlich ist die Bezeichnung auf das englische Wort »spring« für Spiralfeder zurückzuführen.

Über Spiralfedern unter ihren Hufen würden sich vermutlich auch Pferde freuen, die beim Springreiten eingesetzt werden. Sie müssen sich allerdings mit Springstollen begnügen. Das sind spezielle Schraubstollen in den Hufeisen, die ihnen besseren Halt am Boden bieten.

Schreistollen und Flüsterstollen haben keine Schraubgewinde. Man findet sie weder auf Sportplätzen noch in Bergwerken, sondern in Dresdner Backstuben. Es handelt sich dabei nämlich um zwei Varianten des »Dresdner Weihnachtsstollens«. Im Schreistollen sind so wenige Rosinen und diese demzufolge so weit voneinander entfernt, dass sie sich – bildlich gesprochen – nur schreiend miteinander unterhalten könnten. Im Flüsterstollen sind hingegen so viele, dass sie sich auch flüsternd verständigen könnten.

Als Flüsterspiegel werden zwei gegenüberliegend aufgestellte Parabolspiegel bezeichnet, die präzise aufeinander ausgerichtet sind und ein akustisches Phänomen offenbaren: Stellen sich nämlich zwei Menschen jeweils vor einen dieser Spiegel, können sie mühelos über beachtliche Strecken und sogar im Flüsterton Ferngespräche führen.

Ein Flüsterdreieck ist analog dazu nicht etwa ein Flüsterspiegelgespräch zwischen drei Personen oder eine gerüchtereiche Dreiecksbeziehung, sondern ein Begriff aus der Anatomie: Beim Flüstern bilden die Stimmbänder im Kehlkopf eine kleine dreieckige Öffnung, durch die der Flüsterton entsteht.

Eine Flüsterfalle ist ein Bauteil eines Türschlosses. Als Falle wird der kleine Schnapper bezeichnet, der im Türrahmen einrastet. Wenn das möglichst geräuschlos erfolgen soll, ist diese Falle aus Plastik und heißt Flüsterfalle.

Der Flüsterkoffer ist indes ein mobiles Gerät, das von Dolmetschern in bestimmten Situationen eingesetzt wird. Er kann beispielsweise mit dem Flüsterkoffer mitten im Publikum sitzen und ganz leise in ein Mikrofon sprechen, ohne den Vortragenden oder die Zuhörer dadurch zu stören. Seine Kunden sind mit Funkkopfhörern ausgerüstet.

Ein Wechselkoffer ist ein Container, beispielsweise für Umzugsgut, der von einem LKW auf einen anderen oder auch auf die Bahn verladen werden kann.

Eine Shopping-Falte ist nicht die tiefe Furche in der Stirn eines Mannes, dem die Gattin im Schuhgeschäft gerade das fünfte Paar purpurner Pumps zur Beurteilung vorführt, sondern ein spezielles Feature mancher Koffer. Durch das Öffnen eines Reißverschlusses dehnt sich die Falte und der Koffer wird um ein gutes Stück größer, damit auch die Urlaubseinkäufe Platz haben.

Ein Langer Einsteiger ist kein groß gewachsener Anfänger, sondern ein Fachbegriff aus dem Snooker-Sport. Dabei handelt es sich um eine besonders anspruchsvolle Billardvariante auf einem Tisch mit beachtlichen Ausmaßen: Er ist über 3,5 Meter lang und knapp 1,8 Meter breit. Gelingt einem Spieler das Lochen einer weit entfernt liegenden roten Kugel, sodass er danach weiterspielen darf, wird das als langer Einsteiger bezeichnet.

Sportlichen Ursprungs ist auch die Singlestütze. So heißen jene Metallstützen, die das Tennisnetz beim Einzel in der exakt richtigen Höhe halten.

Der Kavaliergang ist eine poetische Bezeichnung für die Furche zwischen den Brüsten einer Frau. Unter profaneren Gemütern ist er auch als Busenspalte bekannt.

Eine Kavalierstour führt einen Mann üblicherweise weiter als nur bis zum nächsten Kavaliergang. So wurden nämlich im 16., 17. und 18. Jahrhundert ausgedehnte Fortbildungsreisen junger Adeliger bezeichnet. Meist im Alter von 17 oder 18 Jahren verbrachten sie mehrere Jahre im Ausland, um Sprachen und internationale höfische Sitten zu lernen. Es ist zu vermuten, dass die jungen Kavaliere diese offizielle Mission mit etwas Spaß zu verbinden verstanden.

Sie deswegen als Freischwinger zu bezeichnen, wäre aber nicht ganz richtig, da es sich dabei um Sessel handelt, deren Sitzflächen durch das Fehlen der Sesselhinterbeine frei schwingen können.

Spitzenschwinger sind keine geklöppelten Freischwinger, sondern Mitglieder der Oberliga einer vor allem in der Deutschschweiz beliebten Variante des Ringens, die »Schwingen« heißt und bei der sich die Kontrahenten auf den Rücken zu schleudern versuchen.

Die Schleuderscheibe ist eine ganz spezielle Fensterscheibe, die es auf den Kommandobrücken von Schiffen oder in den Fahrerkabinen von Schneefräsen gibt. Es ist eine runde, rasch rotierende Scheibe, die immer klare Sicht gewährleistet, da Regentropfen, Gischt oder Schnee durch die Fliehkraft nach außen geschleudert werden.

Ein Seitenklatscher ist nichts Gewalttätiges, sondern ein Fischdampfer oder Krabbenkutter mit seitlichem Fanggeschirr, das beim Einholen gegen die Bordwand klatscht.

Einen Seitenklatscher mit Schleuderscheibe könnte es in die Brüllen-den Vierziger verschlagen. Dieser auch als Roaring Forties bezeichnete Bereich auf der südlichen Erdhalbkugel zwischen dem 40. und dem 50. Breitengrad ist für seine heftigen Stürme und Orkane auf hoher See berüchtigt.

Auf der Suche nach Begriffen, die zum Rateteam passen, sind findige Zuschauer über die Niabank gestolpert. Diese Niabank ist eine im Schneeberggebiet bekannte Sonderform der Heinzlbank, die in man-chen Regionen auch Hoanzlbank heißt. Diese Information möge Insidern, die wissen, dass Michael Niavaranis umtriebiger Manager Georg Hoanzl heißt, als Bonus-Pointe dienen. Bei der Hoanzlbank handelt es sich um eine Schnitzbank. Die Bezeichnung Niabank leitet sich von dem mittelhochdeutschen Verb »nian« ab, das »nuten« oder »eine Nut ziehen« bedeutet. Zu diesem Zweck ist diese ganz spezielle Schnitzbank mit Eisenbeschlägen ausgestattet, mit der diese Nut in hölzerne Dachschindeln gezogen werden kann. So lehrreich ist »Was gibt es Neues?« manchmal.

Speziell an den Quoten-Perser Michael Niavarani gerichtet war auch die Frage nach dem Perserschutt. Darunter verstehen Archäologen ganz bestimmte Bodenschichten, vor allem im Bereich der Akropolis in Athen, die infolge der Zerstörungen und Plünderungen durch das persische Heer im 5. vorchristlichen Jahrhundert entstanden sind.

Keinem dieser Begriffe lässt sich mit der NIA-Methode auf den Grund gehen. Zur großen Freude von Michael Niavarani handelt es sich bei dieser »Neuromuskulären Integrativen Aktion« nämlich um ein ganz-heitliches Fitnessprogramm, das wie geschaffen ist für den lustigen Linksaußen des Rateteams: »Bei NIA gibt es keinen Leistungsdruck, kein richtig oder falsch – vor allem keine ungesunden Bewegungen. Bei NIA gibt es Freude, Lachen und Spaß. Man braucht für NIA keine besonderen körperlichen Voraussetzungen. Empfohlen werden aber rutschfeste Socken.«

Vom Säuferbalken ins Trottelbecken

Andere Länder, andere Sitten

Nichts eignet sich besser für die genüssliche humoristische Ausschlachtung fest verankerter und liebevoll gepflegter Klischees als Fragen über die Eigentümlichkeiten und Auffälligkeiten der Bewohner bestimmter Länder. Unser Streifzug durch bemerkenswertes Brauchtum beginnt in Skandinavien: Warum knien anständige Dänen vor jedem Fahrtantritt vor ihrem Auto?

Für ein Stoßverkehrsgebet? Als huldvolle Begrüßung des verehrten Fahrzeugs? Weit gefehlt. Der gleiche Grund, der für den dänischen Kniefall sorgt, verpflichtet Autofahrer hierzulande, regelmäßig Ehrenrunden ums Auto zu drehen. Es ist nämlich gesetzlich vorgeschrieben, das Auto vor jedem Wegfahren einer optischen Überprüfung zu unterziehen. In Dänemark sind Autofahrer überdies dazu verpflichtet, vor der Inbetriebnahme ihres Fahrzeugs niederzuknien, um sich davon zu überzeugen, dass sich kein Kind unter dem Fahrzeug befindet. Unglaublich, aber wahr. Wir haben extra nachgefragt – und Dänen lügen ja bekanntlich nicht.

Außerdem pflegen Dänen offensichtlich ein besonders Verhältnis zu ihrem Schuhwerk: Worum geht es in einem zwischen Dänemark und Schweden angestrebten Schuh-Abkommen?

Um die Bandbreite der Möglichkeiten etwas einzuschränken, sei verraten, dass es bei dieser bilateralen Vereinbarung um Verbrechensbekämpfung geht. Die Polizei in Malmö in Südschweden ist nämlich lange vor einem Rätsel gestanden. Es gab da eine Diebesbande, die aus den Auslagen von Schuhgeschäften immer einzelne – nur linke – Schuhe geklaut hatte. Kein schwieriges Unterfangen, denn der linke steht ja immer frei zur Ansicht in den Regalen. Aber was machen Diebe mit einer Kollektion linker Schuhe? Die Antwort kam aus

Dänemark. Dort hatte die Polizei genau die gleichen Probleme mit einer derartigen Schuh-Bande. Mit dem entscheidenden Unterschied, dass in dänischen Geschäften immer der rechte Schuh in den Regalen ausgestellt wird. Der Schluss lag nahe: Hier handelt es sich um eine grenzüberschreitend tätige Bande. Zuerst klauen die Spitzbuben die linken Schuhe in Schweden und dann die dazu passenden rechten in Dänemark. Und um diesem Unwesen ein Ende zu setzen, wurde ein Schuh-Abkommen angeregt, in dem sich schwedische und dänische Schuhgeschäfte auf eine einheitliche Auslagenstrategie einigen sollten.

Ob es sich bei den Protagonisten der nächsten Frage auch um Opfer dreister Schuhdiebe handelt? Warum trifft man in manchen belgischen Wirtshäusern Gäste mit nur einem Schuh an?
Diese Gäste trinken Kwak-Bier. Wie die meisten der Hunderten berühmten belgischen Biere wird auch Kwak in ganz speziellen Gläsern serviert wird. Der Connaisseur genießt es aus einem besonders formschönen Ballon-Glas, das nur in einer speziellen Holzhalterung stehen kann. Damit dieses wertvolle Gefäß nicht beim Heimgehen »versehentlich« mitgenommen wird, ist es in vielen Lokalen Sitte, beim Wirt einen Schuh als Pfand für das Glas hinterlegen zu müssen.

Wenn es ums Geld geht, entwickeln Belgier offenbar einen besonders kreativen Geschäftssinn. Das belegt auch eine andere Geschichte, die sich bei diesem spontanen Abstecher nach Belgien noch unterbringen lässt. Warum gab es in einem Antiquitätengeschäft in Mechelen spontan einen zweitägigen Abverkauf aller Waren?
Geschäftsliquidierung, Brand- oder Wasserschaden? Langweilig. »Wir würden nach dieser Geschichte nicht fragen«, pflegt Moderator Oliver Baier in solchen Fällen zu sagen, »wenn die Erklärung nicht besonders kurios wäre.« Während der Besitzer des Antiquitätengeschäfts auf Urlaub war, brachen böse Buben in sein Geschäft ein. Da es ihnen aber offenbar zu umständlich war, ihre Beute abzutransportieren, veranstalteten sie kurzerhand einen Räumungsverkauf mit bestechend günstigen Preisen. Nach zwei Tagen konnten sie einen Umsatz von 25.000 Euro als Gewinn verbuchen.

Doch zurück nach Schweden. Dort harren noch einige Eigentümlichkeiten ihrer Klärung: Worum handelt es sich bei einem Vorwärts-Rückwärts-Schweden?

Um der Bedeutung dieses Begriffs auf die Spur zu kommen, bedarf es des Wissens, dass Kreuzworträtsel auch als Schwedenrätsel bezeichnet werden. Bei einem Vorwärts-Rückwärts-Schweden handelt es sich daher um ein Kreuzworträtsel, bei dem manche der gesuchten Begriffe auch von unten nach oben oder von rechts nach links eingetragen werden müssen.

Ein bekanntes schwedisches Möbelhaus stand Pate für gleich mehrere rätselhafte Fachbegriffe: Die IKEA-Klausel ist ein Fachbegriff des deutschen Konsumentenschutzes, der besagt, dass bei einem Kauf bereits ein Sachmangel vorliegt, wenn die Montageanleitung mangelhaft ist.

Ganz etwas anderes ist der sogenannte IKEA-Effekt. Es handelt sich dabei um einen psychologischen Fachbegriff, mit dem die besonders enge Beziehung bezeichnet wird, die man zu eigenhändig zusammengebauten Gegenständen entwickelt. Ist ein Käufer selbst an der Fertigstellung beispielsweise eines Möbelstücks beteiligt, entsteht bei ihm auch eine ganz besondere Wertschätzung für den neuen Besitz.

Nachdem das schwedische schraub-it-yourself-Möbelhaus ja auch für seine vertraulichen Anredeformen bekannt ist, sei an dieser Stelle noch die Bedeutung des Begriffs Du-Zuschlag geklärt. Dabei geht es um die Rechtslage bei Beleidigungen in Deutschland. Es macht nämlich einen Unterschied, ob man jemanden per »Sie« oder per »Du« beschimpft. Da »Du« viel persönlicher ist und die Ehre und das Selbstwertgefühl des Beschimpften stärker verletzt, wird es wesentlich härter bestraft. Ein konkretes Beispiel: »Sie Arschloch« kostete einen Schimpfer 2.100 Euro. Hätte er »Du Arschloch« gesagt, wären 3.000 Euro fällig gewesen. Noch eine Zusatzinformation für die Praxis: In Deutschland darf ein Polizist offiziell und straflos »Bulle« genannt werden. In einem Urteil wurde festgestellt, dass diese Bezeichnung bereits in den allgemeinen Sprachgebrauch übergegangen sei. Hauptsache, per »Sie« …

Warum besteigen die Kinder auf der isländischen Insel Heimaey jedes Jahr kurz vor Ende der Sommerferien einen Leuchtturm?

Sie werfen junge Papageientaucher-Vögel hinunter. Und das, um ihnen einen Gefallen zu tun. Papageientaucher sind nämlich grundsätzlich miserable Flieger. Auf Heimaey sammeln die Kinder verirrte oder abgestürzte Jungtiere ein, tragen sie auf den Leuchtturm, lassen sie dort frei und geben ihnen dadurch eine neue Überlebenschance. Diese alljährliche Papageientaucher-Rettungsaktion ist eine seit Langem gepflegte Insel-Tradition. Wie übrigens auch der Verzehr ausgewachsener Papageientaucher.

Warum hat ein Postbeamter auf den Färöer-Inseln im Jahr 1919 seinem Dienstsessel ein Bein abgesägt?

Philatelisten ist die Geschichte dieses berühmten Stuhlbeins selbstverständlich bekannt: Nach einer von Dänemark angeordneten Portoerhöhung herrschte auf den Färöern plötzlich verstärkt Bedarf an 2-Öre-Briefmarken. Der Nachschub vom Festland ließ aber auf sich warten. Also sägte der Postbeamte seinem Sessel kurzerhand ein Bein ab und schnitzte sich daraus einen 2-Öre-Stempel, mit dem er andere Briefmarken überdruckte. Heute sind diese Stuhlbeinstempelmarken natürlich begehrte Sammlerstücke.

Welchen Pflichtkurs müssen alle Studenten einer Universität in Norwegen zu Beginn ihres Studiums absolvieren?

Bei der Hochschule handelt es sich um die Polaruniversität UNIS in Svalbard, deren vier Hauptstudienrichtungen »Arktische Biologie«, »Arktische Geologie«, »Arktische Geophysik« und »Arktische Technologie« sind. Diese Information hilft aber nur bedingt weiter. Viel wesentlicher ist, dass Svalbard auf Spitzbergen liegt. Dort gibt es auch Eisbären – und die behördliche Anordnung, beim Verlassen der Ortschaft ein Gewehr bei sich zu tragen. Diese Vorschrift gilt vernünftigerweise auch für Studenten. Daher gibt es zu Semesterbeginn verpflichtende Schulungen im Umgang mit Gewehren und diversen pyrotechnischen Hilfsmitteln zur Eisbärenabwehr.

Für die nächste Frage bleiben wir noch ein wenig in den polaren Regionen, wechseln aber auf die andere Seite der Erdkugel: Wer wird in den südpolaren Club 300 aufgenommen?
Es geht hier um eine Art Initiationsritus für Newcomer bei den polaren Forschungsstationen. Sobald die Außentemperatur im Winter unter minus 73°C fällt, laufen die Polarforscher nach einem Saunabesuch nur mit Stiefeln bekleidet ins Freie zum Südpol und wieder zurück in die Station. Dabei setzen sie sich freiwillig und ohne gesundheitliche Folgen einem Temperatursturz von 300° Fahrenheit aus: von +200° F (93°C) in der Sauna auf –100° F (–73°C) im Freien. Danach ist der Südpol-Novize stolzes und leicht verfrorenes Mitglied des exklusiven Club 300.

Warum kleben oder schnallen sich in Moskau manche Autofahrer Kübel aufs Auto?
Fast schon zu verräterisch ist der Hinweis, dass es sich um ca. 20 Zentimeter hohe blaue Eimerchen einer lokalen Majonäse-Firma handelt. Wenn diese mit der Öffnung nach unten auf das Autodach geschnallt werden, sehen sie aus, wie ein Blaulicht. Es gibt nämlich in Moskau immer mehr Staatsfunktionäre und Reiche, die sich ein Blaulicht auf ihre Fahrzeuge montieren, um dann bei Bedarf auf keine Verkehrsregeln mehr achten zu müssen. Gegen diese rücksichtslosen Privilegienritter richtet sich der Protest der blauen Kübelchen.

In Russland gibt es auch eigentümliche rote, spitze Kübel, die Herr Thomas Kloebl eigens für »Was gibt es Neues?« fotografiert hat.
Welchen Zweck haben die roten Kegel in russischen Betrieben und öffentlichen Gebäuden?
Es sind tatsächlich Löscheimer, die in vielen Betrieben griffbereit im Stiegenhaus hängen. Auf seine berechtigte Frage nach der ausgefallenen Form bekam Herr Kloebl die Auskunft, dass herkömmliche Eimer ständig gestohlen würden. Mit diesen Eimern

könne aber zu Hause niemand viel anfangen, da man sie nicht hinstellen kann.

Warum hat die Post der südkaukasischen Republik Abchasien am Schwarzen Meer ausgerechnet John Lennon und Groucho Marx Sonderbriefmarken gewidmet?

Mag es um die ähnlichen Brillen oder um die Oberlippenbärte der beiden Herren gegangen sein? Weit gefehlt. Abchasien wollte mit die-

sen beiden Prominenten der Weltöffentlichkeit in aller Deutlichkeit seine Abkehr vom Kommunismus demonstrieren. Das Motto der Kampagne war: Groucho Marx statt Karl Marx, Lennon statt Lenin.

Interessantes Detail am Rande – genauer gesagt am rechten oberen Rande dieses Sonderbriefmarkenbogens: Beim berühmten Friedenssymbol ist dem Künstler offenbar ein Balken abhanden gekommen. Seine Version erinnert sehr viel mehr an das Logo eines deutschen Autokonzerns. Aber so ist das eben, wenn man den Kommunismus hinter sich lassen möchte: Da schleichen sich ganz rasch die kapitalistischen Symbole ein.

Woher hat das Friedenssymbol eigentlich seine Form?

Tatsächlich handelt es sich bei den drei Strichen im Kreis um die vereinfachte Darstellung zweier übereinander gelegter Buchstaben aus

dem sogenannten Winker- oder Semaphoren-Alphabet der Marine, das fälschlicherweise oft als Flaggenalphabet bezeichnet wird. Die beiden Buchstaben »N« (Fahnen auf 5 und 7 Uhr) und »D« (Fahnen auf 6 und 12 Uhr) stehen für »Nuclear Disarmament« (»Nukleare Abrüstung«). Das berühmte Peace-Logo entspringt also eigentlich der Sprache der Kriegsmarine.

Warum wurden in der Ukraine Gemälde in Aquarien ausgestellt?

Es handelte sich um eine Ausstellung im berühmten Lustschlösschen »Schwalbennest« auf der Krim am Schwarzen Meer. Gezeigt wurde dort sogenannte Unterwasser-Malerei: Gemälde, die von Tauchern am Meeresboden in bis zu 20 Metern Tiefe angefertigt wurden und deshalb dem Ausstellungsbesucher natürlich auch im Wasser präsentiert werden mussten. Selbstverständlich geschah das alles nicht nur, um medial etwas Aufmerksamkeit zu erregen. Angeblich sind die Lichtverhältnisse unter der Wasseroberfläche ganz besonders inspirierend für die ukrainischen Tauch-Maler.

Warum kann ein fertiggestelltes Freibad im slowakischen Trenčín nicht in Betrieb gehen?

Ein Schildbürgerstreich reinsten Wassers. Nur dummerweise ohne Wasser. Bei der Planung des Schwimmbads wurde nämlich das nicht ganz unwesentliche Detail übersehen, dass es dort weit und breit keinen Wasseranschluss gibt. Auch die Anschlüsse an die Gasversorgung und Kanalisation fehlen dem Freibad. Das musste die Stadtverwaltung ziemlich kleinlaut auf ihrer Internetseite bekanntgeben. Und leider gäbe es wegen der hohen Baukosten für das Schwimmbad bis auf Weiteres kein Geld für die Errichtung der Anschlüsse.

Deutlich besser durchdacht ist da ein Konzept für ein Hallenbad in der britischen Grafschaft Worcestershire: **Mit welcher ungewöhnlichen Maßnahme soll das Schwimmbad von Redditch finanziell saniert werden?**
Unmittelbar neben dem städtischen Schwimmbad steht das städtische Krematorium. Der Bürgermeister von Redditch hat nun den kreativen, aber doch etwas verwegenen Plan, die Abhitze des Krematoriums dazu zu nutzen, das Badewasser zu heizen. Dadurch könne sich die Gemeinde jährlich über 14.000 Pfund an Heizkosten sparen, verkündete er stolz. Bei der Bevölkerung gab es trotzdem massive Vorbehalte bezüglich dieser originellen Lösung.

England ist ja ganz generell ein Land, dem es nicht an Originalität mangelt: **Wieso hingen im 18. Jahrhundert entlang der Themse in regelmäßigen Abständen Blasebälge?**

Mit diesen Blasebälgen wurde seinerzeit versucht, ertrunkene Menschen wiederzubeleben. Aber nicht, wie jetzt naheliegenderweise vermutet werden könnte, um ihnen damit frische Luft in die Lunge zu pumpen. Eher genau im Gegenteil: Da dem Tabakrauch seinerzeit besonders belebende Wirkung nachgesagt wurde, bekamen ihn die Wasserleichen mit den Blasebälgen rektal eingeblasen. Da kennen die Briten keinerlei Hemmungen.

Eine Englische Hemmung ist daher etwas ganz anderes. Es handelt sich dabei um einen Fachbegriff aus dem Uhrmacherwesen. Die Englische Hemmung oder auch Spitzzahnankerhemmung ist – vereinfacht ausgedrückt – eine taktvolle Bremse für das Uhrwerk. Damit es richtig tickt. Und »englisch« ist diese spezielle Hemmung deshalb, weil sie lange Zeit bei englischen Taschenuhren üblich war.

Weit weniger taktvoll ist die Bezeichnung Englische Entlassung. So nennen Ärzte in ihrem eigenen, schwarzhumorigen Jargon eine unangemessen frühzeitige Entlassung eines Patienten aus dem Spital. Das geschieht zumeist aus Kostengründen. In diesem Fall hat das Attribut »englisch« einen kulinarischen Kontext: Der Patient ist zum Zeitpunkt seiner Entlassung noch blutig.

Nicht zu verwechseln ist die Englische Entlassung mit dem Französischen Austritt. Dieser wird nämlich auch als Französischer Balkon bezeichnet. Wobei Balkon etwas übertrieben ist. Es handelt sich nämlich eigentlich nur um ein bodentiefes Fenster mit Geländer und einem höchstens ein paar Zentimeter tiefen Balkon. Eine französische Erfindung.

Und worum handelt es sich bei der Italienischen Einstellung? Sie ist ein Fachbegriff aus der Filmbranche. Namensgebend dafür waren zahlreiche Italo-Western, u. a. von Sergio Leone. Bei Kameraeinstellungen unterscheidet der Fachmann u. a. die Totale, die Halbtotale, die nahe oder halbnahe Einstellung, die Großaufnahme, die Detailaufnahme und eben die gesuchte Italienische Einstellung. Bei Letzterer sieht man nur noch die Augen des Darstellers – wie bei Charles Bronson und Henry Fonda in »Spiel mir das Lied vom Tod«.

Um eine besonders begrüßenswerte italienische Einstellung geht es in der nächsten Frage: Was bekommt man, wenn man in einer Bar in Neapel die Frage nach einem Aufgehobenen stellt?

Auf Italienisch lautet diese Frage: »C'è un sospeso?« (»Gibt es einen Aufgehobenen?«).

Im Idealfall bekommt man dann einen Espresso gratis. Es gibt in Neapel nämlich die alte Tradition, dass jemand, der an diesem Tag ein gutes Geschäft getätigt oder etwas Schönes erlebt hat oder auch nur einen sozialen Beitrag leisten will, einen Espresso trinkt – aber zwei bezahlt. Dann wird ein Espresso aufgehoben für jemanden, der sich sonst keinen leisten kann. Eine höchst löbliche Tradition, die nach ihrer Vorstellung in »Was gibt es Neues?« in Österreich durch diverse Social-Media-Kanäle rauschte und seither erfreulicherweise auch hierzulande von einigen Lokalen aufgegriffen wurde.

Eine andere antike italienische Sitte hat sich nicht durchgesetzt: Warum wurden im alten Rom an vielen Kreuzungen Amphoren aufgestellt? Dienten sie der Flüssigkeitsversorgung ermatteter Wanderer? Unwahrscheinlich, denn diesen Amphoren waren durchwegs die Hälse abgeschlagen worden. Handelte es sich um spezielle Wegweiser oder Flurzeichen? Waren es womöglich Werbemaßnahmen von Weinschenken oder Töpfereien? Leider falsch. Die geköpften Amphoren waren von den damaligen Wäschereien – den Fullonen – in der Nähe besonders stark frequentierter Plätze und Kreuzungen aufgestellt worden. Und zwar mit der Bitte an die Bevölkerung, dort Roh-Ammoniak zu spenden. Anders gesagt: Die Amphoren sollten als öffentliche Pissoirs verwendet werden. Denn der Harn war für die auch als Urinwäscher bezeichneten Fullonen ein wichtiges Reinigungsmittel für die römischen Togen. Um die Trefferquote der Harnspender bei der Erledigung der Notdurft zu erhöhen, schlugen sie den Amphoren kurzerhand die engen Hälse ab.

Was versteht man in Frankreich unter einem gueule de bois (Holzmaul)? Besonders rätselhaft wird diese Frage mit dem Hinweis, dass genau das Gleiche in Norwegen als Kuppelkopf bezeichnet wird. Um auf die richtige Fährte zu gelangen, hilft die Überlegung, in welcher Verfassung man sein muss, um selbst das Gefühl zu haben, ein hölzernes Maul und einen kuppelgroßen Kopf zu haben. Richtig: Das sind die unangenehmen Folgeerscheinungen übermäßigen Alkoholkonsums. Holzmaul und Kuppelkopf entsprechen also unserem Kater. Letzterer hat übrigens nichts mit Katzen am Hut. Aufgrund der Ähnlichkeit der schmerzhaften Beschwerden hat er sich aus dem Wort Katarrh für Schleimhautentzündung entwickelt.

Um der Schottischen Furche auf den Grund zu gehen, gilt es, in der Geschichte des Fußballsports zu graben. Im Jahr 1877 wurde erstmals ein Spielsystem erprobt, bei der nicht mehr vorrangig auf die Einzelleistungen der Spieler, sondern auf deren Zusammenspiel als Team gesetzt wurde. Gab es bis zu diesem Zeitpunkt nur einen Tormann und zehn Feldspieler, die mehr oder weniger machen konnten, was sie wollten, setzte die Schottische Furche auf einen Torhüter, zwei Verteidiger, drei sogenannte Läufer – das heutige Mittelfeld – und fünf Stürmer. Aufgrund der von oben betrachtet dreieckigen Form dieser im Norden des Mutterlands des Fußballs entwickelten Mannschaftsaufstellung bekam sie den Namen Schottische Furche.

Nach der Bedeutung des Begriffs Galerie-Holländer erkundigte sich passenderweise als Promifragesteller der ehemalige Staatsopern-Direktor Ioan Holender beim Rateteam. Die Antwort, dass es sich dabei um einen historischen holländischen Windmühlen-Typus mit einer rund um den Turm führenden, begehbaren Galerie handelt, gab er dann von der Galerie der Oper aus.

Der Schweizer Riegel hat weder etwas mit Schokolade noch mit restriktiver Zuwanderungspolitik zu tun. Auch Michael Niavaranis Vorschlag, es sei eine Methode, ein Türschloss mit aushärtendem Fondue zu versiegeln, konnte Oliver Baier nicht als richtig durchgehen lassen. Abermals bezeichnet dieser Begriff nämlich ein Spielsystem im Fußball. Es wurde in den 1930er-Jahren vom österreichischen Wundertrainer Karl Rappan erfunden, der zu dieser Zeit die Schweizer Nationalmannschaft trainierte. Bei dieser auch Verrou genannten Spielweise gingen alle Spieler gleichzeitig zum Angriff über und fielen dann gemeinsam in die Verteidigung zurück. Der sogenannte Riegel war der einzige fixe Abwehrspieler, der als letzter Mann zur Absicherung hinten blieb.

Dass sich »Was gibt es Neues?« auch in der Schweiz großer Beliebtheit erfreut, belegen zahlreiche eidgenössische Einsendungen und Fan-Mails. Ein 13-jähriges Mädchen begründete beispielsweise ihre Begeisterung für die »mega-klasse« Show mit ihrem Spaß am Klang der österreichischen Sprache: »Euer Dialekt tönt so lustig.« Danke, gleichfalls. Um der Schweizer Zuschauerschaft besonderes Amüsement über die Ahnungslosigkeit des Rateteams zu bereiten, muss es sich gelegentlich auch mit bei unseren Nachbarn ganz geläufigen Ausdrücken auseinandersetzen: Was ist ein Eingeklemmtes?

So heißt in der Schweiz ein simples Sandwich, in dem die Wurst oder der Käse zwischen zwei Brotscheiben eingeklemmt ist.

Dazu bestellt der Schweizer ein Schnitzwasser. So nennt er nämlich ein Soda-Zitron, da ihm die dafür verwendete Zitronenspalte als Zitronenschnitz bekannt ist.

Was machen Schweizer, wenn sie abbügeln?

Umgangssprachlich bedeutet abbügeln auch abwimmeln oder abweisen. Das wäre aber ebenso wenig eine speziell Schweizer Bedeutung, wie das Abbügeln eines Schienenfahrzeugs, das seinen Stromabnehmer von der Oberleitung nimmt. Gesucht ist vielmehr eine wintersportliche Tätigkeit: Ein Schweizer, der abbügelt, verlässt den Schlepplift.

Was wird in der Schweiz gelegentlich und umgangssprachlich als Fressbalken bezeichnet? Hierbei handelt es sich um jene markanten, aber hierzulande eher unüblichen Autobahnraststätten, die sich wie ein Balken quer über die Autobahn spannen und somit von beiden Seiten aus erreichbar sind.

Nicht zu verwechseln mit dem Säuferbalken, der im benachbarten Deutschland von historischer Bedeutung ist. Beim alten Führerschein gab es auf der zweiten Seite Platz für Anmerkungen des Prüfers. Bei Führerschein-Duplikaten wurde dieser Platz mit einem schwarzen Balken durchgestrichen, weil ja diesmal kein Prüfer an der Ausstellung beteiligt war. In welchen Fällen musste sich ein Kraftfahrer einen neuen Führerschein ausstellen lassen? Wenn er ihn verloren hatte. Oder – und jetzt kommt's – wenn er ihm wegen Trunkenheit am Steuer abgenommen worden war. Daher wurde dieser schwarze Strich im Volksmund lapidar als Säuferbalken bezeichnet.

Wenn wir nun schon in Deutschland sind, wollen wir gleich die nächste Merkwürdigkeit beleuchten: Warum wird im bayerischen Obereichstätt in manchen Nächten kein Licht aufgedreht?
Zielführend bei der Suche nach der richtigen Lösung waren erwartungsgemäß weder Andreas Vitáseks Vorschlag, dass Obereichstätt in guter alter Tradition hin und wieder bombardiert wird, noch Michael Niavaranis Vermutung, es handle sich um den witzigen bayerischen Brauch des Lichtschalter-Versteckens. Die Wahrheit ist viel tierischer. Obereichstätt wird nämlich – ähnlich wie auch Röns in Vorarlberg – an manchen Tagen im Herbst von einer unerklärlichen Tausendfüßler-Invasion heimgesucht. Millionen dieser dank eines Wehrsekrets überdies bestialisch stinkenden Tierchen belagern dann in der Nacht alles, was beleuchtet ist. Deshalb haben die Obereichstätter jetzt eigens ein 30 Zentimeter hohes Blechmäuerchen um ihr Dorf aufgestellt und vermeiden jede Lichtquelle.

Ein ganz spezielles Parkverbot gibt es in der hessischen Stadt Bad Hersfeld: Warum ist es in einer Parkanlage in der Innenstadt von Bad Hersfeld zwischen 20 und 23 Uhr nicht erlaubt, mit Hunden Gassi zu gehen?
In dem Park, in dem dieses zeitlich begrenzte Hundeverbot gilt, gibt es eine altehrwürdige Stiftsruine. In ihr finden im Sommer Festspiele statt, deren abendliche Aufführungen nicht von Hundegebell – oder womöglich gar von Hundenamen schreienden Hundebesitzern – gestört werden sollen. Warum das Parkverbot für Vierbeiner konsequenterweise nicht auch während der Nachmittagsvorstellungen gilt, bleibt allerdings rätselhaft.

Wenden wir uns nun südlicheren Gefilden zu: Warum sind auf manchen Strom- oder Telefonleitungen in Griechenland leere Plastikflaschen montiert?

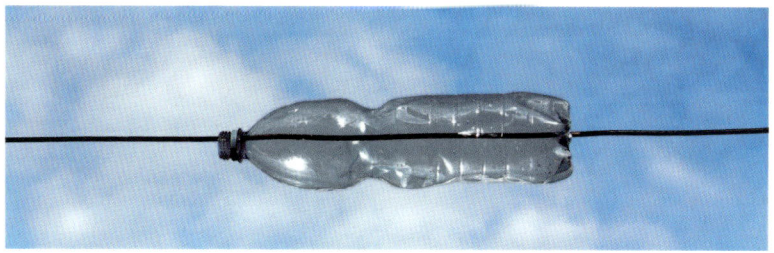

Nicht nur in Griechenland nisten sich in den Dachstühlen gerne Ratten und andere Nager ein. Als talentierte Hochseilartisten benutzen sie gern Stromleitungen, um von Dach zu Dach zu gelangen. Die über die Leitungen gestülpten Flaschen machen ihnen aber einen Strich durch die Rechnung. Das sind für sie unüberwindbare Hindernisse. Also machen sie entweder kehrt oder stürzen von der rotierenden Flasche ab.

Warum liegen auf Zypern manchmal fest verschweißte Plasticksackerln mit rund 1 Liter Wasser und einem Stein darin vor allen Häusern und Wohnungen?

Diese kommunale Verteilung findet immer in Phasen besonderer Trockenheit statt. Die Bevölkerung wird dazu angehalten, diese mit einem Stein beschwerten Plastiksackerln in die Spülkästen der Toiletten zu legen, sodass dann bei jedem Spülvorgang ein Liter Wasser weniger verbraucht wird. Eine einfache, aber effektive Sparmaßnahme.

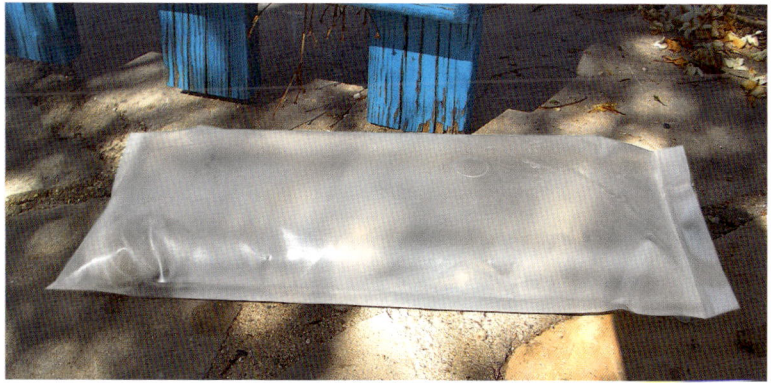

Wieso wurden alle Bewohner des ostanatolischen Dorfs Kadıruşağı von Beamten des Bildungsministeriums einvernommen?
Schuld an dem Einsatz der Behörde war eine stattliche Kuh namens Gülsüm. Die hatte sich nämlich etwas Unverzeihliches zuschulden kommen lassen, wie einer Zeitungsmeldung zu entnehmen war: »Kuh Gülsüm hat auf dem Schulhof von Kadıruşağı eine Büste von Staatsgründer Atatürk vom Sockel gestoßen und damit für helle Aufregung in dem ostanatolischen Dorf gesorgt. Der genaue Tathergang wird nun untersucht. Alle Bewohner des Dorfes sind zu diesem Zweck von Beamten des Bildungsministeriums vernommen worden. Die Kuh Gülsüm wurde unterdessen von ihrem Besitzer sicherheitshalber zu Verwandten in ein anderes Dorf ins Exil geschickt. Er befürchte eine Strafe, auch wenn das gewiss keine Absicht seiner Kuh gewesen sei.«

Noch rund 350 Kilometer weiter östlich in der Türkei liegt Muş. **Warum wurde das Minarett der großen Moschee dieser Provinzhauptstadt täglich von vielen Bewohnern erklommen?**
Der Muezzin dieser Moschee hatte einen großen Vorteil: Sein Arbeitsplatz war jahrelang der einzige im ganzen Dorf, von dem aus Handy-Gespräche möglich waren. Überall sonst war das Netz zu schwach. Der Ortsvorsteher hatte daher verfügt, dass jeder, der mit seinem Handy telefonieren wollte, das Minarett besteigen durfte.

In der ostindischen Provinz Assam pflegt ein Lehrer ein ausgefallenes Hobby. **Wozu sammelt Herr Raju Handique Spinnen?**
Damit noch nicht eigenartig genug: Er bevorzugt giftige Spinnen. Irgendwann in jungen Jahren hatte er festgestellt, dass er gegen deren Gift weitgehend immun ist. Seitdem ernährt er sich publikumswirksam von diesen Tieren. Als Nächstes will er tausend giftige Spinnen an einem Tag essen, um ins Guinness-Buch der Rekorde zu kommen. Seinen Angaben nach schmecken die Spinnen übrigens entweder »bitter, süß oder nach Milch«. Das wäre ein Fall für »Wetten dass …« gewesen: Der Mann, der 100 verschiedene Giftspinnen am Geschmack erkennen kann.

Warum muss ein Gemüsemarkt in der Nähe von Bangkok täglich mehrmals für ein paar Sekunden geschlossen werden?

Der Markt liegt direkt auf den Gleisen der Bahnlinie Maeklong Railway. Und jedes Mal, wenn ein Zug durchfährt, muss der Markt zwangsläufig kurz schließen. Die Tische werden zurückgeschoben, die Sonnenplanen zurückgeklappt, Kunden und Händler ziehen sich in ihre Standln rechts und links von den Schienen zurück. Dann fährt der Zug mitten durch den Markt.

Warum wurden auf Borneo innerhalb eines Jahres 900 Münztelefone gestohlen?

Tatsächlich wurden nur die Telefonhörer geklaut. Die Täter waren Fischer. Durch Zufall waren sie nämlich draufgekommen, dass die Hörer ein lautes piepsendes Geräusch von sich geben, wenn man sie an eine Batterie anschließt und ins Wasser lässt. Und dieses Geräusch lockt Fische an. Die Fischer benutzten die gestohlenen Telefone also für eine Fangschaltung der etwas anderen Art.

Warum kommen Japaner stets rückwärtsgehend aus der Toilette?

Japaner haben neben ihren Hauspantoffeln auch noch spezielle Toiletten-Pantoffeln, die nur im WC-Bereich getragen werden. Um diese an der Türschwelle zum WC wieder so abzustreifen, dass der nächste Benutzer vorwärts hineinschlüpfen kann, verlassen sie die Toilette in der Regel rückwärts.

Mit welcher staatlichen Aktion wurde in China 2007 das Jahr des Schweins gefeiert?

Zur Feier des Jahr des Schweins gab die chinesische Post besonders geschmackvolle Sonderbriefmarken heraus. Abgebildet waren darauf diverse Säue. Der besondere Clou: Die Gummierung dieser Briefmarken schmeckte nach Schweinefleisch süß-sauer!

Welchen Warnhinweis legt die britische Post ihren Briefmarken bei?

Als fürsorgliche Behörde weist sie ihre Kunden darauf hin, dass die Gummierung der Briefmarken bei übermäßigem Ableck-Konsum dick macht.

Wozu kaufte eine Hausverwaltung in Shanghai 100 Kilogramm Butter?

Die Anschaffung sollte die Wohnanlage vor Einbrechern schützen. Weil ein neues Überwachungssystem zu teuer gewesen wäre, griff die Hausverwaltung zu biologischen Mitteln. Einbrecher hatten die an den Gebäuden verlaufenden Gasrohre nämlich regelmäßig als Leitern benutzt. Die Hausverwaltung ließ die Rohre nun regelmäßig mit Butter einschmieren, um sie rutschig zu machen. Laut dem Hausmeister sei das die mit Abstand billigste und effektivste Methode.

Warum ließen sich 2006 in einem chinesischen Ort 99 % aller Ehepaare scheiden?

Was umfangreiche Umsiedlungen wegen großer Bauvorhaben betrifft, ist man in China ja nicht gerade zimperlich. Und so ein Projekt war auch die Ursache für die vielen Scheidungen. Einer staatlichen Bestimmung zufolge sollten nämlich Singles als Entschädigung für ihre Umsiedlung andernorts eine 1-Zimmer-Wohnung bekommen. Ehepaare sollten mit einem kleinen 2-Zimmer-Appartement abgefunden werden. Die Aussicht darauf, als Geschiedene zwei Wohnungen zu bekommen und davon dann eine verkaufen oder vermieten zu können, löste den Scheidungs-Boom aus.

Was ist eine Chinesische Landung?

Das ist tatsächlich ein Begriff aus der Fliegerei bzw. aus dem Pilotenjargon. So wird eine Landung bezeichnet, bei der eine Tragfläche des Flugzeugs bedeutend niedriger ist als die andere. Der Grund dafür mag gelegentlich ein Pilotenfehler sein, bei starkem Seitenwind ist eine Landung in extremer Schräglage aber oft die beste Methode, um das Flugzeug heil und sicher auf die Erde zu bekommen. Bleibt die Frage: Warum heißt sie Chinesische Landung? Die Antwort ist hinreißend dämlich. »Ein Flügel tief« heißt auf Englisch »one wing low«. Dem vermeintlich chinesischen Klang dieser drei Worte, verdankt die schiefe Landung ihren Spitznamen.

Warum wurde auf einer Reise des ersten chinesischen Kaisers im 3. Jahrhundert vor Christus hinter jeder seiner acht kaiserlichen Sänften ein Karren mit Fischen hergezogen?

Im Laufe dieser ominösen Inspektionsreise durch sein Reich war Kaiser Qín Shǐhuángdì gestorben. Um in Ruhe die Nachfolge zu seinen Gunsten regeln zu können und um Unruhen zu verhindern, beschloss der Kanzler, den Tod nicht publik zu machen, sondern »business as usual« vorzutäuschen. Die Heimreise dauerte aber drei Monate. Der Leichnam begann zu verwesen. Deshalb ordnete Kanzler Li Si auf angeblichen Befehl des Kaisers an, an jede Sänfte einen Karren mit altem Fisch anzuhängen. Dadurch soll es gelungen sein, den verräterischen Verwesungsgeruch zu überdecken.

Warum werden über Guam Mäuse mit Fallschirmen abgeworfen?

Für die Antwort müssen wir kurz in die Geschichte von Guam eintauchen. Guam diente den Amerikanern im Zweiten Weltkrieg als wichtige Militärbasis. Sie waren es, die mit ihren Truppen- und Materialtransporten damals versehentlich die Braune Nachtbaumnatter einschleppten. Die bis zu drei Meter lange giftige Art vermehrte sich rasant und sorgte dafür, dass fast die gesamte heimische Vogelwelt ausgerottet wurde. Dadurch wiederum vermehrten sich auf Guam die Spinnen und Insekten zu einer einzigartigen Plage. Es gibt also vorläufig drei gute Gründe, nicht nach Guam zu fahren: jede Menge Spinnen, 2 Millionen Nachtbaumnattern und Tausende amerikanische Soldaten.

Und was hat das alles mit Mäusen an Fallschirmen zu tun? Jetzt kommt die traurige Wahrheit: Die Mäuse sind bereits tot, wenn sie abgeworfen werden. Sie sind Giftköder, um der Schlangeninvasion wieder Herr zu werden und die Vogelwelt zu retten. Warum dann mit Fallschirmen, wenn sie eh schon tot sind? Damit sie sich in den Bäumen verfangen, in denen die Nachtbaumnattern bevorzugt auf Jagd gehen. Wenn das Experiment Erfolg hat, soll das Giftmäusebombardement ausgeweitet werden.

Warum hat die Regierung in Samoa zwei zusätzliche Feiertage ausgerufen, an denen es verboten ist, Alkohol zu verkaufen?

Im September 2009 stellte Samoa die Straßenverkehrsordnung von Rechtsverkehr auf Linksverkehr um. Um den Autofahrern die Möglichkeit zu geben, das Fahren auf der ungewohnten Straßenseite entspannt und nicht mitten im Berufsverkehr zu üben, wurden dem Inselstaat kurzerhand zwei Feiertage verordnet. Das Alkoholverbot versteht sich in diesem Zusammenhang dann von selbst: Die beiden Feiertage sollten ja für mehr Sicherheit im Straßenverkehr sorgen.

Wie haben viele findige Neuseeländer mithilfe tiefgefrorener Hühner Geld gespart?
Ideen, mit denen man dem Fiskus ein Schnippchen schlagen kann, sprechen sich bekanntlich schnell herum. So auch jene, dass man Autos, mit denen man in regelmäßigen Abständen Tiefkühlhendln vom Supermarkt nach Hause transportiert, auch als »nicht-kommerzielle Leichenwagen für Tiere« anmelden kann. Das kostet nämlich in Neuseeland nur ein Drittel der üblichen Kfz-Steuer. Der Verkehrsbehörde ist der plötzliche Boom im Tierbestattungswesen aber etwas spanisch vorgekommen. Nach kurzen Nachforschungen ließ sie verlauten, dass »Leichenwagen nur dann steuerbegünstigt sind, wenn darin auch wirklich Särge transportiert werden. Auch wenn der Transport von tiefgekühlten Hendln technisch gesehen ein nicht-kommerzieller Tierleichentransport sei.«

Warum bekommt man zur Eintrittskarte zum Bazoulé-See in Burkina Faso ein lebendiges Huhn dazu?
Die Hauptattraktion des Bazoulé-Sees sind seine Krokodile. Die werden dort als heilige Tiere verehrt, weil sie der Legende nach der Gegend das Wasser gebracht haben. Mit dem Huhn können sich die Besucher dann ganz persönlich bei den Krokodilen bedanken. Keine Details. Im Führer wird extra darauf hingewiesen, dass dieser Vorgang sensiblen Gemütern nicht unbedingt zu empfehlen ist.

Ein Kontinent fehlt noch auf unserer fragwürdigen Weltreise: Amerika. Widmen wir uns zunächst einer offenbar spezifisch kanadischen Gefahr: **Wovor wird auf Kanadas Getränkeautomaten gewarnt?**
Um auf die nicht ganz naheliegende Antwort zu kommen, mag es hilfreich sein, sich die Situation vorzustellen, dass sich der Automat weigert, das gewünschte Getränk herauszurücken oder das Geld zurückzugeben. Was macht man da als heißblütiger, kräftiger Nordamerika-

ner? Ganz klar: Der Automat wird so lang geschüttelt, bis er sich ergibt. Der Klügere gibt ja bekanntlich immer nach. Doch dieses Rütteln und Schütteln hat sich als sehr gefährlich erwiesen. So ein Automat wiegt ja locker 400 Kilogramm. Mit Aufklebern »Do not tip or rock this vending machine« wird daher vor dem Kippen und Rütteln gewarnt. Die Information, dass es seriösen Quellen zufolge durch »tip and rock« in den letzten 25 Jahren 40 Tote und 150 Verletzte in

Nordamerika gegeben habe, veranlasste Lukas Resetarits zu der schönen Conclusio: »Da wern a paar Trotteln auch dabei gewesen sein.«

Warum wurden in der kanadischen Provinz New Brunswick 100 Becken in der Erde vergraben?

Für besondere und durchaus beabsichtigte Verwirrung sorgte bei dieser Frage zunächst die Vieldeutigkeit des Begriffs »Becken«. Ist hier von menschlichen Körperteilen, porzellanenen Handwaschbecken, topographischen Senken oder gar ganzen Schwimmbecken die Rede? Swimmingpool-Fachleuten sind Kanadische Becken ja möglicherweise geläufig: besonders robuste Pools, die eisige Winter und heiße Sommer unbeschadet überstehen. Doch leider weit gefehlt. Wie professionelle Perkussionisten bereits bei der Erwähnung des Provinznamens sofort wussten, kann es sich bei den gesuchten Becken nur um jene handeln, die sie taktvoll bearbeiten. In einem kleinen Dorf in New Brunswick steht nämlich die unter Schlagzeugern weltberühmte Becken-Schmiede Sabian. Diese Firma wollte der Überzeugung vieler Schlagzeuger auf den Grund gehen, dass der Klang von Becken durch Abnutzung immer besser wird. Also führten sie den Alterungsprozess künstlich herbei, indem sie die Becken beerdigten. Acht Monate später wurden sie exhumiert und Klangspezialisten stellten fest, dass die »soil aged cymbals weniger ausgeprägte Höhen und Tiefen haben, aber dafür in den Mittellagen markanter und feiner abgestimmt klingen«. Die 100 Becken sind daher natürlich inzwischen unter Liebhabern begehrte Sammlerstücke.

Die bereits ausgeführte Vieldeutigkeit des Begriffs »Becken« hat im Lauf der Jahre in »Was gibt es Neues?« bereits mehrfach für fröhliche Verwirrung gesorgt. Ein Trottelbecken ist nicht etwa des Wiener Bademeisters blumige Bezeichnung für den Nichtschwimmerbereich, sondern ein von Tierpflegern an der Nordsee verwendeter Fachbegriff für speziell ausgestattete Pools in ihren Schutzstationen. In ihnen wird jungen, verwaisten Robben, die sich beim Erlernen der für ihre Auswilderung unerlässlichen Fähigkeiten schwerer tun, das Tauchen und Fischejagen beigebracht.

Ein Gesellschaftsbecken ist indes ein Aquarium, in dem unterschiedliche Fischarten gemeinsam gehalten werden. Das bezeichnet der Fischzüchter oder Aquarianer als Vergesellschaftung.

Diese Fische bilden aber dann keineswegs eine Kleine Beckengesellschaft. Dabei handelt es sich nämlich um einen veterinärmedizinischen Fachausdruck. Hunde und Katzen haben hinter dem Hüftgelenk vier kleine Muskeln, die an der Streckung und Auswärtsdrehung des Gelenkes beteiligt sind und vom Tiermediziner zusammen Kleine Beckengesellschaft genannt werden.

Nach dieser kurzen Exkursion durch eine abwechslungsreiche Beckenlandschaft setzen wir unsere Erkundungsreise durch Amerika fort. Denn auch dort geschehen wundersame Sachen. Frage nicht! Warum limitierte ein Kindergarten in Geneva im Bundesstaat New York 2006 die Farben der Buntstifte?
Wir haben es hier mit einer Maßnahme zu tun, die so grotesk ist, dass sie sich wohl nur in einem Land zutragen kann, in dem auch ein 6-jähriger Bub, der einer Klassenkollegin einen Handkuss gibt, wegen sexueller Belästigung vom Unterricht ausgeschlossen wird. Eine 4-Jährige hatte im Kindergarten einen farbenprächtigen Regenbogen gezeichnet. Erstaunlicherweise sehr zum Unmut einiger Eltern, die sich prompt beim Kindergarten beklagten, dass es ja wohl nicht angehen könne, dass ihre Kinder ungehindert das Symbol der Homose-

xuellenszene zeichnen dürften. Eine Beschwerde, die in ihrer Absurdität kaum noch zu überbieten ist. Dem Kindergarten gelang das Kunststück mit seiner Reaktion dennoch: Er entschuldigte sich für den Vorfall und limitierte umgehend die Zahl der Farben bei den Buntstiften.

Tragik und Komik liegen oft nah beieinander. Mit dieser Erkenntnis gewappnet können wir uns der nächsten USA-Frage zuwenden: Was wird in Amerika als Flat Daddy bezeichnet?
Die Idee für den flachen Papa stammt von der Nationalgarde im Bundesstaat Maine. Sie lässt lebensgroße Fotos jener Soldaten, die zu mehrjährigen Auslandseinsätzen herangezogen werden, auf Pappschablonen affichieren, damit sie daheim für ihre Kinder eine vertraute Person bleiben und die ganze Familie mittels der väterlichen Pappkameraden täglich daran erinnert wird, dass der Papa dazugehört, auch wenn er gerade nicht da ist.

Wie wurden die Bewohner Colorados unlängst darauf aufmerksam, dass eine geheime militärische Aktion im Gange war?
Es war ein streng geheimer Probelauf für eine neue Funkfrequenz, die das US-Militär nur im Falle schwerer Bedrohungen der nationalen Sicherheit verwenden wollte, die kontraproduktiverweise für großes Aufsehen gesorgt hat. Andererseits: gut, dass die Armee diese Frequenz getestet hat. Sie hat nämlich den ziemlich spektakulären Nebeneffekt, dass sie Tausende Garagentore amerikanischer Einfamilienhäuser unaufhörlich auf- und zugehen lässt. Die Frequenz liegt genau auf derselben Welle wie jene der Funkfernbedienungen von insgesamt etwa 50 Millionen Garagentoren in den USA, die den Bedrohern der nationalen Sicherheit landesweit fröhlich scheppernd zugewinkt hätten.

Was versteht man in Las Vegas unter German Virgins (Deutsche Jungfrauen)?
Zugegeben: Es gibt diese German Virgins keineswegs nur in Las Vegas. Aber dort trifft man vergleichsweise häufig auf sie. Es ist nämlich ein Begriff aus dem Kartenspiel Poker. Da gibt es zahlreiche blu-

mige Begriffe für die ersten beiden Karten, die ein Spieler bekommt. As & König nennt der Fachmann beispielsweise Anna Kournikova. Einerseits natürlich wegen der gleichen Anfangsbuchstaben A & K. Der Hauptgrund aber lautet: sieht super aus, verliert aber meistens. Bekommt man zwei Neuner in die Starthand, wird das als German Virgins bezeichnet. Denn was sagt eine deutsche Jungfrau am öftesten? »Nein, nein!« Für englischsprachige Ohren also »nine, nine«. So lustig sind sie, diese Poker-Spieler.

Die weltweit bekannteste Blondine ist eine Plastikpuppe namens Barbie. Es gibt sie in Hunderten Varianten und Outfits. Nicht alle bleiben aber gleich lang im Sortiment. Vor einigen Jahren musste in den USA das Modell Schwangere Barbie schon nach wenigen Wochen wieder vom Markt genommen werden, weil es Beschwerden gehagelt hatte, sie trüge ja gar keinen Ehering. Skandal! Ein ähnliches Schicksal ereilte auch Barbies Lebensgefährten Ken: Warum wurde 1971 eine neue Version des Barbie-Freunds Ken nach nur drei Wochen wieder vom Markt genommen?
Bis 1971 war Ken ein eher steifer Geselle: Die Puppe ließ sich nur an der Hüfte knicken. Der 1971er-Ken hatte zum ersten Mal bewegliche Gelenke. Und das ermöglichte es dem berühmten Comedian und Tabubrecher George Carlin, in einer sehr populären TV-Show mit Barbie und Ken das Kamasutra nachzustellen. Er ließ seine Püppchen diverse ausgefallene sexuelle Stellungen anschaulich demonstrieren. Daraufhin ließ die Herstellerfirma Mattel eilig alle neuen Kens wieder aus dem Verkehr ziehen und durch das Vorjahresmodell ersetzen. Erst 1977 kam wieder ein beweglicher Ken als Superstar Ken auf den Markt. Sicherheitshalber mit Permanent-Underwear.

»Puppe« ist ja auch so ein schön mehrdeutiges, bei Bedarf auch zart anzügliches Wort, das dem Rateteam immer wieder Entschlüsselungsprobleme bereitet hat. Was ist beispielsweise eine Auslösepuppe? Verschärft wurde diese Frage noch durch den Hinweis, dass die Auslösepuppe die Stoßzunge im Repetierschenkel auslöst. Dabei handelt es sich doch nur um einen für den guten Ton wichtigen Bauteil der komplizierten Mechanik eines Klaviers. Die Auslösepuppe ist eine Stellschraube, die mit etwas Phantasie so aussieht wie ein kleines Püppchen und dafür sorgt, dass das Hämmerchen bei entsprechender Tastenbetätigung im richtigen Moment ausgelöst wird und gegen die Saiten« schlägt.

Etwas ganz anderes ist eine Torpedo-Puppe. Wir haben es nämlich hier mit einem Begriff aus der Zigarrenherstellung zu tun. Eine Zigarre besteht aus drei Schichten: der Einlage, dem Umblatt und dem Deckblatt. Solange nur Einlage und Umblatt gewickelt und in Form gebracht wurden, spricht der Fachmann von einem Wickel oder von einer Puppe. Torpedo bezeichnet in diesem Fall eine der vielen möglichen Zigarrenformen. Andere Formen sind beispielsweise die Corona, die Panatela, der Stumpen oder der Krumme Hund. Zusammenfassen ließe sich dieses frisch erworbene Wissen zu dem gewiss jede Stammtischrunde beeindruckenden Satz: Eine Torpedo-Puppe ist eine konisch an beiden Enden zulaufende Roh-Zigarre, der das äußere Deckblatt noch fehlt. Muss man nicht wissen, aber jetzt ist es zu spät.

Eine Puppenfrage aber muss noch sein. Dem Spielzeughersteller Mattel hat nämlich nicht nur seine berühmte Barbie immer wieder kräftig Kopfzerbrechen bereitet: Warum brachten in den USA viele Eltern die Puppe Cuddle & Coo wieder empört zurück ins Geschäft?
Die Proteste der Eltern gegen diese völlig harmlos wirkende, herzige Babypuppe waren sogar so massiv, dass sie mehrere große Handelsketten kurzerhand aus ihrem Sortiment entfernten. Die Erklärung dafür ist dermaßen irr, dass sie gar nicht erfunden sein kann. Tatsächlich gibt es Dutzende Berichte, die einwandfrei belegen, dass in den USA mindestens so viele Menschen gehörig einen an der Waffel haben wie auch hierzulande. Hört, hört: Dass die Puppe Cuddle & Coo sprechen kann, wäre etwas übertrieben. Sie gibt auf Knopfdruck ein baby-adäquates Gegluckse und Gebrabbel von sich. Viele Eltern waren sich aber sicher, in dieser Geräuschcollage ganz klar ganze Sätze verstehen zu können: Deutlich herausgehört wurden ausgerechnet die Phrasen »Satan is King« (Satan ist der König) und »Islam is the Light« (Islam ist das Licht). Derartig unchristlich agitierende Puppen

waren einfach zu viel für sie. Zumal in diesen Sätzen – vermutlich nicht ganz zufällig – die schlimmsten Ängste der Eltern zum Ausdruck kamen. Die Firma Mattel zeigte sich unbeeindruckt und wies alle Vorwürfe zurück: Cuddle & Coo gebe nur komprimierte Geräusche von sich, die überdies durch einen kleinen Lautsprecher verzerrt würden. Es handle sich schlicht um akustische Täuschungen.

Sogar das britische Boulevardblatt »Daily Mail«, das üblicherweise nicht besonders wählerisch ist, wenn es um spektakuläre Geschichten geht, war bezüglich des Babypuppen-Gebrabbels skeptisch. Dankenswerterweise erinnerte die Zeitung daran, dass es schon mehrmals ähnliche Vorfälle gegeben habe. 1998 haben demnach mehrere Eltern in den USA ganz genau gehört, dass ihre Teletubby-Puppen sagten: »Ich habe ein Gewehr, ich habe ein Gewehr, lauf weg, lauf weg.« Und zwei Jahre später hörte eine Mutter in Kalifornien die Teletubby-Puppe ihrer Tochter sogar sagen: »Schwuchtel, Schwuchtel, beiß mich in den Hintern.« Den Möglichkeiten der akustischen Täuschung sind offenbar keine Grenzen gesetzt. Ab dem dritten Vorspielen kann man eine willkürliche Abfolge von Knack- und Zischlauten, für die sich im Gehirn eine Wortfolge eingebrannt hat, gar nicht mehr anders wahrnehmen. Ein Effekt, den sich ja auch jene Scharlatane zunutze machen, die aus dem zufälligen Rauschen eines Radios Stimmen Verstorbener herauszuhören vermeinen.

Sehr passend in diesem Zusammenhang ist auch die weihnachtliche Frage nach dem White-Christmas-Effekt. Mit diesem Fachbegriff beschreiben Psychologen das Ergebnis einer Versuchsreihe, die zeigt, wie stark unsere Wahrnehmung von unserer Einbildung beeinflusst wird. Testpersonen wurde über Lautsprecher monotones Rauschen vorgespielt. Sie wurden dazu aufgefordert, sofort auf einen Knopf zu drücken, wenn sie glaubten, im Hintergrund ganz leise das Lied »White Christmas« hören zu können. Fast ein Drittel der Probanden drückte früher oder später den Knopf, obwohl sie völlig weihnachtsliedlosem Rauschen ausgesetzt waren.

Willst du mich pflanzen?

Bäume, Blumen und Gemüse

Worum handelt es sich bei einem Botanikkoffer?
Wenn Mediziner zu überraschenden Einsätzen außerhalb des Spitals ausrücken müssen, steht für diese Fälle ein spezieller Koffer mit allen medizinischen Utensilien griffbereit, derer es für Erstversorgungen in der freien Natur bedarf. Er wird demzufolge von manchen Ärzten etwas lapidar als Botanikkoffer bezeichnet.

Warum wurden in kaiserlichen Baumschulen im 19. Jahrhundert Bäume absichtlich schief gepflanzt oder zur Seite gebunden?
Ihre schräge Aufzucht haben die Bäume dem Waldmeister und Förster Josef Ressel zu verdanken. Er wollte erreichen, dass Bäume gleich so wachsen, dass ihr geschwungenes Holz für den geschwungenen Korpus von Schiffen verwendet werden kann. Mit seiner späteren Erfindung der Schiffsschraube hatte er deutlich mehr Erfolg.

Einen Baumkuchen kennt jeder. Aber worum mag es sich bei einem **Kuchenbaum** handeln? Ein verästeltes Präsentationsregal für Konditoren? Eine Mischform aus Torten- und Balken-Diagramm? Zur allgemeinen Überraschung sei verraten, dass es sich wirklich um einen echten Baum handelt: Cercidiphyllum japonicum. Also ein Baum, den es vorrangig in Japan und in einigen Teilen Ostasiens gibt. Auf Japanisch heißt er offiziell Katsura-Baum. Alles schön und gut, seinen Spitznamen erklärt das aber noch nicht: **Warum wird der japanische Katsura-Baum auch Kuchenbaum genannt?**
Weil sein Laub im Herbst, wenn es am Boden liegt und feucht wird, einen intensiven Duft nach Lebkuchen, Zimt und Karamell verströmt.

Warum wird ein Baum auf Kuba von den Einheimischen als Touristenbaum bezeichnet? Um die Frage nicht noch schwerer zu machen, als sie ohnedies bereits ist: Es ist kein ganz bestimmter Baum, sondern eine

Der »Touristenbaum« auf Kuba ...

ganze Baumart, die diesen Beinamen trägt. Bursera simaruba ist ein
von Mexiko bis Venezuela und in der gesamten Karibik wachsender
Baum, der bis zu 25 Meter hoch wird. Ein markantes Merkmal von
Touristen nicht nur in diesen Breiten ist es, dass sie oft einen Son-
nenbrand bekommen: eine rote Haut, die sich dann später ablöst. Bei
diesem Baum ist es genauso. Bei intensiver Sonneneinstrahlung wird
seine Rinde zuerst hellrot und schält sich dann ab. Daher wird er
nicht nur als Touristenbaum, sondern auch als Sonnenbrandbaum
bezeichnet.

**Warum wird der Wappen-Baum von Madagaskar, Ravenala Madgascarien-
sis, auch Baum der Reisenden genannt?**
Wir haben es hier mit einem Strelitziengewächs zu tun, das einen pal-
menähnlichen Stamm hat und fächerförmig bis zu 15 Meter hoch
werden kann. Seinen Beinamen hat es daher, dass sich im Blattgrund
am Stamm oft Regenwasser sammelt, das von durstigen Durchreisen-

... und der »Baum der Reisenden« auf Madagaskar.

den durch Anstechen der Blätterkelche von außen gewonnen werden kann. Vorsicht ist aber geboten: Das Wasser ist oft nur bedingt als Trinkwasser geeignet, da es durch vermoderte Blätter, Mückenlarven oder tote Tiere verunreinigt sein kann.

Warum heißt der Purzelbaum eigentlich Purzelbaum?

Wer hier eine Scherzfrage vermutet, liegt falsch. In »Was gibt es Neues?« werden Fragen nicht zum Scherz gestellt. Nur zum Scherzen. Tatsächlich besteht die Aufgabe diesmal darin, die etymologischen Wurzeln der gleichnamigen Vorwärtsrolle freizulegen: Der Purzelbaum heißt eigentlich Burzelbaum. Burzel kommt von Bürzel: Das ist das Hinterteil eines Vogels. Und Baum leitet sich von »aufbäumen« ab: bedeutet also »in die Höhe stecken«. Das Wort Purzelbaum beschreibt also genau die Bewegung, die dabei zwangsläufig vollführt werden muss: Man »bäumt seinen Bürzel auf«.

Ein bei Biologen und Zoologen besonders beliebtes Hobby ist es ja, neu entdeckten Arten phantasievolle oder lustige Namen zu geben*. Aus diesem Grund heißt eine bestimmte Art der bei uns auch als Geranien bekannten Pelargonien »Pelargonium Robertianum«. Den Namen bekam das Blümchen vom schwedischen Naturwissenschaftler Carl von Linné. Und das aus einem durchaus originellen Grund: Warum hat Linné eine Pelargonie nach seinem langjährigen Gehilfen Robert benannt?

Es gibt wahrlich viele ehrenhafte Gründe, Namenspatron für eine Pflanze oder ein Tier zu werden. In diesem Fall war es anders. Carl von Linné erinnerte der intensive, unangenehme Geruch der Pflanze an den Körpergeruch seines Mitarbeiters Robert. Also gab er ihr seinen Namen.

Der berühmte japanische Kren, der Sushi-Liebhabern unter dem Namen Wasabi ein Begriff ist, soll in Zukunft eine ganz spezielle neue, verantwortungsvolle Aufgabe erfüllen: Bei welchen Notfällen soll Wasabi in Zukunft zum Einsatz kommen?

Er soll als neuartiger Feueralarm für Gehörlose fungieren, der auch im Schlaf wirkt, wenn der zu Alarmierende die Augen geschlossen hat. Sonst würden ja Lichtsignale genügen. Wenn der Rauchmelder ein Feuer entdeckt, wird mittels Spraydosen ein intensiver Wasabi-Geruch in das Schlafzimmer geleitet. Wer schon einmal beim Sushi-Essen zu viel Wasabi erwischt hat, kann sich ungefähr ausmalen, wie schnell man dann hellwach ist.

Als Rübenweiche wird von Eisenbahnern eine nur sehr selten benutzte Weiche bezeichnet, da auch die Anschlussgleise zu Zuckerrübenverladeplätzen nur wenige Wochen im Jahr genutzt werden.

Der Paranuss-Effekt ist ein paradox anmutendes physikalisches Phänomen, das bewirkt, dass in einem Gemenge unterschiedlich großer Bestandteile durch Schüttelbewegungen die größeren nach oben und die kleineren nach unten wandern. Sogar dann, wenn die größeren

---

* Weitere schöne Beispiele dazu finden sich im Promi-Kapitel »Ein Tanzmuffel und ein Seifenspender«.

etwas schwerer sind. Anschaulicher formuliert: Warum, bitte, sind in meinem Müsli-Packerl die dicken, schweren Nüsse immer oben? Das ist der Paranuss-Effekt.

Bei einer Weihnachtsgurke handelt es sich erstaunlicherweise um einen deutschen Weihnachtsbrauch, der in Deutschland niemandem geläufig ist. Aber alles der Reihe nach. Die Weihnachtsgurke ist ein kleiner Christbaumschmuck in Form einer Gurke. Der wird in vielen amerikanischen Wohnzimmern vor der Bescherung gut versteckt im Weihnachtsbaum aufgehängt. Dann dürfen die Kinder aus einiger Entfernung danach suchen. Das erste Kind, das die Gurke entdeckt, darf dann auch als Erstes ein Geschenk auspacken. Das Erstaunliche an diesem Brauch ist, dass in den USA allenthalben behauptet wird, es handle sich um eine alte deutsche Weihnachtstradition. Dort allerdings kennt diesen Brauch niemand.

Unter dem Begriff Tannenbaum-Ölung mögen leidgeprüfte Nebenerwerbs-Weihnachtsmänner Alkoholmissbrauch unterm Christbaum verstehen. Oder ist vielleicht die letzte Tannenbaum-Ölung ein altes Försterritual vor der Fällung? Weit gefehlt. Als Tannenbaum-Ölung wird die Ölungsart einer Bowlingbahn bezeichnet. Sie erinnert mit etwas gutem Willen an die Silhouette eines Nadelbaums mit einem Stamm in der Mitte und sich verjüngenden Ästen auf beiden Seiten. Umgelegt auf die Ölung einer Bowlingbahn heißt das: in der Mitte der Bahn sehr viel Öl, am Rand immer weniger.

Gedruckt und verbucht
Zeitungen, Bücher, berühmte Autoren

Welche Aufgabe hatten sogenannte Sitzredakteure bei Zeitungen?
Zu Zeiten strenger Zensur hielten sich Zeitungen eigens billige Angestellte, die bei Bedarf die Verantwortung für heikle Artikel übernahmen und dann im Fall einer Verurteilung auch ins Gefängnis gingen, um die Strafe abzusitzen.

Nicht zu verwechseln mit diesem armen Wicht, der grundlos sitzt, ist der Grundsitzer. Der sitzt nämlich aus einem sehr triftigen Grund. Ist ein Boot auf Grund gelaufen und im Idealfall bei der nächsten Flut wieder manövrierfähig, spricht der Seemann von einem Grundsitzer. Der unterscheidet sich natürlich wieder deutlich von dem in Dänemark bekannten Absitzer. Dabei handelt es sich um einen Verwandten des Sitzredakteurs. Wer in Dänemark straffällig geworden ist und über genug Geld verfügt, kann sich nämlich über Vermittlungsagenturen einen Absitzer anheuern. Das dänische Recht macht das insofern möglich, als beim Haftantritt auch ein Ausweis ohne Passbild akzeptiert wird. Vom Alter her sollte es halt halbwegs hinhauen. Für viele knastbereite Kleinkriminelle sei das gewerbsmäßige Absitzen eine ganz normale Einnahmequelle, bestätigen dänische Gefängnis-Chefs, der Job brächte ihnen immerhin rund 100 Euro pro Tag ein.

Dass Drucker und Schriftsetzer einen Buchstaben, der trotz eines andersartigen Schriftstils versehentlich in einen Text gerutscht ist, Zwiebelfisch nennen, hat sich – gemessen an den vielen Einsendungen dieses Begriffs – bereits ganz gut herumgesprochen. Die Herkunft des Begriffs ist deutlich unbekannter: Die Bezeichnung lässt sich angeblich auf den echten Zwiebelfisch namens Alburnus lucidus zurückführen, der als minderwertige Ware galt und daher mit minderbemittelten Schriftsetzern und Buchdruckern gleichgesetzt wurde.

Nichts zu tun hat der Zwiebelfisch interessanterweise mit der Druckzwiebel. Dabei handelt es sich nämlich um einen Begriff aus dem Bau-
wesen. Durch die Last eines Bauwerks oder beispielsweise eines Brü-
ckenträgers verformt sich der Baugrund entsprechend seiner Dichte
und Scherfestigkeit. Die Druckausbreitung unter der Erde ist natürlich unmittelbar unter der Bauwerkslast am größten und nimmt mit
zunehmender Tiefe und Abstand ab. Die schematische Darstellung
dieser Druckverteilung ähnelt den Hautschichten einer Zwiebel.
Daher sprechen Baumeister und Statiker von einer Druckzwiebel.

Die nächste Frage führt uns in die österreichische Mediengeschichte.
Mitte der 1960er-Jahre musste erst- und vorläufig auch letztmals die
gesamte Abendausgabe des »Kurier« eingestampft werden. Ausschlaggebend dafür war ein mit einem Foto illustrierter Artikel auf der Titelseite, in dem über einen Besuch des seinerzeitigen Bundespräsidenten Franz Jonas in Klagenfurt berichtet wurde, wo er am Alten Platz
vor dem berühmten Lindwurm mit allen militärischen Ehren empfangen worden war. Bleibt noch die für »Was gibt es Neues?« wie geschaffene Frage nach dem konkreten Grund für diese Zeitungsvernichtung:
Warum wurde Mitte der 1960er die komplette Abendausgabe des »Kurier«
wegen eines Artikels über einen Klagenfurt-Besuch von Bundespräsident
Franz Jonas eingestampft?
Bundespräsident Jonas schritt bei diesem Besuch eine Parade ab.
Allerdings nicht ganz allein. Ein etwas verwirrter Mann lief dabei die
ganze Zeit neben ihm her und salutierte ebenfalls. Über diesen –
fotografisch festgehaltenen – Vorfall sollte nun auf der Titelseite
berichtet werden. In der Foto-Redaktion des »Kurier« wurde allerdings
dummerweise die unbekannte Person neben dem Bundespräsidenten
weggeschnitten. Also erschien ein Artikel mit einem großen Foto von
Franz Jonas bei der Parade und der Schlagzeile: »Irrer schreitet die
Parade ab«. Und dieser doch etwas missverständliche Lapsus fiel erst
nach dem Druck auf.

Auf der Suche nach der Bedeutung des Begriffs Versteckbuch gilt es,
das Verstecken sehr wörtlich zu nehmen. In diesem Buch steht nämlich, wann und wo etwas umgesteckt werden muss. Gemeint sind die

kleinen Stifte in den Walzen für mechanische Glockenspiele. In solchen Versteckbüchern vermerkten Komponisten ab dem 17. Jahrhundert genau jene Stellen, an die diese Stifte gesteckt werden mussten, damit dann im richtigen Moment die richtigen Glocken angeschlagen werden.

Warum liefert ein argentinischer Verlag Bücher luftdicht verpackt aus?

Um die Rätselrunde ein Stück weit auf die richtige Fährte zu führen, sei verraten, dass es nur bestimmte Bücher sind, die der Verlag »Eterna Cadencia« luftdicht verschlossen an die Händler ausliefert: nämlich jene der Reihe »El Libro Que No Puede Esperar« (»Das Buch, das nicht warten kann«), die es sich zum Ziel gesetzt hat, junge Autoren zu fördern. Diese Bücher werden mit einer speziellen Tinte gedruckt, die sich nach dem Öffnen der Verpackung langsam in Luft auflöst. Innerhalb weniger Monate ist der Text komplett weg. Die Kundschaft soll dadurch nicht nur dazu animiert werden, sich öfter neue Bücher zu kaufen, sondern vor allem dazu, diese möglichst rasch und ganz frisch zu konsumieren und im Bekanntenkreis weiterzugeben. Dadurch sollen junge Autoren schneller bekannt werden. »Literatur darf nicht in Bücherregalen verschimmeln«, erklärte ein Sprecher des Verlags, »sondern muss frisch genossen werden.«

Warum gab der berühmte britische Dramatiker William Somerset Maugham 1897 eine Kontaktanzeige auf, obwohl er überhaupt keine Frau kennenlernen wollte?

Was für ein raffinierter Schachzug! Da sich Maughams Erstlingswerk »Liza Of Lambeth« nicht wirklich verkaufen und der Verleger kein Geld in die Werbung stecken wollte, entschloss sich der Autor zur Selbsthilfe. Er gab in einigen Londoner Tageszeitungen eine Kontaktanzeige auf, die folgendermaßen lautete: »Junger Millionär, sportliebend, kultiviert, musikalisch, verträglicher und empfindsamer Charakter, wünscht ein junges, hübsches Mädchen zu heiraten, das in jeder Hinsicht der Heldin des Romans von W. S. Maugham gleicht.« Sechs Tage nach Erscheinen der Anzeige war die erste Auflage des Romans restlos vergriffen.

Der französischer Autor Alexandre Dumas hat im 19. Jahrhundert zahllose Bühnendramen geschaffen. Bis heute weltberühmt ist er aber vor allem für seine Abenteuerromane »Die drei Musketiere« oder »Der Graf von Montechristo«. Zwei von insgesamt über 300 Romanen, die er geschrieben hat. Aus welchem guten Grund hat Dumas in einem dieser Romane die Figur eines Stotterers eingeführt?

Viele seiner Werke wurden vor ihrer offiziellen Veröffentlichung zuerst in Zeitungen als Fortsetzungsroman vorabgedruckt. Der Herausgeber einer dieser Zeitungen konfrontierte Dumas eines Tages mit der geplanten Sparmaßnahme, Autoren hinkünftig nicht mehr pauschal, sondern nach der Zahl der Silben zu bezahlen. Dumas rächte sich gewitzt, indem er einen Stotterer in seinen Roman einfügte.

Welche besondere Leistung vollbrachte der amerikanische Schriftsteller Ernest Vincent Wright (1872–1939) beim Schreiben der Novelle »Gadsby«?

Die einzige bemerkenswerte Besonderheit dieser Novelle ist, dass kein einziges Mal der Buchstabe »e« vorkommt. Und das, obwohl die Novelle über 50.000 Worte beinhaltet und der Vokal »e« sowohl im Deutschen als auch im Englischen der häufigste Buchstabe ist. Um zu verhindern, dass ihm aus Versehen doch einmal ein »e« hineinrutscht, hatte Wright den entsprechenden Typenhebel seiner Schreibmaschine festgebunden. Glück und Erfolg hat ihm dieses Werk trotzdem nicht gebracht: Am Tag der Veröffentlichung starb er.

Warum war der Hutmacher in Lewis Carrolls Meisterwerk »Alice in Wonderland« verrückt?

Schon lange vor Erscheinen des Buches »Alice in Wonderland« gab es in England die Redewendung »mad as a hatter« – »verrückt wie ein Hutmacher«. Daher lässt sich diese Frage auch anders formulieren: Warum wurde der Berufsstand des Hutmachers im damaligen England mit einer gewissen Geistesschwäche in Verbindung gebracht? Schuld daran waren die damals noch unbekannten Risiken und Nebenwirkungen dieses eher ungefährlich wirkenden Handwerks. Die quecksilberhaltigen Dämpfe, denen Hutmacher beim Anfertigen von Filzhüten ausgesetzt waren, verursachten eine schleichende Vergiftung des Körpers, die zu Muskelzittern, zunehmender Verwirrtheit und einer undeutlichen Aussprache führte. Nicht zufällig wird dieses Krankheitsbild von Medizinern auch als Hutmachersyndrom bezeichnet.

Warum veranstaltete der Dichter Vergil im Jahr 70 v. Chr. ein aufwendiges Begräbnis für eine Fliege?

Die Beerdigung des Insekts war ein raffinierter Trick, um ein neu erlassenes Gesetz zu umgehen. Laut diesem hätte nämlich der Grundbesitz wohlhabender Bürger beschlagnahmt werden können, um ihn verdienten Kriegsveteranen zur Verfügung zu stellen. Es gab aber eine aus Pietätsgründen geschaffene Sonderregelung für Grundstücke, auf denen sich Grabstätten oder Mausoleen befanden. Ob für Menschen oder für Tiere, stand nicht im Gesetz. Durch das aufwendige Fliegenbegräbnis wurden Vergils Güter unantastbar.

Die Dramaturgie
des Durchfalls
Theater, Film und Fernsehen

Fragen über die Schauspielerei sind natürlich stets ein gefundenes Fressen für das Rateteam, das bekanntlich ausnahmslos aus Künstlern besteht, die auf jenen Brettern heimisch sind, die die Welt bedeuten. Wenn sie erst einmal anfangen, sich gegenseitig Anekdoten über die Vorkommnisse vor und hinter der Kamera und den Kulissen zu erzählen, kennt die Fröhlichkeit üblicherweise keine Grenzen mehr.

Warum hat der 48-jährige Florin Balcescu nach dem Besuch einer Aufführung von Tschaikowskis »Schwanensee« in der Bukarester Nationaloper Anzeige erstattet?

Als kleiner Tipp sei noch verraten, dass er beim Konsumentenschutz Anzeige erstattete. Florin Balcescu ist nämlich ein sehr penibler Mensch. Beim Besuch der »Schwanensee«-Aufführung musste er zu seiner großen Enttäuschung feststellen, dass nur 16 Schwäne auf der Bühne anwesend waren. Laut Libretto hätten aber 24 Schwäne tanzen sollen. Folgerichtig zeigte Herr Balcescu die Verantwortlichen für diesen schlimmen Betrug beim Amt für Konsumentenschutz an.

Warum trat Johann Nepomuk Nestroy mit Semmeln als Hemdknöpfe auf?

In jenem Jahr, da Nestroy mit seinen Semmelknöpfen die Bühne betrat, wog eine Semmel nur noch die Hälfte von dem, was eine Semmel noch 25 Jahre zuvor gewogen hatte. Das wollte der scharfsinnige Gesellschaftskritiker Nestroy mit seiner Aktion anprangern. Wegen Verhöhnung der Bäcker musste er allerdings strafweise eine Nacht im Arrest verbringen und sich tags darauf öffentlich entschuldigen. Es wäre nicht Nestroy gewesen, wenn er in dieser erzwungenen Entschuldigung nicht wieder eine bissige Kritik untergebracht hätte. Er bedankte sich nämlich auch ganz besonders bei den Bäckern dafür, dass sie ihm während seines Gefängnisaufenthalts eine frische Semmel durch das Schlüsselloch gesteckt hätten.

Was ist unter dem Begriff Theater-Trieb zu verstehen?
Als Theater-Trieb bezeichnen Fachleute eine bestimmte Art von Türverriegelung mit zwei Riegeltrieben. Theater-Trieb heißt dieser ganz spezielle Sperrmechanismus deshalb, weil er den behördlichen Vorschriften bei doppeltürigen Ausgängen von Theater- und Kinosälen entspricht.

Ein Triebregler ist aber natürlich nicht jener Beamte, der bei den Bundestheatern für das ordnungsgemäße Schließen der Ausgänge verantwortlich ist. Das wäre zu einfach. Es handelt sich dabei vielmehr um ein Plastikteil, das vor allem von Christbaumzüchtern verwendet wird, um den Wuchs der Bäume zu korrigieren. Sie stecken es so auf die Äste der Tannen und Fichten, dass die Triebe möglichst gleichmäßig und im richtigen Winkel wachsen.

Im Kino Aufsehen erregt hat Anfang der 1980er-Jahre der von Harrison Ford verkörperte Abenteurer »Indiana Jones«. Wer den ersten Teil dieser Serie gesehen hat, wird sich zweifellos an eine der coolsten, wenn auch unsportlichsten Szenen der Filmgeschichte erinnern: Ein sehr bedrohlich wirkender Schwertkämpfer tritt Indiana Jones entgegen und fuchtelt elegant mit seiner Waffe. Indiana Jones lässt sich davon wenig beeindrucken und erschießt ihn fast schon gelangweilt. Und das, obwohl laut Drehbuch eigentlich ein langwieriger Kampf vorgesehen war. Da stellt sich doch die Frage: **Warum erschoss Indiana Jones den Schwertkämpfer?**
Große Teile des Filmteams inklusive des Hauptdarstellers litten während der Dreharbeiten bereits seit Tagen unter Durchfall, als diese aufwendige Szene auf dem Drehplan stand. Harrison Ford soll daher den Vorschlag gemacht haben: »Ich knall ihn einfach ab, dann gehen wir zurück ins Hotel.« Regisseur Steven Spielberg behauptete allerdings später, er habe diese geniale Idee gehabt.

Warum hat Steven Spielberg 1996 einen Oscar an die Academy zurückgegeben?

Zu diesem Zeitpunkt hatte Spielberg bereits zwei Oscars für »Schindlers Liste« bekommen. 1999 kam noch ein dritter für »Der Soldat James Ryan« dazu. Der Oscar, den er 1996 der ehrwürdigen Academy of Motion Picture Arts and Sciences feierlich überreichte, war allerdings gar nicht sein eigener, sondern jener, den Clark Gable 1935 mit seiner Hauptrolle in dem Frank-Capra-Film »Es geschah in einer Nacht« gewonnen hatte. Der war auf verschlungenen Wegen auf den freien Markt gelangt. Spielberg hatte ihn anonym erworben und der Academy zurückgegeben, um ihn in Zukunft vor kommerziellem Missbrauch zu schützen.

Warum durfte 1967 in einigen US-Bundesstaaten eine Folge von »Raumschiff Enterprise« nicht gesendet werden?

Die damalige Folge war für die späten 1960er-Jahre geradezu revolutionär. In ihr gab es den ersten Kuss zwischen einer Schwarzen und einem Weißen in der amerikanischen Fernsehgeschichte: Captain Kirk küsste seine Offizierin Uhura. In einigen Südstaaten der USA bekam diese Folge deshalb Sendeverbot.

Warum wollte der Süddeutsche Rundfunk Mitte der 1960er den Drafi-Deutscher-Hit »Marmor, Stein und Eisen bricht« nicht spielen?

Der Süddeutsche Rundfunk hatte als anständige öffentlich-rechtliche Sendeanstalt mit Bildungsauftrag anfänglich größte Bedenken, eine Nummer zu spielen, die einen schweren grammatikalischen Fehler im Titel hatte. Denn schließlich müsste es ja korrekterweise heißen »Marmor, Stein und Eisen brechen« und nicht »bricht«.

Was bedeutet für britische Filmproduzenten der Mull-of-Kintyre-Test?

Es bedarf ausnahmsweise einmal wirklich keiner besonders ausgeprägten schmutzigen Phantasie, um in der Form dieser von Paul McCartney so erfolgreich besungenen schottischen Halbinsel ein männliches Geschlechtsorgan zu erkennen. Der Mull-of-Kintyre-Test war daher eine inoffizielle Faustregel der Filmbehörde British Board of Film Classification, die besagte, dass in keinem Film eine männliche Erektion zu sehen sein durfte, bei der der Penis einen höheren Winkel zur Senkrechten bildet als die schottische Kintyre-Halbinsel.

Diese Regel wurde auch »The Angle of Dangle« genannt: der Baumel-Winkel.

Warum wurde ausgerechnet die heilige Klara von Assisi 1958 zur Schutzpatronin des Fernsehens erklärt?
Klara von Assisi besaß die Fähigkeit, Dinge zu sehen, die ganz woanders stattfanden. Aufgrund ihrer Entrückungen und Visionen hielt sie Papst Pius XII. für die ideale Schutzpatronin fürs Fernsehen.

Nicht verhindern konnte sie die Fernsehflucht. Handelt es sich dabei möglicherweise um plötzliche massive Reichweitenverluste? Oder gar um die kollektive Abwanderung unserer lieben Empfangsgeräte in fremde Länder? Tatsächlich ist es ein Begriff aus dem Radrennsport. Wenn sich bereits zu Beginn eines Rennens oder einer Etappe eine Gruppe von Ausreißern vom Feld absetzt, dann verfolgen die Sportler damit oft ganz andere strategische Ziele, als das Rennen zu gewinnen. Sie wollen nur ihre Trikots mit den Sponsoren möglichst lang ins Bild rücken: eine Flucht nur fürs Fernsehen.

Bestimmt hat jeder Fernsehzuschauer seine ganz persönliche Wutsendung. Die in diesem Fall gesuchten Wutsendungen sind allerdings postalische Sendungen, die Tierkadaver zum Inhalt haben. Diese unappetitlichen Packerln werden von Jägern und anderen Wildaufsehern zwecks Tollwutüberprüfung an veterinärmedizinische Untersuchungsanstalten geschickt.

Ein für die Mitarbeiter von »Was gibt es Neues?« besonders interessanter Begriff ist der ORF-Erreger. Erstaunliches findet sich zu diesem Thema in den Enzyklopädien: »Orf ist weltweit verbreitet und hoch ansteckend. Die Übertragung erfolgt durch Kontakt, über die Luft und über abgefallene Krusten und Borken. Die Morbidität ist sehr hoch, die Mortalität liegt bei 1 %. Auch Menschen und Affen sind für Orf empfänglich. Es handelt sich um eine meldepflichtige Seuche.« Müßig zu erwähnen, dass Orf natürlich überhaupt nichts mit dem ORF zu tun hat. Des Spaßes wegen musste bei der Fragestellung bei der Schreibweise ein klein wenig geschummelt werden. Während der ORF eine ehrenwerte Sendeanstalt ist, handelt es sich bei Orf um eine hochansteckende Tierkrankheit vor allem bei Schafen und Ziegen, die aber auch Menschen befallen kann. Im Volksmund wird sie auch Lippengrind genannt. Und der gesuchte Orf-Erreger ist demnach das Virus, das diese unschöne Krankheit auslöst.

Nackte auf Noten
Schilling, Dollar, Yen und Euro

Ein Kapitel mit Fragen zum Thema Geld und Wirtschaft sollte in Zeiten wie diesen unbedingt mit positiven Aussichten beginnen. Zumindest einmal mit einer 20-Schilling-Aussicht. So heißt jener Aussichtspunkt am Semmering, von dem aus man genau jenen Blick hat, der auf dem seligen 20-Schilling-Schein abgebildet war.

Der Nachtschilling war eine österreichische Münze, der 1934 nur eine einjährige Lebensdauer beschieden war. Entsprechend begehrt ist sie heute bei Sammlern. Eigentlich war der Nachtschilling ja nur eine 50-Groschen-Münze. Genau das war ihr Problem: Sie war genau gleich groß und aus dem gleichen Material wie die damalige 1-Schilling-Münze. Außerdem hatten beide den Doppeladler auf der Rückseite. Da kam es natürlich oft zu Verwechslungen – und das nicht immer nur aus Versehen. Vor allem bei nicht ganz optimalen Lichtverhältnissen konnten böse Menschen aus dieser Ähnlichkeit Kapital schlagen. Deshalb wurde diese kurzlebige 50-Groschen-Münze im Volksmund als Nachtschilling bezeichnet.

Auch keine besondere Bereicherung ist der sogenannte Lufthunderter. Dabei handelt es sich um die etwas verkürzte Version eines Fachbegriffs aus der Straßenverkehrsordnung. Gemäß des Imissionsschutzgesetzes gibt es auf Autobahnen luftgüteabhängige Geschwindigkeitsbeschränkungen, die bei Bedarf eine Höchstgeschwindigkeit von 100 km/h vorschreiben. Und dieses Tempolimit wird der Einfachheit halber als Lufthunderter bezeichnet.

Die Millionenlinie ist trotz ihres verheißungsvollen Namens eine sehr unspektakuläre Eisenbahnstrecke in den Niederlanden, die in den 1920er- und 1930er-Jahren gebaut wurde. Ihren klingenden Namen Millionenlinie hat sie wegen der extrem hohen Baukosten bekommen: Die nur 12,5 Kilometer lange Strecke hat genau 12,5 Millionen niederländische Gulden gekostet. Also jeder Kilometer eine Million Gulden. Grund dafür war die für holländische Verhältnisse hügelige Landschaft, die damals umfangreiche Erdarbeiten erforderlich gemacht hat.

Das Gabelgeld ist eng verwandt mit dem vielleicht besser bekannten Stoppelgeld. Es wird von manchen Gaststätten eingehoben, wenn die Kundschaft bei Feierlichkeiten selbst die Hochzeitstorte oder die Geburtstagstorte mitbringt. Also gewissermaßen ein Schutzgeld für die Benützung des Bestecks.

Warum musste in Japan im Jahr 1978 dreimal so viel 100-Yen-Münzen geprägt werden wie in anderen Jahren?

Schuld daran war eine Invasion von Außerirdischen. 1978 wurde nämlich in Japan das Automatenspiel »Space Invaders« populär. Dadurch wurden innerhalb kürzester Zeit die dafür benötigten 100-Yen-Münzen knapp. Die Prägereien mussten Extraschichten fahren, um den Bedarf zu decken.

Warum werden in Indien 0-Rupien-Scheine gedruckt?

Mit diesen wertlosen, aber täuschend echten Banknoten soll die Bevölkerung die Möglichkeit bekommen, gegen die omnipräsente Korruption zu demonstrieren. Die Bürger werden dazu aufgerufen, den Beamten statt des üblichen und fast schon obligaten Schmiergelds einfach solche Scheine in die Hand zu drücken. Die Aktion scheint Erfolg zu haben: Über eine Million dieser Anti-Korruptions-Geldscheine wurden bereits verteilt.

Mit welcher interessanten Begründung wollte der Oberbuchhalter der Österreichischen Nationalbank, Franz Salzmann, Mitte des 19. Jahrhunderts nackte Frauen auf die Geldscheine drucken lassen?
Auf Franz Salzmann Edler von Bienenfeld geht nicht nur die bahnbrechende Einführung des Stahlstichverfahrens bei der Herstellung von Banknoten zurück, er war auch für die sicherheitstechnische Konzeption der Banknoten zuständig. Seinem verblüffenden Vorschlag lag folgende Überlegung zugrunde: Je mehr nackte Frauen auf den Geldscheinen zu sehen sind, umso genauer würden sich die angeblich mehrheitlich männlichen Benutzer der Zahlungsmittel die Scheine ansehen und einprägen. Und das sei, so Salzmann, das beste Mittel, um Fälschungen vorzubeugen. Der Vollständigkeit halber sei noch erwähnt, dass der Vorschlag abgelehnt wurde.

Mit welcher Begründung verzichtete Rumänien 2009 trotz der heftigen Finanzkrise auf einen 50-Millionen-Euro-Finanzzuschuss?
Der Internationale Währungsfonds wollte Rumänen mit 13 Milliarden Euro unter die Arme greifen. Die rumänische Regierung hatte allerdings Angst, dass die Zahl 13 bei der Bevölkerung als schlechtes Omen angesehen würde. Wie schön, dass zumindest der Aberglaube keine Krise kennt. Rumänien bat daher darum, den Betrag etwas zu verringern. Tatsächlich hat der IWF dann nur 12,95 Milliarden überwiesen: 50 Millionen Euro weniger, als ursprünglich veranschlagt.

Warum wurden vielen Telefonrechnungen in Polen beim Versand scheckkartengroße Metallplättchen beigelegt?
Eine Frage des Gewichts. Die Telefongesellschaft hatte für ihren Rechnungsversand einen Vertrag mit einer günstigen privaten Zustellfirma abgeschlossen. Auch in Polen sind private Postdienste gesetzlich zugelassen, aber ganz frei ist der Markt nicht. Einen wichtigen Teil hatte sich die staatliche polnische Post gesichert: Briefe bis zu 50 Gramm durften nur von ihr befördert werden. Um auf das

nötige Mindestgewicht zu kommen, um die Rechnungen mit dem privaten Postversand verschicken zu dürfen, legte die Telefongesellschaft all ihren Rechnungen Metallplättchen bei. Das kam ihr in Summe noch immer billiger als die Tarife der staatlichen Post.

Warum haben Millionen US-Amerikaner zusammengefaltete 20-Dollar-Scheine in ihrer Geldbörse?

Dollar-Scheine sind alle gleich groß. Deshalb können sie von Blinden nicht unterschieden werden. Der amerikanische Blindenverband rät daher, die Banknoten je nach Wert unterschiedlich gefaltet in der Geldbörse aufzubewahren: 5-Dollar-Noten quer gefaltet, 10-Dollar-Noten längs gefaltet und 20-Dollar-Noten längs und quer gefaltet. Hauptsache, beim Falten hilft eine Vertrauensperson.

Warum haben sich viele Amerikaner bei der US-Zentralbank kistenweise 1-Dollar-Münzen gekauft?

Um ihre 1-Dollar-Münzen in Umlauf zu bringen, verschickt die amerikanische Zentralbank jede beliebige Menge dieser Münzen frei Haus. Gegen Begleichung des Werts, versteht sich. Das veranlasste findige US-Bürger dazu, die Münzen gleich kistenweise zu bestellen und mit Kreditkarten von Bankinstituten zu bezahlen, die für Transaktionen Flug-Bonusmeilen gutschreiben. Dann trugen die Käufer ihre frisch gelieferten Münzen wieder auf die Bank, zahlten sie ein und flogen gratis auf Urlaub. Nicht ganz im Sinne des Erfinders. Also wie so manches, was in den letzten Jahren im Finanz- und Bankwesen passiert ist.

Im tiefen Tal der Ahnungslosen

Länder, Berge und Gewässer

Warum gibt es im Dachsteingebiet einen Ort namens Arschlochwinkel?
Der Grund für diese kuriose Namensgebung ist ein wunderbar öster-
reichischer: nämlich eine Mischung aus stumpf-bürokratischer Beam-
tenmentalität und rustikalem Humor. Ende des 19. Jahrhunderts
kamen erstmals Landvermesser der k. u. k. Monarchie in das Dachsteingebiet, um es zu kartographieren. Zu diesem Zweck erkundigten
sie sich bei den örtlichen Bauern ganz genau nach den Namen geographisch markanter Punkte. Die meisten hatten aber überhaupt
keine Namen. Die Fragerei ging den Einheimischen daher schon bald
dermaßen auf die Nerven, dass sie sich einen Spaß daraus machten,
Namen zu erfinden, die von den arglosen Landvermessern ungeprüft
akzeptiert wurden. So entstanden unter anderem der Arschlochwinkel
südlich des Hallstättersees, die Stuhllochalm, der Arschkitzelbach
oder auch das Futbrünnl am Weg vom Guttenberghaus zur Gjaidalm.
Und manche dieser Namen stehen bis heute in den offiziellen Land-
karten.

Auf keiner Landkarte findet sich das Butterland, denn es liegt überall
und nirgends. Butterland ist nämlich ein von Seefahrern verwendeter
Begriff für Dunst oder dichten Nebel am Horizont. Der sieht zunächst
aus wie Land, löst sich aber dann beim Näherkommen auf oder
schmilzt wie Butter in der Sonne.

Nicht minder instabil dürfte das Schwabbelland sein: **Warum wird ein
Uferabschnitt des Erlaufsees Schwabbelland genannt?**
Der Name bezieht sich auf ein geologisches Phänomen unter der
Wasseroberfläche. Der Erlaufsee ist ja ein bei Tauchern beliebtes
Gewässer, da er angeblich recht klare Sicht und eine interessante

Unterwasserlandschaft bietet. Dazu zählt auch das Schwabbelland: eine Kolonie friedlich wabernder Seekreidehügel in einer Tiefe von rund 20 Metern. Berührt man einen dieser Blöcke, bewegt sich der gesamte Boden mit.

Um diesen Effekt zu erzielen, bedarf es nicht einmal einer Schwabbellatte. Ein klangvoller Fachbegriff, der uns dankenswerterweise mit einer tadellos formulierten, sehr anschaulichen Erklärung zugeschickt wurde: »Eine Schwabbellatte sieht aus wie ein überdimensionaler Besen ohne Borsten und wird bei der Estrichverlegung verwendet. Früher war sie aus Holz. Jetzt ist sie meistens aus Metall. Diese Stange wird in den noch flüssigen Estrich eingetaucht und dann beginnt das fröhliche Schwabbeln. Dadurch entweichen Luftbläschen aus dem Estrich und er bewegt sich bis in die kleinsten Ecken und Vertiefungen.«
Welch erquickliche Wortschatzerweiterung für all jene, die noch nie eigenhändig einen Estrich verlegt haben und handwerklich so ahnungslos sind wie die meisten Mitglieder des Rateteams.

Das Tal der Ahnungslosen wäre eigentlich die ideale Bezeichnung für die »Was gibt es Neues?«-Arena, doch leider ist dieser Name bereits vergeben: Als es die DDR noch gab, wurde die sächsische Senke, in der Dresden liegt, gern spöttisch so genannt, da es dort unmöglich war, westliches Fernsehen zu empfangen.

Warum wurden von einem Berg in der Türkei 80 Höhenmeter abgetragen?
In Zonguldak an der Schwarzmeerküste wurde ein Flughafen für Sportflugzeuge und kleinere Maschinen vor einigen Jahren mit großem Aufwand umgebaut und erweitert, damit dort auch größere Passagiermaschinen landen können. Erst nach der Fertigstellung der Bauarbeiten stellte sich heraus, dass ein Berg genau in der vorgesehenen Einflugschneise stand. Und die kostengünstigste Lösung für das Dilemma war es tatsächlich, den Berg um 80 Meter zu erniedrigen. Die Bergspitze wirft jetzt also einen etwas kleineren Schatten.

Eine Erkenntnis, die uns gleich zum nächsten mysteriösen Begriff führt: die Schattenspitze. Sind das die führenden Köpfe eines Schattenkabinetts? Der in den tiefen Tälern Tirols gebräuchlichere Name für den dunkelsten Tag des Jahres, der andernorts Wintersonnenwende genannt wird? Die Antwort ist leider viel profaner: Es geht um Damenstrümpfe. Schattenspitze wird eine wirksame, aber kaum sichtbare Verstärkung des besonders strapazierten Zehenspitzenbereichs von Feinstrumpfhosen genannt.

Geradezu nach einem Oxymoron mutet der Begriff Bergholländer an. Eine Widersprüchlichkeit, die auch die holländische Band Nits 1987 zu ihrem Hit »In the Dutch Mountains« (»In den holländischen Bergen«) inspirierte. Das zu wissen, ist für die Beantwortung der Frage nach dem Bergholländer von geradezu immenser Unwichtigkeit. Beim Bergholländer handelt es sich nämlich – analog zum Galerie-Holländer* – um eine Windmühle. Die Holländermühle ist ein von holländischen Mühlenbauern entwickelter Windmühlentyp, der sich im Gegensatz zu den Bockmühlen durch einen feststehenden, zumeist achtkantigen Unterbau auszeichnet. Beim gesuchten Bergholländer liegt dieses Untergeschoß in einem zumeist künstlich aufgeworfenen Hügel, der für Holländer bereits ein Berg ist.

Will ein holländischer Fußballspieler nach Italien reisen, um dort das Kurzpassspiel zu trainieren, steuert er sein Wohnmobil über den Brennerpass und zeigt dort bei Bedarf seinen Reisepass her. Womit drei sehr unterschiedliche Anwendungsbeispiele für das Wort »Pass« am Tisch lägen. Nicht minder mehrdeutig ist der Begriff »Zipfel«, der dann zusammen mit dem Pass den besonders fragwürdigen Zipfelpass bildet. Dabei handelt es sich um eine gemeinsame Fremdenverkehrsaktion vier deutscher Ortschaften, die sich durch ihre besondere Lage miteinander verbunden fühlen: List auf Sylt, Görlitz an der Neiße, Oberstdorf im Allgäu und Selfkant an der holländischen Grenze. Es sind nämlich die am nördlichsten, am östlichsten, am südlichsten und am westlichsten gelegenen Gemeinden Deutschlands. Besucht ein extremistisch veranlagter Tourist alle vier selbsternannten Zipfelgemeinden und schickt danach seinen vollständig abge-

---

* Siehe Kapitel »Vom Säuferbalken ins Trottelbecken«

stempelten Zipfelpass an eines der vier Fremdenverkehrsämter, erhält er ein sogenanntes Zipfelpaket mit ortstypischen Produkten.

Warum heißen die Inseln in der Casco-Bucht im Bundesstaat Maine Kalenderinseln?

Weil es in dieser Bucht genau so viele Inseln gibt, wie das Jahr Tage hat: sage und schreibe 365 Inseln. Bei extrem niedrigem Wasserstand sind es genau genommen sogar noch ein paar mehr. Für die Kalenderinseln ist das kein Problem. Schließlich gibt es ja auch Schaltjahre, an denen das Jahr plötzlich einen Tag mehr hat.

Die Inselverzwergung ist erstaunlicherweise ein biologisches Phänomen, bei dem die Körpergröße von Tierarten, die auf einer Insel leben, über Generationen hinweg deutlich abnimmt. Es ist ein evolutionärer Prozess, da kleinere Tiere mit einem geringeren Nahrungsbedarf auf einer Insel mit begrenzten Ressourcen bessere Überlebenschancen haben. Ausschließlich auf den kalifornischen Kanalinseln lebt beispielsweise der Insel-Graufuchs, der gerade einmal so groß wird wie unsere Hauskatzen.

Das Rateteam hatte davon naturgemäß keinen blassen Schimmer und suchte mit fast schon verzweifelter Hilflosigkeit nach einer Erklärung für die Kombination der Worte Insel und Zwerg. »Wenn ich in der Badewanne liege«, sinnierte Michael Niavarani, »dann schaut die Wampe aus dem Wasser heraus …« – »Genau«, fiel ihm Eva Marold entzückend ins Wort, »und dann siehst du eine Insel und dahinter einen Zwerg!«

Dieser noch wenig erforschte Niavarani'sche Badewannen-Effekt darf keineswegs mit jenem Badewannen-Effekt in eine Badewanne geworfen werden, den Psycholinguisten meinen, wenn sie sich dieses Begriffs bedienen. Dabei handelt es sich nämlich um das vor allem bei Kindern oft beobachtete Phänomen, dass ihnen auf der Suche nach dem richtigen Wort nur dessen Anfang und Ende einfallen. Namentlich bemüht dieser Effekt das Bild eines Badenden, von dem nur der Kopf und die Füße aus dem Wasser schauen.

Um ein nasses Phänomen geht es auch bei der Wasserfalltäuschung. Allerdings handelt es sich dabei um eine Art optische Täuschung. Beobachtet man einen Wasserfall eine Weile lang und fixiert dann plötzlich die Felsen daneben, scheinen diese nach oben zu wandern. Der optische Fluss, um es fachmännisch auszudrücken, verursacht ein umgekehrtes Nachbild.

Auch mit den nächsten Fragen bleiben wir dem nassen Element treu: Warum werden immer wieder große Mengen Popcorn in die Nordsee geschüttet?

Bei dieser merkwürdigen Aktion werden jedes Mal immerhin rund 20 Kubikmeter der beliebten Kinoknabberware ins Meer geleert. Und es geht dabei weder um die billige Entsorgung verdorbener Güter noch um einen Fischfütterungsversuch. Diese Popcorn-Aktion wird vom sogenannten Havariekommando der Küstenländer Deutschland und Niederlande durchgeführt. Sieben Spezialschiffe nehmen die 20 Kubikmeter Popcorn an Bord und schütten sie dann an ganz bestimmten Plätzen ins Meer. Sinn und Zweck dieser Aktion ist es, den Ernstfall einer Ölkatastrophe zu trainieren. Popcorn eigne sich dafür deshalb so gut, behaupten die Experten, weil sich der auf dem Wasser entstehende Popcorn-Teppich genauso verhalte und verteile wie ein Ölteppich.

Keine große Hilfe ist dieses frisch erworbene Wissen bei der Beantwortung der nächsten Frage, auch wenn sie ein inhaltliches Verwandtschaftsverhältnis nicht leugnen kann: Warum wurden 2007 rund 400.000 Plastikbälle in den kalifornischen Silverlake-Stausee gekippt?

Um der Phantasie etwas auf die Sprünge zu helfen, sei verraten, dass bei dieser merkwürdigen Aktion schwarze Plastikbälle mit einem Durchmesser von rund 30 Zentimeter zum Einsatz kamen. Und so lustig es auch aussah, als die Hunderttausenden Bälle zu Wasser gelassen wurden, so ernst war der Hintergrund dieses Projekts. Der Silverlake-Stausee versorgt nämlich Teile von Los Angeles mit Trinkwasser. 2007 wurden in seinem Wasser krebserregende Bromate nachgewiesen. Das Wasser wurde sofort neutralisiert und die 400.000 schwarzen Bälle als Schattenspender in den See gekippt. Die Bildung der giftigen Bromate wird nämlich durch direkte Sonneneinstrahlung begünstigt. Diesem chemischen Prozess wollte die Stadtverwaltung vorbeugen.

Der Silverlake-Stausee könnte somit jetzt von kreativen Wortschöpfern als verballt oder verkugelt bezeichnet werden. Was aber bedeutet es, wenn ein Gewässer verklopft ist?
Im Mittelpunkt der Antwort steht stolz – und zur besonderen Freude von Eva Marold – ein Fisch! Genauer gesagt: ein Wels, auch Waller genannt. Das sind grundsätzlich neugierige Tiere. Ein Wesenszug, den sich Angler zunutze machen. Um sie aus der Tiefe anzulocken, werden mit einem sogenannten Wallerholz, das mit einer speziellen Bewegung durchs Wasser gezogen wird, Klopfgeräusche erzeugt. Da denkt sich dann der Wels: »Ja, wer klopft denn da?« Kaum schaut er nach, ist es schon zu spät für ihn. Wird das Wallerholz aber zu oft eingesetzt, reagieren die Welse nicht mehr darauf. Weil ganz blöd sind sie ja doch nicht. Der Angler indes hängt sein Wallerholz traurig an den Haken und seufzt: »Das Gewässer ist verklopft.«

Spricht ein Arzt von einer Schnellen Anflutung, ist nicht etwa sein allzu flussnah errichtetes Wochenendhäuschen im Kamptal überschwemmt worden, sondern er hat es gerade mit einem Alkoholopfer zu tun. Mediziner sprechen nämlich dann von einer schnellen Anflutung, wenn bei der Einnahme von beispielsweise Glühwein wegen des hohen Zuckergehalts und wegen der höheren Trinktemperatur der Alkohol schneller als üblich in den Blutkreislauf übergeht.

Spricht ein Arzt indes von einem Rentnerteich, hat er weder einen Badesee mit hohem Altersschnitt noch die von betagten Entenfütterbrigaden umstellten Stadtparkgewässer im Sinn, sondern ausschließlich Blutegel. Die dürfen nämlich für medizinische Zwecke nur einmal benutzt werden. Danach werden sie entweder getötet oder dem Züchter zurückgegeben. Der Egel hat seine Schuldigkeit getan, der Egel kann gehen. Damit er zumindest noch einen egelwürdigen Lebensabend verbringen kann, ohne dabei mit den noch einsatzfähigen Egeln verwechselt zu werden, landet er in einem eigens zu diesem Zweck angelegten Tümpel: dem Rentnerteich.

Glück im Spiel
Zocker, Würfler, Hasardeure

Welche ungewöhnliche Aufgabe hatten bestimmte Angestellte in den Spielcasinos im England des 18. Jahrhunderts?
Glücksspiel war seinerzeit strengstens verboten. Gab es behördliche Razzien in den Spielspelunken, bestand die Aufgabe dieser Angestellten darin, jegliches Beweismaterial sofort aufzuessen. Mahlzeit! Vom Pferderennsport stammt indes das Sprichwort: »Essen Sie Ihr Wettgeld, aber wetten Sie nicht mit Ihrem Essensgeld.«

Eine Ass-Versicherung braucht man weniger beim Pokerspiel als beim Golf. Bei dieser teuren Sportart ist es nämlich Brauch und Sitte, dass ein Spieler, dem zufällig das Kunststück gelingt, gleich mit dem Abschlag einzulochen, für alle Clubmitglieder eine Runde Sekt springen lassen muss. Golfer bezeichnen einen solchen Glückstreffer als Ass oder Hole-in-one. Weil diese Gepflogenheit bei großen Vereinen ordentlich ins Geld gehen kann, bieten manche dieser Golfclubs eine Hole-in-one- oder Ass-Versicherung an, die dann diese kostspielige Lokalrunde übernimmt. Damit es nicht heißt: Hole-in-one – aber dafür pleite. Glück und Pech liegen ja bekanntlich oft sehr knapp beieinander.

Die sogenannte Pech-Regel lautet weder »Ein Unglück kommt selten allein« noch »Glück im Spiel, Pech in der Liebe«. Die Pech-Regel ist viel mehr eine leicht zu merkende Faustregel für Hobbysportler, wenn sie das Pech haben, sich ein Gelenk zu verstauchen, zu verknöcheln oder irgendwie anders zu verprellen. Das Verletzungspech ist in diesem Fall ein Akronym. Denn vier Maßnahmen gilt es sofort zu befolgen: 1) P wie Pause. 2) E wie Eiskühlung. 3) C wie Compression und 4) H wie Hochlagern.

Jede Lotterie und jede Tombola lebt davon, dass es Gewinnlose und
Nieten gibt. Doch auch Wissenschaftler beschäftigen sich mit Nieten.
Die Nieten-Hypothese ist ein Begriff aus der Biologie, der die Artenvielfalt auf unserem Planeten betrifft. Bezüglich der Aufrechterhaltung der Artenvielfalt gibt es nämlich zwei Hypothesen, für deren Veranschaulichung die Biologen das Bild eines Flugzeugs bemühen. Die
Passagier-Hypothese besagt, dass zur Aufrechterhaltung der Artenvielfalt nur einige wenige Schlüsselarten wichtig sind. Mit anderen Worten: Um die Flugfähigkeit eines Flugzeugs zu gewährleisten, genügt
die Crew. Alle anderen an Bord dieser fliegenden Arche Noah sind
nur Passagiere.
Ganz anders sehen das die Verfechter der Nieten-Hypothese: Jede
Niete eines Flugzeugrumpfs trage zu dessen Zusammenhalt bei und
verhindere damit den Absturz des Flugzeugs. Das bedeutet: Jede Art ist
für die Aufrechterhaltung eines Ökosystems gleichermaßen wichtig.

»Der Roulettetisch lohnt sich für niemanden«, erkannte einst der britische Autor George Bernard Shaw, »außer für seinen Besitzer. Dennoch ist die Leidenschaft fürs Spielen weitverbreitet. Die Leidenschaft, Roulettetische zu besitzen, ist hingegen völlig unbekannt.«
Gleichermaßen unbekannt wie die Bezeichnung Römisches Roulette
seinerzeit beim Rateteam. Es handelt sich dabei um einen durchaus
verächtlich gemeinten Spitznamen für die Knaus-Ogino-Methode zur
Empfängnisverhütung, bei der mittels Berechnung der fruchtbaren
und der unfruchtbaren Tage ungewollte Schwangerschaften vermie-
den werden sollen. Den Namen Römisches Roulette bekam sie einerseits wegen ihrer Unzuverlässigkeit, andererseits, weil sie die einzige
von Papst Pius XII. im Jahr 1951 erlaubte Methode zur Empfängnisverhütung war. Gelegentlich wird sie daher auch als Vatikanisches
Roulette bezeichnet.

Apropos Roulette: Bei einem Rollkugelmanipulator handelt es sich
weder um einen telekinetisch begabten Falschspieler noch um den
Croupier, der ja als Einziger die Roulettekugel angreifen darf. Der
Begriff stammt vielmehr aus den Anfängen des Computerzeitalters.
Damals war es der Firma Siemens ein wichtiges Anliegen, englisches

Fachvokabular zu vermeiden und alles gnadenlos einzudeutschen. Dankenswerterweise haben sich weder der Akustik-Koppler für Modem noch der Rollkugelmanipulator für Maus durchsetzen können.

Um ein anderes Glücksspiel geht es offenkundig bei dem Begriff Bingo Wings. Niemand könnte dieses Fachwort anschaulicher erklären als jene Dame, die ihn uns dankenswerterweise zugeschickt hat: »Am besten sieht man die Bingo Wings, wenn man den Oberarm in typischer Bizeps-Präsentations-Position hält. Dann hängt leider oft an der Unterseite des Oberarms ein wenig attraktiver Hautlappen wackelig runter: der Bingo Wing. Der Name kommt daher, dass ältere Girls beim Bingo-Spiel aufgeregt mit dem Arm winken, wenn sie ›Bingo‹ rufen. Dabei kann man die Bingo Wings wunderbar wackeln sehen.« Nachsatz: »Frauen haben es besonders gern, wenn sie darauf angesprochen werden.«

Warum lag auf mittelalterlichen Marktplätzen an versteckten Stellen oft ein Würfel?

Er diente als Informationssystem unter Taschendieben, das sie davor bewahrte, an der jeweiligen Wirkungsstätte in allzu großer Zahl aufzutreten und damit die Aufmerksamkeit der Exekutive zu erregen. In einem vorher vereinbarten Versteck platzierte der zuerst Ankommende einen Würfel mit der 1 nach oben. Der Nächste, der auf diesem Marktplatz seiner Arbeit nachgehen wollte, drehte den Würfel auf 2, der Dritte auf 3 etc., bis die 6 erreicht war. Dann wurde der Platz sicherheitshalber für einige Tage zum kriminellen Sperrgebiet erklärt und von den Gaunern gemieden. Der französische Offizier Bussy-Rabutin berichtet in seinen Memoiren, dass er oft einen Würfel auf 6 gedreht habe, um Taschendiebe dazu zu bringen, sich andere Jagdgründe zu suchen.

Da es unwahrscheinlich ist, dass Taschendiebe ausgerechnet an Bord von U-Booten verstärkt ihr Unwesen treiben, ist auch folgende Frage völlig berechtigt: Wieso hatten die Kommandanten amerikanischer U-Boote während des Kalten Krieges immer einen Würfel mit an Bord?

Damit wurde beim monatelangen ziellosen Kreuzen in den Weltmeeren immer der nächste Kurs festgelegt. Es galt ja, nicht entdeckt zu werden. Jede Strategie hätte der Gegner ausspionieren können. Die Entscheidungen eines Würfels aber entziehen sich jeglicher Vorhersehbarkeit und sind somit vor jedem Geheimdienst sicher.

Gelegentlich mag es den Anschein haben, dass auch Verkäuferinnen und Verkäufer in Warenhäusern ziellos durch die Gänge kreuzen und sich vorsätzlich jeder Vorhersehbarkeit entziehen. Die U-Boot-Strategie ist jedoch nicht die richtige Antwort auf folgende würfelige Frage: Warum müssen die Angestellten eines Woolworth-Kaufhauses jeden Tag einmal würfeln?
Nachdem es in einigen Kaufhäusern verstärkt zu Diebstählen seitens des Personals gekommen war, dient der Würfel dort als Zufallsgenerator: Wer beim Verlassen des Gebäudes eine 1 würfelt, muss zur Taschenkontrolle. Mit diesem unvorhersehbaren und unbestechlichen Prinzip hofft Woolworth der hausinternen Kriminalität entgegenwirken zu können.

Was ist ein Wiener Würfel?
Viele Möglichkeiten sind denkbar, doch nur eine ist richtig: Es sind Pflastersteine. Im Jahr 1826 wurde in Wien, der Stadt der Verordnungen und Reglementierungen, gesetzlich festgelegt, dass die beim Straßenbau verwendeten Pflastersteine eine Kantenlänge von genau 7 Zoll haben müssen. Auf Deutsch: Würfel mit einer Seitenlänge von 18,4 Zentimeter. Diese Wiener Würfel waren deutlich größer als die Pflastersteine in vergleichbaren Großstädten wie Paris oder Köln.

Da drängt sich natürlich die Frage auf: Warum hatte der Wiener Würfel diese außergewöhnlichen Maße?
Ein wesentlicher Grund für die gesetzlich verordneten größeren Pflastersteine in Wien war die Französische Revolution Ende des 18. Jahrhunderts. Die Habsburger wollten es in weiser Voraussicht tunlichst vermeiden, dem Volk für ihre Straßenproteste handliche Wurfgeschosse zur Verfügung zu stellen.

Wollen Sie mich beleidigen?

Suppenbrunzer und Runzelbruder

Vielen zwischenmenschlichen Verstimmungen liegen nur dumme Missverständnisse zugrunde. In diesem Kapitel soll es daher um Begriffe und Bezeichnungen gehen, die als Beleidigungen empfunden werden könnten, da sie fälschlicherweise dem Schimpfbereich zugeordnet werden. Dabei handelt es sich allerdings nicht um eine sprachliche Kategorie für Insultationen, sondern um einen Fachbegriff aus der Verhaltensbiologie. Tiere haben oft bestimmte Territorien, die sie gegen ihre Nachbarn verteidigen. In den Grenzgebieten gibt es ganz bestimmte Areale, die von ihnen immer wieder aufgesucht werden, um einander gegenseitig mit Drohgebärden zu imponieren. Diese Stellen bezeichnen Zoologen als Schimpfbereich oder Schimpfzone.

Ein Überstürzter Neumann ist keine spöttische Bezeichnung für einen neureichen Emporkömmling, sondern eine harmlose, nach ihrem Erfinder benannte Wiener Kaffeespezialität: Über eine Tasse mit Schlagobers wird ein großer Mokka gestürzt.

Wer beim Tennis nur über ein besonders lasches Service verfügt, ist kein Warmer Oberaufschläger. In der Sprache der Kurärzte und Wellness-Fachleute handelt es sich dabei um einen durchblutungsfördernden und krampflösenden warmen Wickel im Bereich des vorderen Oberkörpers. Also kein warmer Umschlag, wie er an Armen oder Beinen üblich ist, sondern ein Aufschlag, weil die Tücher nur aufgelegt werden.

Ein Schnapskopf ist kein Säufer, sondern ein im Süden der USA und in Nordmexiko beheimateter Kaktus, der seinen Namen seiner rundlichen Form und seinem Gehalt an Mescalin verdankt.

Ein Dirty Single ist kein promiskuitiv veranlagter Alleinstehender, sondern ein Fachbegriff aus der Film- und Fernsehbranche für eine bestimmte Kameraeinstellung, bei der zusätzlich zu der in der Bildmitte sichtbaren Hauptperson auch noch im Bildvordergrund Teile des Hinterkopfs oder der Schulter jener Person zu sehen sind, mit der sie gerade spricht.

Ein Gummikavalier ist kein rückgratlosere Schleimer oder ein diskreter Ausdruck für einen Vibrator, sondern die heute doch eher ungebräuchliche, aber in den 1930er-Jahren nicht zuletzt dank des Schlagers »Amalie geht mit 'nem Gummikavalier (ins Bad)« bekannte Bezeichnung für einen Schwimmreifen.

Der Wochentölpel ist nicht das Gegenstück zum betriebsintern regelmäßig ausgelobten »Mitarbeiter der Woche«, sondern schlicht eine in manchen Regionen gebräuchliche Bezeichnung für die schöne Kinderkrankheit Mumps oder auch Ziegenpeter. Der Name kommt daher, dass die Erkrankung etwa eine Woche dauert und sie den Kindern durch die angeschwollenen Backen ein etwas tölpelhaftes Aussehen verleiht.

Als Suppenbrunzer wird im Volksmund ein christlicher Zimmerschmuck bezeichnet, der üblicherweise über dem Esstisch aufgehängt wird. Offiziell trägt er den langweiligen Namen Heilige-Geist-Kugel. Steht eine dampfende Suppe auf dem Tisch, bildet sich an der Kugel Kondenswasser, das dann zurück in die Suppe tropft.

Ein Stopfarsch ist kein Unsympathler, der mit seinem Reichtum protzt, sondern der landläufige Ausdruck für Hasenklee, da dieser als Heilkraut gegen Durchfall verwendet wurde.

Ein Verdrehter Runzelbruder ist kein wunderlicher greiser Mönch, sondern eine weitverbreitete Moosart.

Ein Belatschter Wiener Tümmler ist eine zu den Hochflugtauben zählende und für ihre besonders lange Fußbefiederung bekannte Taubenart, die insbesondere Ende des 19. Jahrhunderts gezüchtet wurde.

Trotz der Präsentation all dieser Ausdrücke braucht sich Oliver Baier keine Sorgen zu machen, dass ihn in der Öffentlichkeit ein Anti-Oliver-Effekt ereilen könnte. Dabei handelt es sich nämlich um einen Begriff aus Großbritannien, der sich auf den Koch Jamie Oliver bezieht. Die von ihm vor einigen Jahren initiierte Offensive für gesundes Schulessen ging an vielen Schulen nämlich nach hinten los: Bis zu 30 % der Schülerinnen und Schüler boykottierten die gesunden Menüs und brachten stattdessen ihr eigenes Fastfood mit.

Vier Wände für ein Halleluja
Knast, Hotels, berühmte Bauten

Warum war das berüchtigte Gefängnis von Alcatraz bis zu seiner Schließung 1963 das einzige in den USA, das mit Warmwasserduschen ausgestattet war?
Die Warmwasserduschen sollten dazu beitragen, erfolgreiche Häftlingsausbrüche zu verhindern. Offiziell ist keinem der Insassen je die Flucht aus Alcatraz gelungen. Alle 14 Versuche waren angeblich erfolglos. Die meisten davon wegen der kalten, starken Strömungen, die es rund um diese Insel gibt. Durch die Warmwasserduschen sollte verhindert werden, dass sich Inhaftierte gegen kaltes Wasser abhärten können.

Warum ließ ein Hotel in der Stadt Gladbeck im nördlichen Ruhrgebiet im Juli 2005 die Beine von einem Großteil der Hotelbetten abmontieren?
Es war eine Vorsichtsmaßnahme. Im Ruhrgebiet fanden damals die sogenannten World Games statt. Bei diesen Meisterschaften stehen etwas exotischere Sportarten im Mittelpunkt, die nicht bei den Olympischen Spielen zugelassen sind: z. B. Bodybuilding, Tauziehen, Flossenschwimmen oder auch der japanische Ringkampf namens Sumo. Untergebracht waren die in dieser Disziplin tätigen und üblicherweise ganz besonders schwergewichtigen Athleten alle in diesem einen Hotel in Gladbeck. Und um dem drohenden Zusammenbruch der Betten vorzubeugen, ließ die Direktion die Beine der Betten vorher kurzerhand abmontieren.

Warum gibt es in einem Hotel in bester Lage am Weymouth Beach in der britischen Grafschaft Dorset keine Toiletten?
Zwei Hinweise, um diesem merkwürdigen Hotel auf die Schliche zu kommen: Es handelt sich um ein Saison-Hotel, das nur ein paar Monate im Jahr geöffnet hat, und die Übernachtung kostet umgerechnet nur rund 13 Euro. Dafür liegt es direkt am Strand. Es ist näm-

lich das erste komplett aus Sand gebaute Hotel der Welt. Diesem fehlen zwangsläufig nicht nur die Sanitäranlagen, sondern auch das Dach. Dafür bietet es laut Aussage seines Schöpfers freien Ausblick auf den Nachthimmel und ein unvergleichliches Übernachtungserlebnis. Es wurde im Sommer 2005 erstmals aus 1.000 Tonnen Sand in nur sieben Tagen Bauzeit errichtet.

Warum lagen um 1900 im Hotel Comerc an der spanischen Costa Brava in den Zimmern immer zwei Ziegelsteine?

Nein, Herr Niavarani, definitiv nicht, um jederzeit einen Dreierziegel veranstalten zu können.

Der Grund ist vielmehr in dem gelegentlich sehr böigen Wind in dieser Region zu suchen. Nur ungern wurden die Hotelbetreiber an jenen unangenehmen Zwischenfall erinnert, als ein Gast beim Spazierengehen von den Klippen geweht wurde, weil sich der Sturm in seinem Mantel verfangen hatte. Den Gästen wurde von der Hotelleitung daher empfohlen, sich die Ziegelsteine bei starkem Wind in die Manteltaschen zu stecken.

Zu welchem Zweck können Gäste eines Hotels in Irland ein Schild mit dem Bild eines Feuerwehrmannes an ihre Zimmertür hängen?

Der Text auf der Rückseite des Feuerwehrmann-Hängers lautet: »Falls Sie schwerhörig oder taub sind, hängen Sie diese Karte bitte außen an Ihre Zimmertür, damit wir Sie im Falle eines Brandes persönlich alarmieren können.« Als Alternative böte sich die Installation des Wasabi-Alarms* an.

Welche besondere Aufgabe erfüllt die Holzkatze Kaspar im noblen Hotel Savoy in London?

Die Zahl 13 ist ja seit jeher als Unglücksbringerin verschrien. Das ist an Englands Esstischen nicht anders. Als 1898 ein südafrikanischer Geschäftsmann im Savoy ein Dinner für 13 Personen gab, warnte man

---

* Siehe im Kapitel »Willst du mich pflanzen?«

ihn vor der Unglückszahl. Doch er tat dies als vernunftbegabter Mensch als Aberglaube ab. Ein paar Wochen später wurde er zufällig in seinem Büro in Johannesburg erschossen. Für das Savoy war das ein zwingender Anlass, hinfort zu 13-köpfigen Tischgemeinschaften immer die Art-Deco-Holzkatze Kaspar als offiziellen 14. Tischgast dazuzustellen, um das Schicksal nur ja nicht herauszufordern.

Wodurch wird sich der Strand des Luxushotels Palazzo Versace in Dubai von denen seiner Konkurrenten unterscheiden?
Was ist abgesehen vom Durst das Unangenehmste an einem heißen Sommertag am Strand? Der glühende Sand. Im Palazzo Versace ist damit jetzt Schluss. Der Strand wird gekühlt. Richtig gelesen. Damit im österreichischen Winter Fußball gespielt werden kann, gibt es ja auch Rasenheizungen. Warum also nicht auch eine Strandkühlung für den arabischen Sommer? Um bei 50° C Lufttemperatur und gnadenlosem Sonnenschein entspannt am Strand spazieren zu können, wird computergesteuert Kühlflüssigkeit durch Rohre gepumpt und der Sand auf konstante 22° C heruntergekühlt. Zudem wird gemunkelt, dass riesige Ventilatoren bei Bedarf für eine frische Meeresbrise sorgen sollen.

Es ist dies nicht die einzige Extravaganz, die Hotels in Dubai zu bieten haben: **Wie soll im Hotel Empress Sisi dem Besucher ein authentisches Österreich-Feeling vermittelt werden?**
Andreas Vitásek lag mit seinem Vorschlag zumindest geographisch schon ganz richtig: »Wahrscheinlich ruft der Muezzin immer nur Jedermann.« Denn tatsächlich geht es bei dem angestrebten Österreich-Gefühl um eine Salzburger Berühmtheit: den Schnürlregen. Ein spezielles Bewässerungssystem soll arabische Touristen in den Genuss des österreichischen Regenwetters bringen.

Den Schlussstrich unter die Fragen rund um die Hotellerie zieht der **Hotelverschluss**. Wintersperre oder Geschlossene Gesellschaft? Weder noch. So wird vielmehr ein ganz bestimmter Verschlussmechanismus von Bettdecken- und Kopfpolsterbezügen bezeichnet, der ohne Knöpfe oder Reißverschlüsse auskommt und daher für Zeitersparnis beim gastgewerblichen Bettenmachen sorgt.

Von den Besonderheiten diverser Beherbergungsbetriebe nun zu architektonischen Sehenswürdigkeiten und Kulturhäusern der unterschiedlichsten Art: Am Tag der Eröffnung der Wiener Staatsoper am 25. Mai 1869 wurden 300 Heeressoldaten in die Oper abkommandiert. Welche Aufgabe hatten sie dort zu erfüllen?

Es war ein für die Jahreszeit viel zu kalter Tag und die Heizung war noch nicht fertiggestellt. Daher sollten die Soldaten die Raumtemperatur der Oper mit ihrer Körperwärme ein wenig anheben, um die Premierenstimmung etwas anzuheizen. »Don Giovanni« konnte somit wohlig temperiert über die Bühne gehen.

Warum wurde der Architekt des berühmten Ost-Berliner Fernsehturms nach Fertigstellung des Baus von der Stasi verhört?

Immer, wenn die Sonne die große Stahlkugel des Fernsehturms bescheint, erscheint eine Reflexion in Form eines Kreuzes. Und das ausgerechnet im atheistischen Arbeiter- und Bauernstaat! Grund genug, dem Architekten böse Absicht zu unterstellen und ihn stundenlang von der Stasi verhören zu lassen. Die Berliner gaben diesem leuchtenden Phänomen übrigens sofort den Namen »Rache des Papstes«. Aus demselben Grund wurde das Bauwerk auch in Anspielung auf den damaligen Staatsratsvorsitzenden Walter Ulbricht »Sankt Walter« genannt. Das SED-Parteiorgan »Neues Deutschland« versuchte daraufhin vergeblich, den Kosenamen »Telespargel« populär zu machen. Das Gerücht, dass Berliner ihn wirklich so nennen oder einst genannt haben, wird heute nur noch von Fremdenführern am Leben erhalten.

Wieso befindet sich in einem Eckhaus in Kaltern in Südtirol eine Aushöhlung am Gebäudeeck?

Mit dieser Lücke hat es natürlich eine historisch bedeutsame Bewandtnis: Verantwortlich für das Loch im Mauerwerk war ein gewisser Ignaz von Pach, der in einem Nachbarhaus eine Gastwirtschaft betrieb. Um von seinem Büro aus ständig einen Blick auf die Pfarrturmuhr werfen zu können, erwarb er 1760 von seinem Nachbar die Bewilligung, in dessen Hauseck eine runde Öffnung brechen zu dürfen. Dieser temporäre Durchblick ist auf den mitgeschickten

Fotos von Michael Scheinecker zwar leicht verstellt, aber nachvollziehbar.

Um die Zeichen der Zeit zu erkennen, kommt es eben oft nur auf den
richtigen Blickwinkel an. Beim Museumswinkel geht es indes um die
richtige Beleuchtung in Museen und Galerien. Um für den Besucher
Blendungen und Spiegelungen zu vermeiden, sollten die ausgestellten
Bilder in einem Winkel von 30° angestrahlt werden. Das ist der sogenannte Museumswinkel.

Warum stand im Naturhistorischen Museum in Wien viele Jahre eine Flasche Frostschutzmittel in einer Vitrine?

Diese Flasche mit Frostschutzmittel stand in einer Vitrine mit Fischpräparaten der in der Antarktis beheimateten Eisfische. Das Museum wollte damit anschaulich darauf hinweisen, dass es Fische gibt, die selbst eine Art Frostschutzmittel produzieren, mit dem sie das Einfrieren ihres Bluts und Fleisches bei Wassertemperaturen unter 0° C verhindern können.

Warum gibt es bei vielen antiken oder mittelalterlichen Häusern an der Außenseite eingemauerte Steinringe?

Diese in großer Höhe angebrachten Steinringe sind vor allem im mediterranen Raum verbreitet. Durch die Löcher wurden Holzstangen oder Schnüre geführt, an denen feuchte Tücher aufgehängt wurden. Damit wurde an heißen Tagen erreicht, dass es in den Räumen um vier bis fünf Grad kühler war als draußen. Bei den Ringen handelt es sich also um eine frühzeitliche Klimaanlage.

Warum liegen im Institut für Mathematik und Informatik der Technischen Universität München kleine Teppiche zur freien Entnahme bereit?

Seit bald zehn Jahren gibt es in dem Institut zwei große Rutschen in Form einer exakten Parabel. Sonst hätten sie im Institut für Mathematik nun wirklich nichts verloren. Diese Rutschen fuhren vom dritten Stock des Gebäudes aus 13 Meter Höhe ins Erdgeschoß. Die kleinen Teppiche dienen den Studenten als Rutschunterlage.

Was versteht man im Raum Hannover unter der Bezeichnung »Die drei warmen Brüder«?

Da wir uns in einem Kapitel befinden, in dem es um architektonische Außergewöhnlichkeiten aller Art geht, darf an dieser Stelle verraten werden, dass es sich um ein Gebäude handelt, das im Volksmund als »Die drei warmen Brüder« bezeichnet wird: das Heizkraftwerk Linden in Hannover. Seinen Spitznamen bekam es wegen der drei identischen Kesselhäuser mit ihren 125 Meter hohen Schornsteinen.

Unter welchem architektonischen Einfall leiden die Mitarbeiter der britischen Rundfunkanstalt BBC in ihrem neu errichteten Gebäude?

In der Mitte des rund gestalteten Gebäudes wurde ein Brunnen platziert, dessen Plätschern durch die Akustik derart laut ist, dass es sich ständig auf den Harndrang der Mitarbeiter auswirkt. Laut internen Erhebungen verbringen sie seither viel mehr Zeit auf den Toiletten als früher.

Warum wurden in Spanien unlängst alle Häuser eines kleinen Bergdorfs blau gestrichen?

Es war ein cineastischer Grund. Das kleine andalusische Bergdorf Juzcar war von der Produktionsgesellschaft des ersten computeranimierten Kinofilms über die berühmten Schlümpfe als idealer Veranstaltungsort für die Premierenfeier auserkoren worden. Und zu diesem Zweck musste es sich von oben bis unten in typisches Schlumpf-Blau tauchen lassen.

Was ist ein Trockenwohner?

So nannte man jene Leute, die im Zeitalter der Industrialisierung in noch feuchten Neubauten als erste Bewohner günstig bis gratis wohnen durften, bis die Feuchtigkeit verschwunden war. Danach mussten sie für zahlende Mieter Platz machen. Nicht gut für die Gesundheit, aber für viele damals eine verlockende Alternative zur Obdachlosigkeit.

Wechselnase
und Weichteilhemmung
Mensch, Körper, Krankheit

Was für ein wahrhaft wunderbares Kunstwerk der Natur ist doch unser menschlicher Körper. Allein schon das Gesicht birgt so viele unbekannte Facetten und Fähigkeiten: den Zungenaufschlag, die Wechselnase, die Mundrolle, das Fallmaul, das Steckgesicht und den fabelhaften Kinn-Nasenspitze-Stirn-Test. Hier nun die ernüchternden Details: Um die Herkunft des Begriffs Zungenaufschlag auf Schiene zu bringen, gilt es das Innenleben einer Weiche zu betrachten. Es handelt sich dabei nämlich nicht etwa um einen besonders abgelutschte Service-Variante beim Tennis, sondern um den Abstand zwischen den außen liegenden Backenschienen und der beweglichen Zunge einer Weiche.

Ein Zungenbruch ärgert aber nicht nur den Straßenbahner, sondern auch den Rauchfangkehrer, der die Trennwände zwischen den Rauchabzugsschächten ebenfalls als Zungen bezeichnet.

Als Wechselnase bezeichnen Kynologen die Eigenschaft der Nasen mancher Hunderassen, in den Wintermonaten ihre Pigmente zu verlieren, sodass sie eine rosa oder fleischfarbene Färbung bekommen.

Eine Mundrolle ist keine riskante Bodenturnübung, sondern der schmale Wulst am oberen Rand von Papp- oder Plastik-Trinkbechern zur Vermeidung scharfkantiger Ränder.

Das Fallmaul ist kein erstaunter Gesichtsausdruck, sondern ein Fachbegriff des Gebäuderückbaus. Bei Sprengungen von Schloten oder hohen Häusern, die in eine ganz bestimmte Richtung fallen sollen, wird damit jene maulförmige Lücke bezeichnet, die als Erstes in die Basis des Bauwerks gesprengt werden muss, um die Fallrichtung festzulegen.

Anhand des Steckgesichts unterscheiden Elektrotechniker Stecker und Steckdosen. Die von Land zu Land und von Gerät zu Gerät variierende Anordnung, Form und Zahl der Kontaktstellen bestimmen ihre individuellen Steckgesichter.

Tatsächlich um unser menschliches Gesicht geht es beim Kinn-Nasenspitze-Stirn-Test. Hobbyköche können die Garstufe ihres Steaks kontrollieren, indem sie die Druckfestigkeit des brutzelnden Fleischs mit jener der genannten Gesichtspartie vergleichen. Ein gut durchgebratenes Steak ist so fest wie die Stirn, ein Medium-Steak hat in etwa die Festigkeit der Nasenspitze und ein englisches – blutiges – Steak ist so weich wie das Kinn. Eine gewisse Schwankungsbreite ist da bestimmt einkalkuliert. Oliver Baiers Kinn ist bestimmt nicht so englisch wie das von Michael Niavarani.
Sehr überzeugend war eigentlich auch Viktor Gernots Vorschlag, beim Kinn-Nasenspitze-Stirn-Test handle es sich um die drei Stufen einer typisch österreichischen Problembehandlung. 1) Der Griff zum Kinn: Oje, da haben wir ein Problem. 2) Das Reiben der Nasenspitze in »Wickie«-Manier: Hui, ich hab eine Idee. 3) Alle anderen Sitzungsteilnehmer tippen sich an die Stirn: Bist deppat? Das geht nie!

Knapp unterhalb des Gesichts findet sich üblicherweise der Hals, dessen Rückseite als Nacken bekannt ist. Als Nackenbeißer werden im Verlagswesen interessanterweise Romane der Trivialliteratur bezeichnet, in denen sich junge Frauen in Offiziere, Ärzte oder ähnlich angesehene Berufsvertreter der höheren Einkommensklasse verlieben. Die Bezeichnung rührt daher, dass auf den Einbänden dieser Bücher meist hübsche junge Frauen zu sehen sind, die von etwas älteren Männern in den Nacken geküsst werden.

Der Hals dient aber nicht nur für knabbernde Liebkosungen, er ermöglicht es dem Menschen praktischerweise auch, den Kopf kippen, drehen und bei Bedarf wenden zu können. Wobei hier deutlich zwischen dem menschlich und politisch zumeist unangenehmen Wendehals und dem unschuldigen Halswender unterschieden werden muss. Letztere sind nämlich eine Unterordnung der Tiergattung

Schildkröte, zu der einige Arten mit besonders langen Hälsen zählen. Diese müssen im Gegensatz zu einer anständigen Schildkröte, die ihren Hals einfach einziehen kann (Halsberger), ihre Hälse bei Gefahr seitlich krümmen, um sie unter ihren Rückenpanzern zu verstecken.

Ein weiteres Wende-Wort, das politische Assoziationen zum koalitionären Kuschelkurs auslösen könnte, ist die Kuschelwende. Doch wann gibt es schon einen harmonischen gemeinsamen Kurswechsel zweier Regierungsparteien? Eben. Daher ist eine Kuschelwende eine Figur, die beim Showprogramm von Blasmusikkapellen durchgeführt wird. Steht für eine zu bewältigende Richtungsänderung nur wenig Platz zur Verfügung, rücken die Musiker für die Kuschelwende eng zusammen, um den Wendekreis zu verkleinern.

Keinen anatomischen, sondern ebenfalls einen musikalischen Hintergrund hat die Schlagfigur. Dirigenten vollführen mit ihrem Dirigentenstab unterschiedliche Schlagfiguren, um dem Orchester zu vermitteln, um was für einen Takt es sich bei dem zu spielenden Stück handelt.

Im Bereich der Schambehaarung hat ja in den 1990er-Jahren eine regelrechte modische Revolution stattgefunden. Bereits 30 Jahre zuvor kam es in Österreich zur sogenannten Schamhaar-Revolte. Ohne der Phantasie ihren zügellosen Auslauf nehmen zu wollen, sei verraten, dass es sich um einen Begriff aus der Dialektforschung handelt. 1911 wurde in Wien die »Kommission zur Schaffung des Bayrisch-Österreichischen Wörterbuches und zur Erforschung unserer Mundarten« gegründet. Sie begann sofort damit, den Dialektwortschatz vor allem in ländlichen Regionen zu sammeln. Die als Exploratoren verpflichteten ehrenamtlichen Mitarbeiter – Dorflehrer, Dorfpfarrer und Heimatkundler – bekamen zu diesem Zweck Listen mit Worten, für die sie die gängigen Dialektbegriffe ausfindig machen und katalogisieren sollten. Alles klappte reibungslos, bis die Kommission Mitte der Dreißigerjahre plötzlich auch die Dialektbegriffe für die Geschlechtsorgane und das Schamhaar gesammelt wissen wollte. Da drohten etliche der Exploratoren »aus moralisch-religiösen Gründen« damit, ihre ehrenamtliche Tätigkeit sofort niederzulegen. Dieser Protest wird unter Sprachwissenschaftlern bis heute als Schamhaar-Revolte bezeichnet. Womit der Bildungsauftrag des ORF auch in diesem Buch erfüllt wäre.

Am unteren Ende des Körpers finden sich bekanntlich jene Extremitäten, von denen bei mangelhafter Belüftung olfaktorische Belastungen ausgehen können. Fußluft allein wird da aber keine Abhilfe schaffen. Dabei geht es nämlich um die Trennwände von WC-Kabinen. Stehen diese Wände nicht ganz am Boden, sondern auf Füßen, um dadurch einen vor allem für Reinigungszwecke praktischen Abstand zu schaffen, spricht der Fachmann von Trennwänden mit Fußluft.

Zu erraten, worum es sich bei einem Fußpferd handelt, ist erfahrenen Seglern oder Seebären vorbehalten. Dazu bedarf es nämlich des Wissens, dass ein Tau, das unter den segeltragenden Rahen befestigt ist, um Arbeiten in und an der Takelage zu ermöglichen, im Fachjargon als Pferd oder Peerd bezeichnet wird. Jenes, auf dem der Matrose steht, ist das Fußpferd.

Ärger als auf einem Kindergeburtstag: die in die Annalen der Sendung eingegangene »Wasserschlacht« zwischen Oliver und dem Rateteam

Erwähnenswert ist dieser wenig spektakuläre Fachbegriff nur deshalb, weil er in der Geschichte von »Was gibt es Neues?« die einzige Frage war, die erst in der darauffolgenden Sendung beantwortet wurde. Die Fragerunde uferte nämlich versehentlich in die schon fast legendäre fröhlich-chaotische Wasserschlacht zwischen Oliver und dem Rate-team aus, die eine vorzeitige Beendigung der Sendung zur Folge hatte.

Von Physikern und Ärzten heißt es wohl nicht ganz zu Unrecht, dass sie einen ziemlich speziellen Humor haben. In Niederbayern werden beispielsweise unerfahrene Gynäkologen von der Kollegenschaft spöttisch als Lochgucker betitelt. Dabei handelt es sich dabei doch eigentlich um besonders fährtenkundige Jagdhunde, die als Erste beim Kaninchenloch sind. Ein noch in Ausbildung befindlicher Frau-enarzt wird in Niederbayern übrigens von der kindisch kichernden Kollegenschaft als Lippen-Stift bezeichnet.

Wie ist es Krankenschwesternschulen in Thailand gelungen, die Prüfungs-ergebnisse um 30 % zu verbessern?

Die einfachste Methode wäre gewiss gewesen, 30 % der Fragen vorher bekanntzugeben. Die richtige Lösung zeugt allerdings von weit ausge-fuchsterer Kreativität. Die Schule erarbeitete eine auf das Wesentli-che verkürzte Version des 900-Seiten-Skripts für Kardiologie, ver-tonte es und veröffentlichte das Ergebnis auf fünf Karaoke-CDs zum Mitsingen. Als besondere Hits unter den angehenden Kranken-schwestern entpuppten sich die Songs über Herz-Chirurgie und Herz-infarkt. Aufgrund des Erfolgs dieser Aktion sollen nun auch noch wei-tere medizinische Fachbereiche zu Karaoke-Hits aufbereitet werden. Gut zu wissen, falls einem einmal eine thailändische Krankenschwes-ter die Diagnose vorsingt.

Welches Problem mit Tieren hat die Orthopädische Klinik in Glendale im US-Bundesstaat Wisconsin?

Es sind ja eigentlich nur ein paar harmlose Vögel, die sich im Spitals-areal besonders wohlzufühlen scheinen. Trotzdem ist die Kliniklei-tung um den guten Ruf ihrer Institution besorgt, da die Vögel bei manchen Patienten für großes Unbehagen sorgen. Es handelt sich nämlich um Truthahn-Geier – und ihr Lieblingsplatz ist ausgerechnet das Fensterbrett vor dem Vorbereitungsraum für Operationen.

Wer sein Gewicht reduzieren will, greift gelegentlich zu Appetitzüglern. Doch auch wenn das Essen noch so ein Vergnügen darstellt, dürfen diese Medikamente keinesfalls mit Vergnügungszüglern verwechselt werden. Denn so wurden Ende des 19. Jahrhunderts jene Menschen genannt, die aus purem Vergnügen mit dem Zug fuhren. Vor allem die neu errichtete Südbahnstrecke über den Semmering lockte zahllose Vergnügungszügler an. Carl Michael Ziehrer komponierte für diesen Menschenschlag sogar eine eigene »Vergnügungszügler-Polka«.

Medikamente der hierzulande verbotenen Sorte vermutete Michael Niavarani in der Hurratüte. Weit gefehlt. Handelte es sich ursprünglich um die etwas tütenförmigen und Tschakos genannten Mützen der preußischen Armee, die bei Paraden in Friedenszeiten getragen und beim »Hurra«-Rufen in die Luft geworfen wurden, setzte sich die Bezeichnung im Lauf der Zeit als Überbegriff für viele militärische Kopfbedeckungen durch.

Tatsächlich um einen Begriff aus dem Bereich Medizin handelt es sich beim 5-Zentimeter-Kotzen. Nicht selten befällt schwangere Frauen kurz vor der Geburt ihres ersten Kindes das Gefühl, sich gleich übergeben zu müssen. Diese Übelkeit wird durch die Wehen hervorgerufen, die einen bestimmten Nerv in den Eingeweiden reizen. Der merkwürdige Name dieses Brechreizes rührt daher, dass er in einer Phase des Geburtsvorgangs auftritt, in dem sich der Muttermund mindestens fünf Zentimeter weit geöffnet hat.

Eher unangenehme medizinische Assoziationen könnte auch der Begriff Tascheneinlauf auslösen. Dabei handelt es sich doch nur um einen Begriff aus dem Billardsport. Da die sechs Löcher eines Billardtisches Taschen heißen, werden die abgeschrägten oder abgerundeten Eingänge zu diesen Taschen als Tascheneinläufe bezeichnet.

Ein Blutwechsel ist auch keine Transfusion, sondern ein Spielertausch beim Rugby. Wird ein Spieler verletzt und blutet, darf die Mannschaft vorübergehend einen Ersatzspieler aufs Feld schicken, bis die Blutung gestillt ist.

Einen Blutläufer findet man hingegen tatsächlich in Krankenhäusern. Das sind interne Expressboten, die alle spitalsinternen Abkürzungen in- und auswendig kennen, um dringend benötigte Medikamente, Organspenden oder eben auch Blutkonserven so schnell wie möglich an ihren Einsatzort bringen zu können.

Nach einer schmerzhaften Organquetschung klingt der Begriff Pressniere. Doch keine Sorge, es ist nichts weiter als die nierenförmige Öffnung handelsüblicher Salzstreuer. In deren Gebrauchsanweisung heißt es: »Zum Öffnen Pressniere mit stumpfem Gerät (z. B. Teelöffelstiel) eindrücken.«

Wenn die Niere beschließt, zur Wanderniere zu werden, lässt sie sich von der Milz fürs Picknick ein paar Mitnehmrippen einpacken: Spareribs to go. Dass diese Geschichte nicht stimmt, wissen nicht nur Mediziner, sondern auch Waschmaschinenhersteller. Mitnehmrippen sind nämlich die erhabenen Querstreben in den Waschtrommeln, die die Wäsche bei jeder Umdrehung mitnehmen. »Ich glaube, meine Waschmaschine hat eine Mitnehmrippenfellentzündung« wäre ein schöner Satz, um den Installateur beim nächsten Waschmaschinendefekt zu verwirren.

Womöglich hat sich aber nur ein Wollsocken verfangen und hindert die Trommel am reibungslosen Rotieren. Der adäquate Konter des Installateurs müsste dann lauten: »Nein, ihre Waschmaschine leidet an einer Weichteilhemmung.« So nennt ein Mediziner nämlich die durch Fett- oder Muskelgewebe bedingte natürliche Bewegungseinschränkung von Gelenken. Bodybuilder kennen das Problem von ihren Kniegelenken: Deren Beweglichkeit wird fallweise massiv von den vergrößerten Ober- und den Unterschenkelmuskeln eingeschränkt. Je nach Art des Gelenks unterscheidet der Mediziner nämlich zwischen Knochenhemmung, Bandhemmung und Muskelhemmung.

Keinerlei Hemmungen kennt der Österreicher-Muskel, der nicht mit dem typisch österreichischen Gösser-Muskel verwechselt werden darf. Der von Medizinern tatsächlich so genannte Österreicher-Muskel besteht aus drei nebeneinanderliegenden Muskeln im Hüftbereich: Es handelt sich dabei um den oberen und den unteren Zwillingsmuskel und den dazwischenliegenden inneren Hüftlochmuskel. Dadurch, dass von Letzterem nur die eher sehnige Seite sichtbar ist, entsteht die hierzulande staatstragend vorbelastete Farbenfolge rot-weiß-rot.

Kein Wiener Wappen findet sich allerdings auf jenem Gen, dem Wissenschaftler den inoffiziellen Beinamen Wiener Gen gegeben haben. In Wahrheit hat das Gen überhaupt nichts mit Wien zu tun. Um den Grund für die Benennung nachvollziehen zu können, gilt es, vorab zwei Dinge zu wissen: 1) Frankfurter heißen auf Englisch »Wiener Sausages«. 2) Dackel werden wegen ihrer Ähnlichkeit mit etwas groß geratenen Frankfurtern umgangssprachlich auch »Wiener Dogs« genannt. Kombiniere: Deshalb bekam jenes Gen, das für die kurzen Beine bei Dackeln verantwortlich ist, den Spitznamen Wiener Gen.

Das Wiener Geflecht hat indes nichts mit Nerven oder Muskelgewebe am Hut. So wird von Möbelspezialisten das Bastgeflecht für die Sitzflächen jenes 1859 von Michael Thonet entwickelten Kaffeehausstuhls bezeichnet, der als Thonet-Sessel in die Möbelgeschichte einging und von dem bereits über 50 Millionen Stück verkauft wurden.

Es gibt nur wenige Länder auf unserer Erde, nach denen noch nicht irgendwann eine Krankheit benannt worden wäre. Interessanterweise handelt es sich dabei in den meisten Fällen um Tripper oder Syphilis. Geschlechtskrankheiten nach einem Land zu benennen, zu dem gerade ein besonders unfreundliches bilaterales Verhältnis gepflegt wird, zählt offenbar zur globalen Folklore. Anders verhält es sich im

Fall der von den Briten als German Disease bezeichneten Krankheit.
Dabei handelt es sich um eine inoffizielle Bezeichnung für niedrigen
Blutdruck. Als Deutsche Krankheit wurde sie deshalb etwas spöttisch
bezeichnet, da Hypotonie nur unter deutschen Medizinern als Krankheit galt.

Um dieses medizinische Kapitel zu einem würdigen Abschluss zu bringen, gilt es, nun begrifflich den Weg alles Irdischen zu gehen. Bei
einem Leichenspitz handelt es sich nicht etwa um einen Schwips beim
Leichenschmaus, sondern um einen Fachbegriff aus dem Taxlerjargon. In den 1930er-Jahren gab es in Wien Taxis, die nur tagsüber fahren durften, und andere, die nur in der Nacht im Einsatz sein durften.
Die mit der Nachtkonzession waren mit einem schwarz umrahmten
weißen Blechquadrat neben der Nummerntafel gekennzeichnet. Von
den Taxlern wurden diese kleinen Schilder wegen ihres Aussehens
scherzhaft Partezettel genannt. Die Tages-Taxis hatten hingegen ein
schwarz umrahmtes Dreieck, das in Anlehnung an den Partezettel als
Leichenspitz bezeichnet wurde*.

Erstaunlicherweise etwas ganz anderes ist der Witwenspitz. Hierbei
handelt es sich um eine erblich bedingte markante Form des Haaran-
satzes im Stirnbereich. Kennzeichnend sind besonders ausgeprägte
Geheimratsecken und ein Spitz in der Mitte der Stirn. Die Bezeichnung Witwenspitz geht zurück auf die Form einer traditionellen
Witwenhaube. Eine fatale Vertauschung von Ursache und Wirkung
hat zu dem Aberglauben geführt, dass Frauen mit einem derartigen
Haaransatz ihre Ehemänner überleben.

---

* Es gab auch 24-Stunden-Konzessionen. Diese hatten als Symbol einen schwarzen
Kreis und wurden im Taxlerjargon als »Fettauge« bezeichnet.

Alles Gute kommt von oben
Glaube, Gräber, Gotteshäuser

Warum wurde 1847 in der finnischen 800-Seelen-Gemeinde Kerismäki eine Kirche mit 3.000 Sitzplätzen gebaut?

Kurz gesagt: aus Versehen. Ein in Amerika zu Reichtum gekommener Auswanderer dieser finnischen Gemeinde hat die Kirche seinem Heimatdorf gestiftet. Er war aber nicht größenwahnsinnig, sondern hatte seinen Entwurf für die Kirche mit Größenangaben in englischen Fuß beschriftet. Der beauftragte Architekt war es jedoch gewohnt, in Metern zu rechnen, und baute die Kirche demzufolge dreimal so groß, wie vom edlen Spender vorgesehen.

Warum legte der Vatikan 1971 offiziell Protest gegen »Die Sendung mit der Maus« ein?

1971 war von einem 24-Stunden-Fernsehprogramm noch lange nicht die Rede. Am Vormittag drei Stunden und ab dem späten Nachmittag dann durchgehend bis gegen Mitternacht. Der Rest der Zeit war Sendepause. Umso mehr wurmte es den Vatikan, dass die populäre »Sendung mit der Maus« ausgerechnet immer dann über die Bildschirme lief, wenn die katholischen Schäfchen doch eigentlich in den Gotteshäusern sitzen sollten: am Sonntag um 11:30 Uhr. Statt ihr eigenes Programm konkurrenzfähiger zu machen, legte die Kirche kurzerhand offiziellen Protest ein.

Warum tragen manche griechisch-orthodoxe Kirchgänger eine Trillerpfeife bei sich, wenn sie die heilige Messe besuchen?

Das Hauptverbreitungsgebiet der griechisch-orthodoxen Kirche ist logischerweise Griechenland. Da Griechenland aber gleichzeitig auch das am stärksten von Erdbeben betroffene Land Europas ist, hat die dortige Kirche eine Broschüre für den Erdbeben-Notfall herausgebracht. Bei allem Gottvertrauen empfiehlt sie den Gläubigen sehr weltliche Vorsorgemaßnahmen: Beim Kirchgang solle man vorsichtshalber immer eine Taschenlampe, ein Taschenradio, eine Flasche Wasser und auch eine Trillerpfeife dabeihaben, um auf sich aufmerksam machen zu können, falls man verschüttet wird. Weiters rät die Broschüre übrigens dazu, im Falle eines Erdbebens in der Kirche ganz besonders »auf herabfallende Kerzenhalter zu achten«. Merke: Alles Gute kommt von oben.

Während verantwortungsvolle Griechen also mit Taschenlampe und Trillerpfeife zum Gottesdienst pilgern, bedarf es in einem Dorf in der mexikanischen Provinz Chiapas eines anderen Requisits für den ordnungsgemäßen Kirchgang: Warum bringen die Bewohner des mexikanischen Dorfs Chamula Coca-Cola-Flaschen mit zum Gottesdienst?
Der Glaube der Einwohner Chamulas beinhaltet sowohl die Anbetung christlicher Heiliger als auch traditionelle Bräuche, die auf die Kultur der Maya zurückzuführen sind. Bei der Durchführung eines speziellen Heilungsrituals zur Austreibung ungesunder, böser Geister hat sich Coca Cola bestens bewährt. Mit jedem Rülpser entweicht nämlich das Böse. Je länger und lauter, umso besser.

Wer sich vor dem Kirchgang drücken will, könnte sich den folgenden Begriff als Ausrede vormerken: Sonntagslähmung. Ärzte bezeichnen damit etwas lapidar Lähmungserscheinungen, die durch eine bewegungslose, einseitige Schlafhaltung ausgelöst werden, zu der es am häufigsten im Zustand stärkerer Alkoholisierung kommt. Da der Alkoholkonsum am Samstag traditionellerweise am höchsten ist, kommen an Sonntagen die meisten Patienten mit solchen Lähmungserscheinungen in die Ambulanzen. Die Symptome treten auch oft bei Obdachlosen auf, die auf sehr harten Unterlagen nächtigen. Daher wird die Sonntagslähmung gelegentlich auch als Parkbanklähmung bezeichnet.

Unter welcher Bedingung durfte 1869 in Belfast ein gemeinsamer Friedhof für Katholiken und Protestanten eröffnet werden?
Der Bischof bestand auf den Bau einer unterirdischen Mauer, um die toten Katholiken und Protestanten voneinander zu trennen. Diese

Mauer wurde tatsächlich gebaut: Sie misst stattliche 2,70 Meter und steht bis heute – unter der Erde. Die Gefahr, dass ein Verstorbener in den benachbarten Bereich flieht, ist somit gebannt.

Man hört ja immer wieder von gewissenlosen Friedhofflüchtlingen. Diese zählen in Wahrheit zu den von Botanikern als Gartenflüchtlinge bezeichneten Pflanzenarten, die sich in einem Gebiet ausbreiten, in dem sie eigentlich gar nichts verloren haben. Zumeist passiert das dadurch, dass exotische Pflanzen in Gärten angepflanzt werden. Besondere Grabschmuck-Pflanzenarten, deren Samen der Flug über die Friedhofsmauer gelingt, bezeichnet der Fachmann dementsprechend als Friedhofflüchtling.

Hat der Pflanzenfänger die Ausreißer wieder eingefangen, bringt er sie mit der Friedhofsbahn zurück. Falsch. Das wäre etwas zu simpel. Aus diesem Grund scheidet auch die Straßenbahnlinie 71, die zum Wiener Zentralfriedhof fährt, als Antwort aus. Die wird im Volksmund höchstens Gießkannen-Express genannt, da dereinst viele Menschen mit ihren Gießkannen zum Friedhof fuhren, um die Gräber ihrer Angehörigen zu pflegen. Die Friedhofsbahn ist ein Begriff aus der Raumfahrt: So wird jene Erdumlaufbahn bezeichnet, auf die ausgediente Satelliten manövriert werden, um dort bis in alle Ewigkeit gefahrlos ihre Runden zu drehen.

Es sei denn, auf der Friedhofsbahn bildet sich Glatteis. Dann kann es den einen oder anderen ausrangierten Satelliten schon mal aus der Grabkurve tragen. Originell, aber falsch. Die Grabkurve ist gewissermaßen eine Erreichbarkeitsstudie von Schaufelbaggern. Sie beschreibt die Größe und Form jener Kurve durch das Bodenreich, die der Bagger mit unterschiedlichen Auslegern oder Schaufeltypen auszuheben imstande ist.

Warum hängen auf einem Friedhof in Laupheim bei Tübingen Schnüre von den Bäumen?
Auf diesem Friedhof gab es früher regelrechte Kräheninvasionen. Um die lästigen Vögel von den Gräbern fernzuhalten, wurden daher in den Bäumen Raubvogelattrappen installiert, die mit ihren Flügeln

flatterten, wenn eigens zu diesem Zweck engagierte Pensionisten an den Schnüren zogen.

Wieso werden im unterfränkischen Münnerstadt leere Särge beerdigt?

In Münnerstadt gibt es den weltweit einzigen Lehrfriedhof! Er ist Teil des dortigen Bundesausbildungszentrums der Bestatter. Und die Lehrlinge für den erst 2003 vom Gesetzgeber geschaffenen Beruf Bestattungsfachkraft üben dort freundlicherweise mit leeren Särgen.

Weshalb trug der Sarg des 2010 verstorbenen Australiers David Warren die Aufschrift »Do not open!« (»Nicht öffnen!«)?

Die wichtigste Erfindung des Luftfahrttechnikers David Warren war der Flugschreiber: die berühmte Black Box. Die ist originellerweise immer leuchtend rot oder orange, damit sie nach einem Flugzeugabsturz leichter gefunden werden kann. Ihren irreführenden Namen hat sie vermutlich deshalb, weil sie so hermetisch verschlossen ist, dass nur sehr selten Tageslicht hineinscheint. Schließlich steht ja auch auf jedem Flugschreiber in unübersehbaren Lettern: »Do not open!« Der Schriftzug auf Warrens Sarg sollte somit an dessen wichtigste Erfindung erinnern.

Was verband die 19 Gründungsmitglieder des in den 1930er-Jahren gegründeten Clubs »Half Way to Hell« (»Auf halbem Weg in die Hölle«)?

In den 1930er-Jahren wurde in San Francisco die berühmte Golden Gate Bridge gebaut. Zur Sicherheit der Bauarbeiter wurde damals unter der Brücke ein Netz gespannt. 19 während der Bauarbeiten abgestürzte Arbeiter verdankten diesem Netz ihr Leben. Nach der feierlichen Eröffnung der Brücke gründeten sie den Club »Half Way to Hell«.

Was ist das Besondere am Dach der Martin-Luther-Kirche in Poppberg in Bayern?

Die Martin-Luther-Kirche in Poppberg steht genau auf der europäischen Wasserscheide. Das heißt, wenn es regnet, fließt das Wasser, das auf der südlichen Kirchendachhälfte landet, über die Donau ins Schwarze Meer, die nördliche Dachhälfte entwässert hingegen über den Rhein in die Nordsee.

Warum heißt der Turm der St.-Josefs-Kirche in Groningen auch Trunkenboldturm?

Hat er eine so eng gewundene Wendeltreppe, dass jeder, der hinauf- und hinabsteigt, danach eine Weile herumtorkelt? Steht er womöglich über dem städtischen Weinkeller? War der berühmteste Türmer ein stadtbekannter Säufer? Nichts von alledem. Der Turm hat eine Besonderheit: Er ist sechseckig. Und auf allen sechs Seiten gibt es eine Uhr. Das heißt, unabhängig davon, von wo aus man auf den Turm schaut, man sieht immer zwei Uhren – also doppelt. Ganz so, als ob man ein Trunkenbold wäre.

Warum wurden 1551 am Südturm des Stephansturms acht Hirschgeweihe angebracht?

So erstaunlich es auch klingen mag: Sie sollten als Blitzableiter dienen. Blitz und Donner konnte sich damals niemand wirklich erklären. Weitverbreitet war aber der interessante Aberglaube, dass noch nie ein Hirsch vom Blitz getroffen worden sei. Absolut folgerichtig wurde deshalb sein Geweih für ein idealer Schutz vor Blitzen gehalten. Daher wurden Mitte des 16. Jahrhunderts am Turm des Stephansdomes acht Hirschgeweihe als Blitzableiter angebracht. Erst auf Befehl von Kaiser Franz I. kam Anfang des 19. Jahrhunderts – also über 250 Jahre später – ein echter Blitzableiter dazu. Karl Kraus kommentierte das 100 Jahre später so: »Ein Blitzableiter auf einem Kirchturm ist das denkbar stärkste Misstrauensvotum gegen den lieben Gott.«

Was ist ein Doppelter Mariazeller?

Es handelt sich hierbei um einen Fachterminus aus dem Klettersport. Was macht ein Wallfahrer in Mariazell vorm Altar? Einen einbeinigen Kniefall. Das wäre also der einfache Mariazeller. Von einem Doppelten Mariazeller spricht der Fachmann dann, wenn ein Kletterer sich gleichzeitig mit beiden Knien abstützt.

Warum bekommen Besucher einer Schweizer Kirche kleine Spiegel ausgehändigt?

Die von außen eher unspektakuläre kleine Kirche ist für ihre bemalte Holzdecke aus dem 12. Jahrhundert berühmt: ein Kunstwerk der

Hochromantik. Um sich beim ausführlichen Betrachten der Decke keine Genickstarre zu holen, gibt es für alle Besucher kleine Handspiegel.

Warum steht in der Liverpool Cathedral eine Telefonzelle?

Es handelt sich dabei um eine der klassischen, in leuchtendem Rot gehaltenen britischen Telefonzellen. Sie steht dort etwas versteckt in einer Nische. Mit dem Tipp, dass sie nicht ans Telefonnetz angeschlossen ist, kommen wir des Rätsels Lösung schon ein gutes Stück näher. Vielleicht wird sie ja als Beichtstuhl genutzt? Oder als Besenkammer? Schuld an der Telefonzelle ist Giles Gilbert Scott, der Architekt dieser Kathedrale. Er hat in der ersten Hälfte des 20. Jahrhunderts nicht nur Kirchen gebaut, sondern u. a. auch die Bibliothek der Universität in Cambridge und das markante Battersea-Kraftwerk in London, das zu den größten Ziegelbauwerken der Welt zählt. Außerdem hat Scott als Sieger eines Design-Wettbewerbs der britischen Postbehörde 1924 die berühmten roten Telefonzellen entworfen. Ihm zu Ehren steht so eine Telefonzelle in der von ihm gebauten Kathedrale in Liverpool.

Eine Telefonkapelle ist allerdings etwas ganz anderes. Musik-Bands, Orchester oder Kapellen haben in der Regel fixes Personal. Es gibt aber auch Ensembles, die nicht immer in der gleichen Besetzung aufspielen. Je nachdem, ob eine Tanzcombo, ein Trompeten-Trio oder ein Schrammel-Quartett gebucht wird, werden die nötigen Musiker aus einem großen Pool vielseitiger Instrumentalisten für einen Abend zusammengespannt. Und weil das üblicherweise telefonisch organisiert wird, heißen solche Bands Telefonkapellen.

Warum heißt eine Kapelle in Madeira Beach an der Westküste Floridas auch Chicken Church?

Susanne Pöchackers Idee war originell, aber falsch: »Das ist die einzige Kirche in den USA, in der man rauchen darf. Deshalb heißt sie Tschicken-Church.« Die richtige Antwort ist aber nicht minder erheiternd. Offiziell heißt die Kirche ja eigentlich Church by the Sea. Sie ist ein architektonisch und historisch wenig spektakulärer Sakralbau aus den 1940er-Jahren. Zu einer regelrechten Touristenattraktion geworden ist sie aber dadurch, dass sie aus einem bestimmten Winkel betrachtet zufällig so aussieht wie ein Huhn.

Warum steht auf der Passhöhe Kalser-Tauern ein Kreuz mit zwei Jesusfiguren darauf?

Es steht genau auf der Grenze zwischen Salzburg und Osttirol. Ein Gekreuzigter schaut nach Salzburg, der andere nach Osttirol. Damit sich kein Bundesland benachteiligt fühlt.

Ein Kreuzleger ist weder ein Kruzifix-Schnitzer noch ein Judo-Wurf. So wird jene Maschine genannt, die beim Stapeln von Zeitungen oder Broschüren in der Druckerei dafür sorgt, dass der Stapel alle fünf oder zehn Exemplare um 180° gedreht wird. Wenn nämlich der dickere Bug bei allen Zeitungen auf derselben Seite wäre, würde der Stapel auf die Dauer reichlich schief werden.

Wer sich von der Antwort auf die Frage, worum es sich bei einer Mönch-Nonnen-Deckung handelt, eine unanständige Antwort erhofft, sollte sich trotz der Tatsache, dass Mönche und Nonnen zu Tausenden innig ineinander verkeilt auf den Dächern herumliegen, auf eine Enttäuschung gefasst machen. Mönch und Nonne sind nämlich unterschiedlich große Dachziegel in Form längs halbierter Hohlzylinder, die an einer Seite konisch zulaufen. Bei der Mönch-Nonnen-Deckung liegen diese Ziegel abwechselnd nach oben (Mönch) und nach unten (Nonne). Es handelt sich hierbei um eine historische Dachdeckmethode aus dem Mittelmeerraum, die besonders bei Klöstern zum Einsatz kam. Diesem Umstand verdanken die Ziegel auch ihre Namen.

Warum wurden in Klöstern früher gelegentlich Schweine in die Brunnen geworfen?

Katholische Mönche waren ja schon immer recht phantasievoll, wenn es um die Umgehung allzu strenger Gebote ging. In der Fastenzeit hatten sie es besonders schwer. Da durften ja nur Fische, Krebse, Muscheln und andere Wassertiere aufgetischt werden. In manchen besonders kreativen Klöstern wurde es daher Sitte, Schweine unauffällig in die Brunnen zu werfen, sie wenig später wieder herauszuangeln, zu wundersamen Wassertieren zu erklären und die Güte des Herrn lobpreisend genüsslich zu verspeisen.

Wodurch unterscheiden sich die Bankomaten im Vatikan von allen anderen auf der Erde?

»Inserite scidulam quaeso.« Auf Deutsch: »Bitte Karte einführen.« Und damit wäre die Frage auch schon beantwortet. Die vatikanischen Bankomaten sind die einzigen, deren Hauptmenü-Sprache Latein ist.

Der Begriff Vatikanlösung ist erstaunlicherweise eine österreichische Erfindung. Er wurde Mitte der 1980er-Jahre von keinem Geringeren als dem damaligen Wiener Bürgermeister Helmut Zilk geprägt. Wir erinnern uns: Niederösterreich war auf der Suche nach einer eigenen Landeshauptstadt. Helmut Zilk bot dem Landeshauptmann von Niederösterreich Siegfried Ludwig damals an, jenen Komplex in der Wiener Herrengasse, in dem der Niederösterreichische Landtag untergebracht war, zu niederösterreichischem Gebiet zu erklären. Da ihn eine derartige Enklave in Wien an die Situation des Vatikanstaats in Rom erinnerte, taufte er diese bald wieder verworfene Variante Vatikanlösung.

Was wird unter der Bezeichnung Telefon-Engel verkauft?

Gräber und Friedhöfe sind in diesem Kapitel ja bereits ausführlich thematisiert worden. In diesem Umfeld ist auch der Telefon-Engel zu Hause. Es handelt sich um eine beim Grab zu installierende Vorrichtung, mit der Hinterbliebene jederzeit mit ihren verstorbenen Freunden oder Angehörigen kommunizieren können. Zumindest können sie so tun als ob.

Das Gerät besteht aus einem Gehäuse, in dem sich ein Handy mit Lautsprecher und Stromversorgung befindet. Dieses Kästchen wird mit dem Sarg beerdigt. Ruft der Hinterbliebene die Nummer an, nimmt das Handy selbsttätig nach kurzem Klingeln das Gespräch entgegen und – so heißt es in der Werbung – »die eigene Stimme ist jetzt untererdig in der Grabstelle zu hören«. Antworten sollte sich der Anrufer aber eher keine erwarten. Unterirdisch ist auch der Handy-Tarif für den Telefon-Engel: 1.500 Euro für 12 Monate.

Kampfstuhl mit Spätblähung
Geschichten vom stillen Örtchen

»Der Schaß ist der beste Komödiant«, pflegt Michael Niavarani gern zu sagen. Dass menschliche Körpersäfte und -geräusche ein enges Naheverhältnis zum Humor pflegen, beweisen uns nicht nur seit Jahren unzählige Kinokomödien vornehmlich amerikanischer Provenienz, sondern auch der Stimmungspegel bei den »Was gibt es Neues?«-Aufzeichnungen. Kaum zeichnet es sich ab, dass es um Ausscheidungen und Aborte gehen könnte, steigt die etwas peinlich berührte Bereitschaft zu befreiendem Amusement ins Unermessliche. Freilich gilt das auch und in ganz besonderem Maß für die im Kapitel »Mit Auftrittsrohr am Fummelplatz« gebündelten Fragen. Hier soll es aber vorläufig um völlig harmlose Klo- und Kot-Fragen gehen.

Was wurde im 18. und 19. Jahrhundert als Scheißtag bezeichnet?
Es war ein Tag der institutionalisierten Ausbeutung, der von Arbeitnehmern und -gebern gleichermaßen als Scheißtag bezeichnet wurde. Zumeist war es der 29. Dezember, an dem die Mägde und Knechte in Süddeutschland und in Österreich ohne Bezahlung jene Pausen aufarbeiten mussten, die sie sich im Lauf des Jahres zur Verrichtung der Notdurft genommen hatten.

Nicht zu verwechseln mit der Topfzeit, bei der es sich um einen Fachbegriff in Marmeladerezepten handeln könnte. Richtig wäre indes, dass die Topfzeit jene Zeitspanne angibt, in der ein Klebstoff nach dem Mischen seiner Komponenten noch verwendbar ist, bevor er aushärtet und im Topf seiner Anrührung in den Zustand einer eher unentspannten Viskosität übergeht.

Da hilft dann auch kein Entspannungstopf mehr. Dabei handelt es sich nämlich um eine Sicherheitsvorrichtung bei Heizkesseln. Wenn das Wasser im Kessel unplanmäßig zu kochen beginnt, öffnet sich ein

Ventil und das Wasser gelangt in einen Abkühltopf mit einem Dampf-
auslassventil, das die Überdruckgefahr sofort entspannt.

Warum werden die Damentoilette-Anlagen beim Oktoberfest mit Netzen überspannt?

Auf den Damentoiletten kam es immer wieder deshalb zu Gedränge
und langen Schlangen, weil viele Damen die etwas lärmgeschützteren
stillen Örtchen für ihre Telefonate nutzten. Mit den aufgespannten
Kupfernetzen wird der Handy-Empfang gestört.

In den Toiletten des Straßenbahnmuseums in Stockholm hängen Dankschreiben. Warum und wofür?

Fairerweise sollte vielleicht klar-
gestellt werden, dass es sich nicht
um Briefe der Besucher ans Museum handelt. In diesen Dank-
schreiben bedanken sich vielmehr die Stockholmer Verkehrs-
betriebe bei den WC-Besuchern
dafür, dass sie mit ihren soeben
gespendeten Ausscheidungen zur
Herstellung von Biogas beigetra-
gen haben, mit dem die öffentlichen Busse in Stockholm ange-
trieben werden.

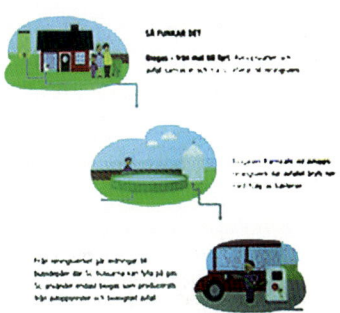

Wozu gibt es auf den Toiletten eines Flughafens in Taiwan Alarmknöpfe?

Die Gelegenheit ist gerade ganz

günstig, Oliver Baiers Standardhinweis zu wiederholen, dass es diese
Frage wohl kaum in die Sendung geschafft hätte, wenn die Antwort
nicht Außergewöhnliches enthüllen würde. Rettungs-, Polizei- und
Feuerwehr-Notruf fallen damit als Lösung aus. Zumal verraten werden
darf, dass nach Betätigung des beeindruckenden Alarm-Buzzers ein
Lied erklingt.

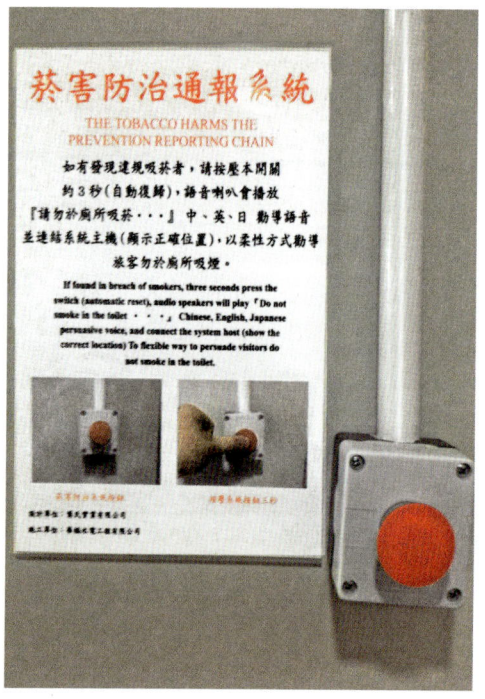

Auf dem gleich neben dem Knopf montierten Schild werden dem Toilettenbesucher in schönstem »Chinglish« Sinn und Zweck dieser Einrichtung erklärt. Es wird darum gebeten, den Knopf drei Sekunden lang gedrückt zu halten, sollte sich jemand widerrechtlich anschicken, in der Toilette eine Zigarette zu rauchen. Prompt ertönt dann in drei Sprachen und mit einer angeblich »überzeugenden Stimme« das Lied »Rauchen Sie bitte nicht auf der Toilette«. Außerdem weist die Stimme dem Raucher den Weg zu jenen Orten, an denen Rauchen im Flughafenbereich gestattet ist.

Bei einem Klosettschieber handelt es sich weder um einen auf Kloschüsseln spezialisierten Schwarzmarkthändler, noch um jenen Diener, der dem Fürsten bei Bedarf den Abort unters Gesäß zu stellen hatte. Die Lösung ist vergleichsweise unspektakulär. Bei Reißverschlüssen unterscheidet der Fachmann je nach Form und Gestaltung jenes Zipfels, den man hinauf- und hinunterschieben kann, zwischen

Einfachgriffschieber, Doppelgriffschieber, Langgriffschieber, Wendeschieber, Kugelstabschieber und Lochgriffschieber. Letztere werden tatsächlich auch Klosettschieber genannt, weil sie so aussehen wie kleine Klobrillen.

Leserinnen*, denen der Begriff Wurfstuhl unliebsames Kopfkino voll fliegender Trümmerl verursacht, sei empfohlen, rasch weiterzulesen. Es handelt sich nämlich schlicht um ein unverzichtbares Hilfsmittel für Rollstuhlfahrer, wenn sie Sportarten wie Kugelstoßen, Speer- oder Diskuswerfen ausüben möchten. Der ganz speziell konstruierte Wurfstuhl ist fest im Boden verankert, sodass er auch bei kräftigen Schleuderbewegungen des Oberkörpers nicht umfallen kann.

Da er bei Leichtathletik-Wettkämpfen zum Einsatz kommt, könnte er natürlich auch Kampfstuhl heißen. Dieser Begriff stammt allerdings aus dem Angelsport. Damit wird jener spezielle Sitz zumeist am Heck eines Bootes bezeichnet, auf dem ein Hochsee-Angler sicherheitshalber festgeschnallt wird, wenn er sich mit größeren Fischen anlegt.

Wer mit seinem eigenen Stuhl zu kämpfen hat, verlangt einen Verstopfungszuschlag oder er bittet um Stuhlassistenz. Beides falsch. Diese Fachvokabeln entstammen dem Seefrachtwesen und der Zahnmedizin. Wenn ein Hafen überlastet – also verstopft – ist, können Containerschiffe nicht planmäßig be- oder entladen werden. Speditionen erheben dann auf die Frachtkosten einen Verstopfungszuschlag, um die Kosten für die Verzögerung zu decken. Als Stuhlassistenz wird indes jener Teil der Tätigkeit einer Zahnarzthelferin bezeichnet, den sie direkt am Behandlungsstuhl als unmittelbare Assistentin beim Eingriff ausübt.

Auch Gewalthaufen ist so ein Begriff, der bei fäkal-fokussierten Ratefüchsen eher Assoziationen zu einer etwas verhärteten Kotkonsistenz aufkommen lässt. Es handelt sich dabei aber um einen Begriff aus dem Militärwesen. Im Mittelalter verwendeten manche Truppen Formationen, die eher unordentlichen Haufen ähnelten. Bei einer Schlacht wurden drei solcher Haufen gebildet: die Vorhut, die Nach-

---

* Etwas spät aber doch sei nachdrücklich darauf hingewiesen, dass alle in diesem Buch verwendeten personenbezogenen Bezeichnungen und Formulierungen als geschlechtsneutral zu verstehen sind. Alles andere würde die Erklärungen, die dem geistigen Auge ja ohnedies bereits recht komplexe Bildwechsel abverlangen, zusätzlich und unnötig verkomplizieren.

hut und dazwischen der besonders schlagkräftige sogenannte Gewalthaufen.

Das Gegenstück zu dieser forschen Kampfeinheit besteht aus einem kleinen Grüppchen besonders Furchtsamer, die sich als Angsthäuferl die ganze Schlacht über im Lager versteckten. Könnte durchaus richtig sein, ist aber natürlich falsch. Es ist ein Begriff aus dem Wiener Straßenbahnerjargon, der sich auf der Website der Wiener Linien findet. Bei einer Not- oder Schnellbremsung wird zur Verbesserung der Reibung Sand vor die Räder auf die Gleise geschüttet. Betätigt der Fahrer den Sandstreuhebel im Schreck noch weiter, nachdem die Garnitur bereits zum Stillstand gekommen ist, bilden sich kleine Sandhaufen, die etwas spöttisch als Angsthäuferl bezeichnet werden. Die Sandausscheidung hat einfach etwas zu lang gedauert.

Werden diese furchtsamen Straßenbahnfahrer aber deshalb gleich als Dauerausscheider bezeichnet? Keinesfalls. Das ist nämlich ein medizinischer Fachbegriff für Menschen, die nach völlig auskurierten Infektionen weiterhin Krankheitserreger ausscheiden.

Bei Kotschatzern müsste es sich eigentlich analog zu Brandschatzern um mittelalterliche Kriminelle handeln, die bei ihren Raubzügen die ausgeplünderten Häuser und Höfe nicht etwa kremieren, sondern exkremieren. Schöner Gedanke. Die Lösung ist leider viel harmloser: Es ist ein etwas veralteter Begriff aus der Landwirtschaft. Wenn Rübenbauern früher ihre Ernte zu Sammelstellen brachten, kam zuerst der Kotschatzer. Dessen Aufgabe war es, das Gewichtsverhältnis zwischen den Rüben und der noch an ihnen klebenden Erde möglichst fair zu schätzen. Dieser Wert war dann ausschlaggebend für den Kilopreis der Rübenladung.

Bei einer Spätblähung handelt es sich nicht um die nächtlichen Folgen einer Bohnensuppe, sondern um einen Käsefehler, der bei der Reifung von Schnittkäse oder Hartkäse passieren kann, wenn böse Buttersäurebakterien ihr übles Werk verrichten. Dann bläht sich der Käse nämlich auf unerwünschte Weise auf.

Warum hat der Taiwanese Eric Wang zwei Dutzend Klodeckel zugeklebt?
Eric Wang betreibt in Taiwan ein Restaurant und ist ein Freund ausgefallener Einrichtungsideen. In seinem Lokal Marton, von dem es inzwischen Filialen in ganz Ostasien gibt, sitzen die Gäste auf Toilettenschüsseln mit bunten Deckeln inmitten von Badezimmerdekor. Serviert werden die Speisen in Mini-Toilettenschüsseln. Am liebsten bräunliche Curry-Gerichte oder Schokoladeneis. Und damit ja niemand auf die Idee kommt, die Sitzgelegenheiten zu öffnen oder gar zu verwenden, hat sie Herr Wang vorsorglich zugeklebt.

Nicht verklebt, aber auch nur bedingt benutzbar ist eine Klomuschel in Köln: **Warum gibt es im Deutschen Zentrum für Luft- und Raumfahrt eine Toilette, deren Klodeckel abschließbar ist?**
In diesem Institut darf niemand unkontrolliert seinem Stoffwechsel nachgehen. Hier wird nämlich u. a. die optimale Ernährung für Astronauten erforscht. Zu diesem Zweck wird alles, was die Versuchspersonen zu sich nehmen und wieder ausscheiden, genauestens überwacht und protokolliert. Der Deckel wird daher nur bei angemeldetem Bedarf von einem Betreuer aufgesperrt.

Eine Toilette in außergewöhnlicher Lage gibt es in Wien: **Warum ist in einem Wiener Gebäude ein voll funktionstüchtiges WC in fünf Metern Höhe montiert?**
Im Rahmen der Forschungen an einer Höheren Technischen Bundeslehranstalt werden auch Kanalabflussrohre auf ihre Lärmentwicklung hin geprüft. Das WC ist also deshalb in fünf Metern Höhe montiert, um den Geräuschpegel bei Spülvorgängen leichter messen zu können.

Über welche Besonderheit verfügt das Toiletten-Modell mit dem Namen »Ten Plus«?
Dem Erfinder Jacques Robaey war Hygiene ganz besonders wichtig. Bei seiner Toilette »Ten Plus« handelt es sich um eine WC-Kabine mit Überwachungssensoren, deren Tür sich erst wieder öffnen lässt, wenn sich der Benützer mindestens zehn Sekunden lang die Hände gewaschen hat.

Worum handelt es sich bei einem Kloatmer?

Es kommt ja nicht allzu oft bei »Was gibt es Neues?« vor, dass ein rätselhafter Fachbegriff tatsächlich ohne besonders origenelles Um-die-Ecke-Denken wörtlich genommen werden darf. Beim Kloatmer geht es aber tatsächlich um eine Erfindung, die dazu dient, mithilfe eines Klos atmen zu können. Es handelt sich dabei im Prinzip nur um einen Schlauch, der im Fall eines Wohnungsbrands mit starker Rauchgasentwicklung und keiner Fluchtmöglichkeit in die Klomuschel gesteckt werden kann, um dann die vergleichsweise saubere Luft aus den Abwasserrohren einatmen zu können.

Auf der Suche nach der Bedeutung des Begriffs Erleichterungsloch ersparen wir uns die vom Rateteam natürlich nicht ausgelassenen Assoziationen zu erleichternden Funktionen diverser Körperöffnungen. Es sind nämlich in Wahrheit die vor allem beim Schiffs- und Flugzeugbau in Träger, Stege oder Platten geschnittenen runden oder ovalen Löcher, die dazu dienen, das Gesamtgewicht der Konstruktion zu reduzieren.

Um Gewichtsverlagerung könnte es auch beim Ausgleichsloch gehen. Richtig geraten. Es ist ein Begriff aus dem Bowling-Sport. Bowling-Kugeln haben ja drei Löcher für Daumen, Mittel- und Ringfinger. Manche haben aber noch ein zusätzliches viertes Loch, dessen Größe, Tiefe und Position das Gleichgewicht und somit den Lauf der Kugel ein wenig beeinflusst. Das nennt der Fachmann Ausgleichsloch.

Zum Abschluss dieses abortigen und etwas anrüchigen Kapitels sei noch eine historische Begebenheit erwähnt, die sich im Jahr 1864 in einer kleinen sächsischen Stadt zugetragen hat. Diese Stadt hatte ein Geruchsproblem: Sie stank zum Himmel. Doch sie hatte auch einen phantasievollen Bürgermeister. Wie versuchte der Bürgermeister einer kleinen Stadt in Sachsen anno 1864 anlässlich eines überraschenden Besuchs des Königs, des Gestanks in seiner Stadt Herr zu werden?

So einfallsreich dieser Bürgermeister auch war, so eng war sein Verwandtschaftsverhältnis zu den legendären Schildbürgern. Um den üblen Geruch zu bekämpfen, ließ er alle im Stadtgefängnis Inhaftierten aus ihren Zellen holen und an der Hauptstraße Spalier stehen. Sodann befahl er ihnen, den Gestank aufzuriechen, wobei sie die Nasenflügel recht weit rhythmisch zu öffnen und zu schließen hatten.

Zitronensaft und Seifenblasen

Verbrecher, Polizisten und Spione

Beginnen wir die kriminalistische Vokabelkunde mit dem Überfallsrecht. Gibt es womöglich irgendwo ein Gesetz, das es Menschen unter bestimmten Voraussetzungen gestattet, ein Geschäft zu überfallen? Natürlich nicht. Mehr als Mundraub ist nirgends erlaubt. Und damit sind wir zufällig bereits im engeren Umfeld der richtigen Antwort, geht es beim Überfallsrecht doch um die Möglichkeit, sich fremdes Fallobst anzueignen. Steht ein Baum nahe an der Grundstücksgrenze, gehören die Früchte an den überhängenden Ästen dem Nachbarn. Das besagt das in Österreich geltende Überhangsrecht. Nach dem Überfallsrecht hätte er auch noch Anspruch auf alle Früchte, die wegen starker Windböen oder extremer Hanglage auf sein Grundstück hinüberfallen oder -rollen.

Ein Dreiecksüberfall ist kein Beutezug über mehrere Stationen, sondern ein Wehr zur Fließregulierung von Bächen. Dieses auch als Thomson-Wehr bezeichnete Überfallwehr hat eine dreieckige Öffnung, um kontinuierlich Mengenmessungen durchführen zu können.

Um einen Einbruch in eine Parfümerie mit bestens organisiertem Verduften der Täter könnte es sich bei einem Duftbruch handeln. Doch das ist ebenso weit daneben wie Eva Marolds Vorschlag, dass es sich um den unangenehmen Moment handelt, wenn die Wirkung des Deos nachlässt. Erstaunlicherweise ist es ein Begriff aus der Forstwirtschaft. »Duft« leitet sich in diesem Fall vom mittelhochdeutschen Wort »tuft« für Raureif ab. So bezeichnet der Fachmann daher die Eisschicht, die unter bestimmten meteorologischen Voraussetzungen Zweige, Blätter oder Nadeln überziehen kann. Werden die Äste dadurch so schwer, dass sie abbrechen, spricht der Förster von einem Duftbruch.

Herrscht der Einbrecherbandenboss seine Kumpane mit den Worten »Schnell, alles einsacken« an, könnte das im Gaunerjargon Sackbefehl heißen. In Wahrheit ist es aber ein bei der Schweizer Armee gebräuchliches Fremdwort für die Standardausrüstung, die jeder Soldat obligatorisch immer dabeihaben muss. Also das, was laut Befehl im Sack sein muss.
Zum Sackbefehl gehören beispielsweise ein Taschenmesser, eine Schnur, Schreibzeug, ein Kompass, Verbandszeug und ein Notfallzettel mit allen wichtigen Telefonnummern.

Was versteht man in vielen englischsprachigen Ländern unter einem Sleeping Policeman?
Schlafende Polizisten wachen über die Einhaltung von Geschwindigkeitsbegrenzungen und sorgen für eine besonders vorsichtige Fahrweise. Bei uns heißen sie einfach Bodenschwellen.

Wie haben Biber in der Nähe der amerikanischen Stadt Greensburg der Polizei geholfen?
Die Nagetiere haben die Polizei bei der Sicherstellung der Beute eines Überfalls auf ein Spielcasino unterstützt. Die lieben Biber haben nämlich den vermeintlich sicher in einem Bach deponierten Sack mit 70.000 Dollar gefunden und die widerstandsfähigen Papierscheine zum Abdichten ihres Damms benutzt. Die Scheine waren völlig unversehrt, nur etwas nass. Zum ersten Mal sei die Polizei über eine groß angelegte Geldwäsche-Aktion sehr glücklich, ließ ein Sprecher der Behörde verlauten.

Wozu hat die Polizeistation der kleinen schwedischen Ortschaft Hagfors zwölf Garagen angemietet?
In Hagfors wird jedes Jahr im Februar der zentrale Servicepark für die Teilnehmer an der Schweden-Rallye eingerichtet. So wegweisend dieser Hinweis klingt, er hat mit der Antwort nichts zu tun. Bisweilen bereitet es Oliver Baier ja geradezu diebische Freude, das Rateteam völlig in die Irre zu führen. Im März 1986 wurden der Polizeistation von Hagfors durch einen Irrtum der Verwaltung nicht die bestellten 20 Pakete, sondern 20 Paletten Klopapier zugestellt. Da dem damali-

gen Polizeichef der administrative Aufwand für das Retournieren der Lieferung als zu umständlich erschien, wurden zwölf günstige Garagen als Lager organisiert. 20 Jahre später hatten es die Polizisten endlich geschafft, das Klopapier zu verputzen. »Es wäre nett«, meinte der aktuelle Polizeichef anlässlich der medial inszenierten Abwicklung der letzten Rolle, »wenn wir in Zukunft zweilagiges Papier verwenden dürften.«

Warum hat die Polizei von Bolton unlängst Tausende Fläschchen mit Seifenblasen gekauft?

In England gibt es seit einigen Jahren immer mehr Probleme mit alkoholisierten Pub-Besuchern, die nach der Sperrstunde zu rücksichtslosen Ruhestörern und Gewalttätern werden. Die Polizei von Bolton geht bei der Bekämpfung dieser Kriminalität innovative und erfreulich erfolgreiche neue Wege: Sie verteilt die Seifenblasen an betrunkene Party-, Pub- und Discobesucher, um sie spielerisch abzulenken und dadurch zu besänftigen.

Warum hatten die Londoner Bobbies Mitte des 20. Jahrhunderts Ratschen dabei?

Tatsächlich gehörten die Ratschen Anfang des 19. Jahrhunderts zur Grundausstattung der Bobbies, wurden aber dann bald von den deutlich handlicheren und auch akustisch auffälligeren Alarmpfeifen abgelöst. Da es in London im Verlauf des letzten Jahrhunderts immer öfter zu gefährlichen Smog-Wetterlagen kam, stieg die Gefahr, dass die Bobbies Atemschutzmasken aufsetzen mussten. Überdies hatten sie während des Zweiten Weltkriegs aus Angst vor Giftgasangriffen immer Gasmasken dabei. Da es sich nun aber weder mit Atemschutzmasken noch mit Gasmasken besonders gut pfeift, wurden vorübergehend die Ratschen reaktiviert.

Traditionellerweise sind Bobbies ja nur mit Schlagstöcken bewaffnet. Weltweit ist der Anteil der nicht mit Schusswaffen ausgestatteten Exekutivbeamten aber verschwindend gering. Eine Tatsache, die nichts mit dem Pistolenanteil zu tun hat. Mit diesem Fachbegriff bezeichnen nämlich mancherorts im deutschen Sprachraum Fleischer die besonders wertvollen Teilstücke eines tierischen Schlachtkörpers. Und zwar wegen ihrer Form: beim Schwein sind das Keule, Schinken und Lende, bei der Pute bilden Brust und Schenkel den Pistolenanteil.

Um eine ganz besonders legendäre Schusswaffe handelt es sich bekanntlich beim Westfälischen Totleger. Reingefallen! Das ist eine Hühnerrasse, deren erstaunlich hohe Eierlegeleistung die Vermutung aufkommen ließ, die Hühner »legten sich zu Tode«.

Wozu brauchte ein Bankräuber in Pittsburgh 1995 für seinen Überfall Zitronensaft?
Natürlich brauchte er den Zitronensaft, um ihn sich ins Gesicht zu reiben. Wozu sonst? Der etwas minderbemittelte Kleinkriminelle McArthur Wheeler war nämlich der festen Überzeugung, dass der Zitronensaft sein Gesicht für die Überwachungskameras unsichtbar machen würde. Davon war er laut eigener Aussage deshalb überzeugt, da sich Zitronensaft ja auch eigne, um unsichtbare Tinte herzustellen. Zu seiner großen Verwunderung konnte er noch am selben Tag mithilfe der Bilder aus den Überwachungskameras identifiziert und verhaftet werden. Wie sich im Laufe des Prozesses herausstellte, hatte er den vermeintlich genialen Trick mit dem Zitronensaft vorher ausprobiert. Es habe zwar höllisch in den Augen gebrannt, aber auf einem probeweise mit einer Sofortbild-Kamera angefertigten Selbstporträt sei er definitiv nicht zu sehen gewesen. Das Gericht kam zu der Auffassung, dass er die Kamera bei diesem Versuch wohl verkehrt herum gehalten habe.

Dumm gelaufen ist es auch für einen ungarischen Gauner: Was war das Außergewöhnliche an dem Diebstahl eines Kleinbusses in Budapest?
Das Außergewöhnlichste dürfte das Gesicht des Autodiebs gewesen sein, als er feststellen musste, was der Kleinbus geladen hatte. Der Fahrer des Busses hatte sein Fahrzeug nur kurz abgestellt, um etwas zu erledigen, und dabei den Schlüssel stecken lassen. Was der Gelegenheitsgauner, der diesen Vorgang beobachtet hatte und sich zunutze machen wollte, durch die dunkel getönten Scheiben nicht erkennen konnte, war, dass im Fond ein kompletter Einsatztrupp der Bereitschaftspolizei saß.

Wer sein Haus abfackelt, um eine hohe Abfindung zu kassieren, ist ein Versicherungsbetrüger. Falsch ist indes, dass ein derartiger Betrugsversuch von Juristen als Abfindungsbrand bezeichnet wird. So nennen sie vielmehr eine juristische Besonderheit, die es nur in Österreich gibt. Es geht um die Herstellung von Schnaps. Dafür gibt es zwei verschiedene Brennrechte: das Abfindungsbrennrecht und das Verschlussbrennrecht.

Bei einer Verschlussbrennanlage ist ein Alkoholmessgerät eingebaut, sodass die fällige Alkoholsteuer ganz genau berechnet werden kann. Eine einfache Abfindungsbrennanlage hat so ein Messgerät nicht, daher wird im Vorhinein eine Art Alkoholsteuer-Pauschale eingehoben, die von der Menge der Maische abhängt. Diese Variante wird vorrangig von Eigenbedarfs- und Privatbrennereien angewendet. Und der nach diesem Recht gebrannte Schnaps heißt deshalb Abfindungsbrand, weil der Finanzminister mit einer Pauschale abgefunden wird.

Nicht nur komplizierte Steuergesetze können gelegentlich einen gewissen Groll auf Finanzbeamte auslösen. Kein noch so großer Unmut vermag jedoch je eine Beamtenhängung zu rechtfertigen. Dabei handelt es sich nämlich um einen Begriff aus dem Museumswesen: Wenn Gemälde oder andere Kunstwerke bei Ausstellungen nicht im Sinne des Künstlers platziert oder aufgehängt werden, wird das spöttisch als Beamtenhängung bezeichnet. Ganz offensichtlich war keine kundige Fachkraft am Werk.

Eine ganz besondere juristische Spezialität ist das Jungfrauenrecht. Es galt in manchen Ländern noch bis ins 19. Jahrhundert und besagte, dass ein zum Tode verurteilter Verbrecher begnadigt werden konnte, wenn eine Jungfrau ihn zu ehelichen wünschte. Voraussetzung für die Begnadigung waren die sofortige Verlobung in Gegenwart eines Pfarrers und die Eheschließung binnen zwei Wochen. Der Gedanke dahinter war, dass ein Mensch wohl nicht völlig verdorben sein könne, wenn sich eine Jungfrau finde, die ihn heiraten möchte. Im Jahr 1725 gab es in Schwaben auch einen umgekehrten Fall: Ein Mann begehrte eine Kindsmörderin zur Frau und rettete sie mit der

Eheschließung vor dem Galgen. Ob es sich in diesem Fall um einen noch jungfräulichen Mann gehandelt hat, ist nicht überliefert.

Alles andere als jungfräulich ist jener berühmte Verbrechensbekämpfer, der dank seines Schöpfers Ian Fleming seit über 60 Jahren Schurken weltweit das Handwerk legt. Warum aber hat James Bond ausgerechnet die Nummer 007?

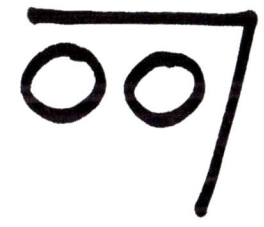

Schuld an der Dienstnummer war ein gewisser John Dee. Er war im 16. Jahrhundert ein Wissenschaftler im Dienst der britischen Krone und versorgte Queen Elizabeth I. vor allem während seiner langen investigativen Auslandsaufenthalte stets mit Informationen. In gewisser Weise war er der erste Geheimagent Ihrer Majestät. Zum Lesen verwendete Queen Elizabeth I. stets ein Lorgnon, eine Brille mit Haltegriff. Daher kennzeichnete John Dee damals alle Berichte, die ausschließlich für die Königin bestimmt waren, mit einer vereinfachten Darstellung eines Lorgnons, die an die berühmte Zahlenfolge erinnerte. Diese historische Anekdote zitiert Ian Fleming mit seiner Bezeichnung 007 für James Bond.

Um zwei ganz spezielle Spione handelt es sich auch beim Glasspion und beim Schotterspion. Ersterer ist nichts weiter als ein Stück Glas, das mit Baukleber quer über einem Mauerriss befestigt wird, um ihn zu überwachen. Bricht das Glas, hat sich der Riss vergrößert. Der Schotterspion ist hingegen ein Testfahrer beim Rallye-Sport. Da gibt es nämlich Läufe und Sonderprüfungen, bei denen es einem Teammitglied erlaubt ist, kurz vor dem Start die Strecke abzufahren, um zu überprüfen, ob sich ihre Beschaffenheit verändert hat. Im Winter ist der Schotterspion daher manchmal auch ein Eisspion.

Einen Doppelagenten der besonders gefährlichen Gattung des Schläfers vermutete Michael Niavarani hinter dem Fachbegriff Querschläfer. Leider lag er damit ebenso falsch wie Thomas Maurer mit seiner kreativen These: »Wenn ein Querschläger ein Projektil ist, das unkontrolliert abprallt, dann ist der Querschläfer eine Sonderform des Schlafwandlers, der immer überall dagegenrennt.« Als unrichtig erwies sich

auch der Verdacht, es handle sich dabei um eine etwas orientierungs-
lose Angestellte, die sich nicht »hochschläft«, sondern in der gleichen
Hierarchiehöhe »querschläft«. Die Antwort wäre viel simpler gewesen:
Querschläfer ist der Fachterminus für ein Sofa, das sich besonders
platzsparend in ein Bett verwandeln lässt, weil es nicht längs, sondern
quer ausgezogen oder ausgeklappt wird.

Saftkugler in der Schnitzelgrube

Speisen, Getränke und Gastronomie

Unter Schöpfern von Speisen, insbesondere von Backwaren und Desserts, ist es seit Jahrhunderten offenbar weitverbreitet, wenn nicht gar schon traditioneller Zwang, den kulinarischen Kreationen möglichst originelle Namen zu geben. Genau aus diesem Grund sind sie zumeist völlig ungeeignet als Ratebegriffe. Nie wird in »Was gibt es Neues?« nach der Bedeutung von Flutschmoppen, Nonnenfürzle, Priesterwürger oder Pfaffenhütchen gefragt werden. Von ihren primitiven Halbbrüdern Scheißerle und Pinkel ganz zu schweigen. Komik entsteht nämlich oft aus Kontrast oder Diskrepanz. Völlig ernst gemeintes Vokabular kann daher aus seinem fachlichen Umfeld herausgelöst höchst kurios wirken. Bezeichnungen aber, die ihre Entstehung allein dem verzweifelten Bemühen um ein wenig Witzigkeit verdanken, sorgen rasch für Langeweile. Ganz zu schweigen von dem für die Mitglieder des Rateteams äußerst frustrierenden Moment der Auflösung, wenn ihnen mitgeteilt werden müsste, dass sich halt irgendein zwangsorigineller Bäcker aus Buxtehude jenes Wort ausgedacht hat, über das sie sich jetzt zehn Minuten lang mit zumindest phasenweise ernsthaftem Bemühen den Kopf zerbrochen haben.

Geheimnisvolle Fachworte, die inhaltlich einen Bezug zu Nahrungsmitteln oder zur Nahrungsaufnahme nahelegen oder zumindest zulassen, gibt es allerdings zur Genüge. Sie bilden den roten Faden durch dieses Kapitel.

Beim Wurstsemmel-Paragraph handelt sich tatsächlich um einen juristischen Begriff. Minderjährige Kinder können ohne Einverständnis der Erziehungsberechtigten keinen Kauf tätigen. Der unter Fachleuten Wurstsemmel-Paragraph genannte § 170 des Allgemeinen Bürgerlichen Gesetzbuchs gestattet Kindern aber den Abschluss geringfügiger Geschäfte des täglichen Lebens, wie zum Beispiel den Erwerb eines Fahrscheins oder einer Wurstsemmel. Für unsere deutschen Leser: Das ist ein üblicherweise mit Fleischwurst belegtes Brötchen.

Eine Brötchentaste ist daher in Deutschland auf manchen Parkscheinautomaten zu finden. Sie ermöglicht den kostenlosen Ausdruck eines Kurzparkscheins für – je nach Örtlichkeit – 10 bis 30 Minuten. Wer also kleine Besorgungen zu erledigen hat oder sich rasch ein paar Wurstsemmeln kaufen möchte, drückt die Brötchentaste.

Und wer Lust auf eine ausgelassene Feier hat, drückt die Partytaste. Schon füllt sich die Wohnung mit fröhlichen Leuten. Sofern die Wohnung vorher bereits mit stimmungsmäßig etwas unterkühlten Gästen gefüllt war, mag das sogar stimmen. Die Partytaste ist nämlich ein oft mit einem kleinen Sektglas gekennzeichneter Knopf auf Zentralheizungs-Thermostaten, mit dem sich – im Fall ausufernder Partys – die Heizphase vor dem automatischen Wechsel in den Nachtbetrieb manuell verlängern lässt, ohne an der grundsätzlichen Programmierung Änderungen vornehmen zu müssen.

Ein Butterbrief ist mit Gewissheit nie in einem Käsekuvert verschickt worden. Letzteres ist ein im ORF schlicht Hauspostkuvert genannter Umschlag mit großen, an die Löcher eines Emmentalers gemahnenden Aussparungen, sodass sich auch von außen erkennen lässt, ob sich noch etwas im Kuvert befindet. Der Butterbrief ist ein Begriff aus der Kirchengeschichte. In der Fastenzeit waren vor dem 16. Jahrhundert auch Milch und Butter verboten. Aber mit Geld ließ sich ja in der Kirche schon immer vieles regeln. Adelige und Wohlhabende zahlten daher eine Art Pauschalbuße an den Vatikan und bekamen dafür vom Papst den sogenannten Butterbrief. Dieser Freibrief für die Verwendung von Milchprodukten auch während der Fastenzeit war eine Erfindung des auch für Nepotismus, Hexenprozesse und Unfähigkeit berühmt-berüchtigten Papstes Innozenz VIII.

Einen leichten Bedeutungswandel hat die Bezeichnung Bratkartoffelverhältnis in den letzten 100 Jahren erfahren. Wird sie heute zumeist als Synonym für eine sogenannte wilde Ehe benutzt, war damit zur

Zeit des Ersten Weltkriegs eine kurzfristige Beziehung gemeint, die vorrangig wegen verlässlicherer Verpflegung eingegangen wurde.

Auf eine harte Prüfung wurde so eine Affäre gestellt, wenn erstmals ein Müllstrudel aufgetischt wurde. Keine Sorge, es handelt sich dabei auch nicht um die in Teig gerollten Reste der Woche. Derartiges wird doch zumeist – zumindest in der ORF-Kantine – eher als »Grenadiermarsch nach Art des Hauses« getarnt. Müllstrudel sind noch wesentlich schlimmer und beschämender. So werden von Ökologen und Ozeanologen nämlich die Meereswirbel genannt, in denen sich gigantische Abfallteppiche aus Plastik und Kunststoff gebildet haben. Diese schwimmenden Müllhalden sind zum Teil so groß wie Mitteleuropa.

Zurück in die Kantine: Manchmal ist es geschmacklich von Vorteil, sich vor der Bestellung als Kesselgucker zu betätigen. In Wahrheit werden so aber jene Spielcasino-Gäste genannt, die den Roulette-Kessel und den Croupier so lange beobachten, bis sie glauben, abschätzen zu können, in welchem Segment des Kessels die Kugel landen wird. Kesselgucker sind also keine Falschspieler, aber eher unliebsame Gäste.

Unter Kannibalen werden unliebsame Gäste ja kurzerhand gekocht. Handelt es sich dabei um heimische Touristen, gibt es am Abend einen frischen Österreicher-Topf. Eine eher seltene Köstlichkeit. Weitaus gebräuchlicher ist die Bezeichnung für einen Geldtopf des Österreichischen Fußballbunds, aus dem er Prämien an jene Klubs der 1. und 2. Liga zahlt, die sich um die heimische Nachwuchsförderung bemühen, indem sie verstärkt österreichische Spieler einsetzen.

Gegessen wird in der ORF-Kantine traditionellerweise mit der Marschgabel von einem Geröllteller. Bei Ersterer handelt es sich in Wahrheit um einen vor allem von den Mitgliedern von Kapellen verwendeten kleinen Notenständer, der an der linken Hand oder am Instrument selbst befestigt wird, um beim Marschieren beide Hände fürs Musizieren frei zu haben. Andere brauchen ihre Hände beim Marschieren unbedingt für ihre Nordic-Walking-Stöcke, deren Spitzen bei schottrigem Untergrund für den besseren Halt oft mit speziellen Gerölltellern aus Hartplastik ausgerüstet sind.

Streng verboten ist in der Kantine der in vielen rustikalen gastronomischen Betrieben leider weitverbreitete Schürzengriff und der nur in manchen spezielleren Lokalen gepflegte Schwanzelgriff. Der Kantinengast wird aber auch nur selten in die Verlegenheit kommen, einen dieser Griffe anwenden zu können. Der Schürzengriff ist eine von Ärzten angewandte Technik zur Überprüfung oder zur Dehnung des Schultergelenks. Es ist eine Bewegung, die jener ähnelt, die man zum Binden der Schürze hinterm Rücken durchführen muss. Der Schwanzelgriff ist einer der wichtigsten Fleischergriffe. Mit ihm kann der Fleischer den Fettgehalt eines Rindes messen, indem er links und rechts vom Schwanzansatz zupackt. Die anderen Fleischerbegriffe heißen Schleimgriff, Schoßgriff, Hüftknochengriff, Fettnabelgriff, Voreutergriff, Nahtgriff, Rippengriff, Widerristgriff, Blattgriff, Vorblattgriff, Brustgriff, Nachbrustgriff, Halsgriff und Ohransatzgriff. Das musste einmal gesagt werden.

Zwei der interessantesten Geräte in der Kantinenküche sind der Saftkugler und der Spaltenmixer. Klingt zwar überzeugend, ist aber dankenswerterweise grundfalsch. Der Saftkugler ist nämlich ein Tausendfüßler, dessen Name daher rührt, dass er sich gegen Feinde verteidigt, indem er sich einrollt und ein stinkendes, giftiges Sekret absondert. Der Spaltenmixer ist ein mannshohes Gerät für Viehzüchter, das dazu dient, in Jauchegruben den Schlamm aus den Bodenspalten zu bekommen oder Güllekanäle in Ställen zu reinigen.

Gibt es in der Kantine Kritik an der Qualität des Essens, ertönt lautstark der Küchenzuruf oder – in schlimmeren Fällen – gleich der Küchenschuss. Beides denkbar, aber unwahrscheinlich. Den Begriff Küchenzuruf hat der berühmte deutsche Verleger und Gründer der Zeitschrift »Stern« Henri Nannen geprägt. Er ist seiner – in der Rollenverteilung vielleicht nicht mehr ganz zeitgemäßen – Definition nach jene Neuigkeit, die der von der Arbeit nach Hause kommende Ehegatte seiner treusorgend in der Küche beschäftigten Gattin als Erstes zuruft. Unter dem Motto: »Stell dir vor, was heute passiert ist …«
Genau diesen Küchenzuruf gilt es seiner Meinung nach im Journa-

lismus als Aufhänger und Anreißer für die Artikel zu verwenden: Das Wichtigste zuerst – und das in aller Kürze.

Ein Küchenschuss ist indes ein waidmännischer Begriff für einen wildbretschonenden Schuss, sofern man aus der Sicht des Wilds von so etwas überhaupt sprechen darf. Es sind Schüsse, die das Tier möglichst wenig entwerten, damit es küchenfertig verendet.

Warum kam ein Produkt der Finkensteiner Eiernudelfabrik in die Schlagzeilen des heimischen Feuilletons?

Die traditionsreiche Finkensteiner Eiernudelfabrik brachte während des jahrelangen Ortstafelstreits in Kärnten die erste zweisprachige Buchstabensuppe auf den Markt. Wie die Erfinder dieses Produkts versprechen, wirke der Konsum von Háčeks »krampflösend und angstmindernd«.

Warum wird der ehemalige US-Präsident Grover Cleveland auch Sandwich-Präsident genannt?

Weil er eingezwängt zwischen den beiden Amtszeiten eines anderen Präsidenten, der vor und nach ihm am Ruder war, die Regierungsgeschäfte führte? Völlig falsch. Cleveland war nämlich nicht der Belag, sondern das Toastbroat eines Sandwichs. Er ist der bislang einzige Präsident der USA, dessen zwei Amtszeiten nicht direkt aufeinander folgten.

Warum ließ der Memminger Wirt Robert Manz 2008 nur Schauspieler und Laiendarsteller in sein Gasthaus »Treff«?

Er versuchte dadurch, das damals neue rigorose Rauchverbot zu umgehen. Jeder, der sein Lokal betrat, wurde automatisch zum Schauspieler erklärt. Das Gesundheitsschutzgesetz sah nämlich Ausnahmen vom Rauchverbot bei künstlerischen Darbietungen vor. In seinem Lokal ließ er daher alle Gäste jeden Abend offiziell Szenen aus der Zeit vor dem Rauchverbot nachspielen. Sehr zur Freude von Stammgast Heinz, der meinte, dass er in Wahrheit schon seit 40 Jahren für diese Rolle geübt habe.

Jene Beamte, die zur Überwachung des Rauchverbots eingeteilt waren, hießen übrigens weder offiziell noch im Volksmund Raucherschnapper. Dabei handelt es sich nämlich um ein kleines Schnapp-schloss, das an Terrassen- und Balkontüren montiert werden kann und dafür sorgt, dass die Tür zu bleibt, wenn man am Balkon eine Zigarette raucht.

Welche raffinierte Methode hat der Jedro Coffee Shop in Zagreb ent-wickelt, damit das Lokal nie ausgeraubt wird?
Simpel, aber wirksam: Es ist nie Geld in der Kasse. Bezahlt wird dort nämlich mit Gebeten. Das teuerste Getränk im Café Jedro ist ein Cola für fünf Ave Maria. Ein Cappuccino ist für vier Vater unser zu haben. Die Idee und Finanzierung für diese eigentümliche Zahlungsmethode stammt von der örtlichen christlichen Kirchengemeinde. »Wir haben hier mit fünf Tischen angefangen, mittlerweile brauchen wir schon zwanzig«, erklärte ein Sprecher der Gemeinde, »wir freuen uns darü-ber, dass unsere Idee so gut von den Menschen angenommen wird.« Damit, dass es im Jedro Kaffee gratis gibt, hat der Erfolg bestimmt nichts zu tun.

Warum müssen sich die Gäste eines bekannten Restaurants in der Toskana besonders strengen Sicherheitskontrollen unterziehen?
Erschwerend kommt bei dieser Frage der Hinweis hinzu, dass einige italienische Abgeordnete keinen Zutritt zu diesem bei Prominenten besonders beliebten und in einer ehemaligen Festung der Medici untergebrachten Lokal haben. Auch das ist eine Folge der strengen Sicherheitsrichtlinien. Die Festung wird nämlich als Hochsicherheits-gefängnis genutzt. Zwei Dutzend der dort Inhaftierten arbeiten in der Küche und kochen ihre Spezialitäten einmal im Monat für externe Gäste. Ein ob seiner Exklusivität natürlich besonders begehrtes Event, das nur unter besonders strengen Sicherheitskontrollen ablau-fen darf. Außerdem darf niemand teilnehmen, der schon eine Vor-strafe auf seinem Konto hat. An dieser Hürde scheitern derzeit knapp zwei Dutzend rechtsgültig vorbestrafte italienische Volksvertreter.

Warum müssen die Gäste einer Bar in London beim Betreten des Lokals weiße Overalls anziehen?
Das Besondere an der Alcoholic Architecture Bar ist, dass dort Alko-

hol nicht getrunken, sondern inhaliert wird. Hochprozentiges wird durch eine besondere Apparatur zerstäubt und in den Raum geblasen: Cocktails zum Einatmen. Der Spaß kostet fünf Pfund Eintritt und dauert rund 45 Minuten. Zum Schutz von Haut und Kleidung müssen alle Gäste einen weißen Ganzkörper-Overall tragen.

Welchen Deal hat das berühmte Schweizerhaus im Wiener Prater mit der nicht minder berühmten Liliputbahn abgeschlossen?
Die kleinen Züge fahren seit 2007 mit dem Altspeiseöl des Stelzenlokals. Die Motoren der Liliput-Loks sind so umgebaut worden, dass sie mit den Frittierfetten und anderen Altölen aus der Küche des Schweizerhauses umweltfreundlich und mit Pommes-Frites-Duft durch den Prater dampfen können.

Eine erstaunlicherweise ganz ungastronomische Bedeutung hat der Speisekarten-Effekt. Es ist ein Begriff aus der Volkswirtschaftslehre, unter dem man jenen Kostenanstieg versteht, der durch Preiserhöhungen verursacht wird. Klingt etwas paradox, ist aber ganz einfach nachvollziehbar: Der Bezeichnung Speisekarten-Effekt liegt die Vorstellung zugrunde, dass Preiserhöhungen in einem Restaurant bewirken, dass immer wieder Geld in den Druck neuer Speisekarten investiert werden muss. Somit verursacht die Preiserhöhung selbst wieder neue Ausgaben.

Ebenfalls keinerlei kulinarischen Hintergrund hat die Speisewalze. Diese wird nämlich von Malern und Anstreichern verwendet, wenn gemusterte Wände gewünscht sind. Eine Speisewalze speist die Musterrolle mit der nötigen Farbe, um das gewünschte Muster auf die Wände zu walzen.

Ein erstaunlich enges Verwandtschaftsverhältnis pflegen die Anbahnungsbanane und der Besprechungstropfen. Als Besprechungstropfen wird nicht etwa ein guter Rotwein bei geschäftlichen Treffen bezeichnet, sondern jener tropfenförmige Anbau an Schreibtischen, an dem kleine Besprechungen abgehalten werden können. Bei einer Anbahnungsbanane handelt es sich indes um bananenförmige Tischchen für Kundengespräche in den Filialen der Postsparkasse. Im »Qualitätshandbuch der Finanzberater der P. S. K.« heißt es wörtlich: »Die Abla-getische (Anbahnungsbananen) und Schreibtische sind aufgeräumt. Keine Privatsachen, Geschirr oder Schuhe.«

Apropos Bananen: Warum gab es 1968 plötzlich in einem Umkreis von mehreren Kilometern rund um die Berkeley Universität in San Francisco keine Bananen mehr zu kaufen?
Sie waren schlicht ausverkauft. Schuld daran war der damals populäre Sänger Country Joe McDonald, der in einem Interview mit der Universitätszeitung behauptet hatte, man könne das innere Mark der Bananenschale herauskratzen, trocknen und als billigen, höchst wirkungsvollen Joint rauchen. Ein Scherz, auf den die Studenten prompt reinfielen. Wegen der anhaltenden Versuche experimentierfreudiger Studenten mit Bananenschalen sah sich schließlich die oberste Arzneimittelbehörde genötigt, die gelben Schalen auf halluzinogene Inhaltsstoffe zu untersuchen.

Vergeblich war auch der Versuch des Rateteams, den Begriff Birnen-taster zu enträtseln. Es handelt sich dabei um die offizielle Bezeichnung für die ursprünglich birnenförmigen Schwestern-Rufglocken, die über den Betten im Krankenhaus baumelten.

Eine andere interessante Obstsorte ist die Pomeranze. Sie wird auch Bitterorange genannt und entstand vermutlich in China als Kreuzung zwischen Grapefruit und Mandarine. Für den Ursprung des spötti-schen Spitznamens Landpomeranze für eine junge Dame ländlicher Herkunft und Umgangsformen gibt es zwei Erklärungen: Die eine leitet ihn von ihren gesunden pomeranzenroten Pausbacken ab, die andere führt ihn auf die Region Pommern zurück, die lange Zeit als besonders provinziell galt.

Ein Pomeranzenspanner ist daher aber nicht etwa ein auf derartige Frauen spezialisierter Voyeur, sondern eine Vorrichtung, mit der Billardspieler die zumeist schweinsledernen Käppchen an den Spitzen ihrer Queues fixieren, während der zur Befestigung notwendige Klebstoff trocknet. Eine Erklärung, auf die man nur kommen kann, wenn man weiß, dass diese kleine Lederspitze auch Pomeranze heißt.

Orangen und Zitronen sind übrigens nicht überall gleichermaßen beliebt. Warum gibt es auf vielen Ölbohrinseln ein Zitrusfrüchte-Verbot? Auf Bohrinseln gilt ein strenges Alkoholverbot. Verbote reizen bekanntlich stets dazu, sie auf raffinierte Weise zu umgehen. Also erfanden trickreiche Arbeiter die Methode, Hochprozentiges in Zitronen und Orangen zu injizieren und so unbemerkt mit an Bord zu bringen. Folgerichtig sind jetzt auf vielen Ölbohrinseln auch Zitrusfrüchte verboten.

Ihren Arbeitsplatz auf hoher See haben auch Matrosen. Die charakteristischen blauen Streifen und Ränder auf den Uniformen waren ausschlaggebend für die Bezeichnung Matroseneier. So werden in ovophilen Fachkreisen zu lang gekochte Eier genannt, deren Dotter dadurch einen blaugrauen oder blaugrünen Rand haben.

Zur Vermeidung dieses Phänomens eignet sich eine Eieruhr, die übrigens in erster Linie deshalb Eieruhr heißt, weil sie ursprünglich eine mit auch bei hoher Luftfeuchtigkeit rieselfreudigen, fein geriebenen Eierschalen gefüllte Sanduhr war.

Wer seine Eier lieber formschön braten möchte, steht vor der Frage, ob er – analog zum Waffeleisen – zu einem Eiereisen greifen sollte. Da würde das mit diesen speziellen, eiförmigen Hufeisen beschlagene Pferd aber schön schauen.

Egal, wie das Ei zubereitet wird, unverzichtbar für den genussvollen Verzehr ist die Prise Salz. Daher nun zu einer gesalzenen Frage: Warum wurden im 16. Jahrhundert mancherorts in Europa Männer mit Salz bestreut? Bei der Beurteilung der lebenswichtigen Bedeutung des Salzes wurde gelegentlich auch etwas übers Ziel hinausgeschossen. Ein hartnäckiger Aberglaube der damaligen Zeit war es, dass man Männern mit Salz zu höherer Potenz verhelfen könne. Unter einem zeitgenössischen Holzstich, auf dem vier Frauen entkleidete Männer in ein Pökelfass treiben, findet sich der schöne Vers: »Salzt man sie von vorn und hinten, wird man voll Saft und Kraft sie finden.«

Bei der würzigen Paprikalinie handelt es sich gewissermaßen um eine gastronomische Grenze, die durch Pannonien verläuft. Westlich davon stehen in Gasthäusern Salz und Pfeffer auf den Tischen. Jenseits der Grenze sind Salz und Paprika üblich.

Nicht nur Obst, Eier und Gewürze sorgen für fragwürdige Fachbegriffe, auch unsere Nationalspeise kann mit ein paar merkwürdigen sprachlichen Ableitungen aufwarten: Eine Schnitzelgrube ist beispielsweise eine mit Schaumstoffklötzen gefüllte große Grube unter einem Hochreck, die für Sicherheit beim Turntraining sorgen soll.

Unter dem kulinarisch wenig verführerischen Namen Schnitzelbruch werden in Deutschland tatsächlich panierte, gebratene und anschließend tiefgekühlte Bruchstücke vom Schweineschnitzel verkauft.

Bei einer Schnitzelbank handelt es sich hingegen um einen Begriff, der in Teilen Tirols, Vorarlbergs und der Schweiz bekannt ist. Das Schnitzel steht hier für auch als Schnitzer bezeichnete kleine Missgeschicke. Die Bank leitet sich vom mittelalterlichen Bänkelsang ab. Als Schnitzelbank werden daher zumeist kurze, gereimte Schmählieder bezeichnet, in denen die Fehler und Fehltritte des Besungenen aufs Korn genommen werden.

Das Schnitzel ist ja traditionellerweise jene Speise, in die der Österreicher am Sonntag beißt. Der Sonntagsbiss ist allerdings ein Begriff aus der Zahn- und Kieferheilkunde. Menschen, die aufgrund ihrer Kieferstellung physiognomisch benachteiligt sind, neigen dazu, in der Öffentlichkeit den Unterkiefer vor- oder zurückzuschieben, um die Fehlstellung zu kaschieren. Besonders makellos will man natürlich beim sonntäglichen Gottesdienst oder gemeinsamen Mittagessen wirken. Daher wird dieses »habituelle Einnehmen einer unnatürlichen Unterkieferposition zum Zwecke einer ästhetischen Verbesserung« von Kieferorthopäden als Sonntagsbiss bezeichnet.

Wem die Kinnlade indes beim Anblick des Priesters oder der eigenen Verwandtschaft regelmäßig herunterklappt, hat einen Sonntagshänger. Dieser ausgemachte Blödsinn möge dazu dienen, möglicherweise naheliegenderen Assoziationen vorzubeugen. In Wahrheit handelt es sich dabei um eine regional gebräuchliche Bezeichnung für jene Plastiksackerln, denen man an Sonn- und Feiertagen die Tageszeitungen entnehmen kann.

Nach einem Begriff, der bestenfalls an eine Mischung aus Gottesdienst und Mittagessen gemahnt, fragte einst Science Buster Werner Gruber: die Opferwurst. Wie vom beleibten Meister der kulinarischen Physik nicht anders zu erwarten, hat sie etwas mit genussvoller Nahrungsaufnahme zu tun. Damit das Wasser, in dem man seine Würste erhitzen möchte, dem zu garenden Gut keine Geschmacksstoffe mehr entzieht, empfiehlt es sich zu diesem Zweck, eine mit Geschmacksstoffen bereits gesättigte Lösung zu verwenden.
Unkomplizierter ausgedrückt: Zuerst eine Wurst klein schneiden und auskochen – also »opfern« – und erst dann in diesem Wasser die zu verspeisenden Würste erhitzen.

Als essfreudiger Experimentalphysiker wäre Dozent Gruber gewiss auch der richtige Adressat für die Frage nach der Würstelgleichung. Sie spielt eine wichtige Rolle in der Festigkeitslehre zur Berechnung von Wandstärken dünnwandiger Rohre. Ihren Namen hat sie daher, dass Rohre, genauso wie Frankfurter, niemals in Umfangsrichtung, sondern immer nur in Längsrichtung platzen.

Der inzwischen zum Wiener Sternwarten-Chef avancierte Gruber stellte auch die Promifrage nach der sogenannten Wiener Teilung, deren Antwort abermals mit seiner Leidenschaft für gepflegte Nahrungsaufnahme in Zusammenhang steht. Ein ganz besonderer Kult wird ja gerade in Wien rund ums Rindfleisch betrieben. In 36 verschiedene Klassen wird das Rind eingeteilt: vom Schlepp übers Meisel bis zum Kruspelspitz. Diese geradezu wissenschaftliche Zerlegung des Rindviehs wird in Fachkreisen als Wiener Teilung bezeichnet.

Große Mengen Rindfleisch standen auch im Mittelpunkt einer anderen merkwürdigen Geschichte, die sich vor knapp 100 Jahren in einer eher abgelegenen kanadischen Region zugetragen hat: Weshalb kam im Jahr 1923 im kanadischen Nova Scotia plötzlich sehr viel Rindfleisch auf den Markt?

Der Grund für die Rindfleisch-Schwemme war die Einführung des Rechtsverkehrs in Nova Scotia. Zu jener Zeit waren noch viele Ochsen als Zugtiere im lokalen Güterverkehr im Einsatz: notorisch träge Tiere, die sich nicht um die Burg auf Rechtsverkehr umschulen ließen. Sie trotteten weiterhin stur auf der linken Straßenseite dahin, waren daher ein großes Verkehrsrisiko und mussten folgerichtig verkauft und geschlachtet werden.

Gäbe es in Halifax eine Filiale des berühmten Wiener Rindfleischtempels Plachutta, wäre für diese bemitleidenswerten Tiere die Bezeichnung Plachutta-Opfer gewiss absolut zutreffend gewesen. Da dieser Begriff bereits seit dem 19. Jahrhundert existiert, kann er auch nichts mit der skrupellosen Kündigung jenes Mitarbeiters zu tun haben, der sich erdreistet hatte, seine Erdbeeren mit etwas Zucker aus der Restaurantküche zu süßen. Es bedarf also einer anderen, richtigeren Antwort. Vorweggeschickt sei, dass derartige Rätselbegriffe, die einen Personennamen beinhalten, üblicherweise aussortiert werden. Im konkreten Fall waren es aber Michael Niavaranis Naheverhältnis zu gleichnamigem Restaurant und die zum Zeitpunkt der Fragestellung gerade stattfindende Schach-Weltmeisterschaft, die seinen Einsatz rechtfertigten. Es tragen nämlich nicht nur Rindfleisch-Restaurantbetreiber den Nachnamen Plachutta. Josef Plachutta (1827–1883) war ein Schachspieler und -theoretiker des 19. Jahrhunderts. Als Plachutta-Opfer wird ihm zu Ehren eine bestimmte Spielfigur bezeichnet, die bei einer speziellen Konstellation am Schachbrett geopfert wird. Für Details mögen sich Interessierte bitte an einen Schachspieler ihres Vertrauens wenden.

Warum füttern die Angestellten der Firma Tio Pepe im spanischen Jerez regelmäßig die Mäuse in ihren Weinkellern?
Die Mäuse dienen als Kontrollorgane. Wenn eines der Sherry-Fässer in diesen weitläufigen Kellern undicht wird, schlecken die Mäuse den auslaufenden süßen Sherry sofort auf und sind ziemlich rasch stockbesoffen. Erscheinen die Mäuse dann zur täglichen Fütterung eher torkelnd als zielgenau krabbelnd, weiß der Kellermeister, dass er seine Fässer mal genauer untersuchen sollte.

In diesem Zusammenhang gilt es jetzt, dem ominösen Kellermeister-Syndrom auf den Grund zu gehen. »Das ist bestimmt der Hass auf diese Typen«, meinte Viktor Gernot, »die einen ständig mit ihrem überflüssigen Weinfachwissen belästigen.« Ein Vorwurf, den Oliver Baier prompt konkretisieren musste: »Was hast du gegen Thomas Maurer und Florian Scheuba?«

In Wahrheit ist das Kellermeister-Syndrom eine Wortschöpfung von Betriebspsychologen. Sie bezeichnen damit eine überhebliche Charaktereigenschaft, die insbesondere bei Führungskräften immer wieder anzutreffen ist: die Überzeugung, wie ein Kellermeister ausschließlich von Flaschen umgeben zu sein. Olivers während der Raterunde des Öfteren geäußerter, hilfreich gemeinter Hinweis, er sei während der Sendung immer wieder vom Kellermeister-Syndrom betroffen, führte nach der Auflösung der Frage dazu, dass das Rateteam geschlossen und hochgradig beleidigt das Studio verließ.

Alkoholhaltige Getränke machen gleich ein ganzes Fass neuer Fragen auf: Ein Lückenbier ist nämlich nicht etwa jenes Bier, das manche Rateteam-Mitglieder in der Lücke zwischen zwei Sendungsaufzeichnungen trinken, sondern eine Biersorte, die nach dem deutschen Biersteuergesetz von 1952 nicht eindeutig einer Biergattung zugeordnet werden konnte. Bier mit einem Stammwürzgehalt von 2 bis 5,5 % war Einfachbier, von 7 bis 8 % Schankbier, von 11 bis 14 % Vollbier und ab 16 % Starkbier. Biere mit einer Stammwürze von beispielsweise 6 oder 15 % lagen in den wenig sinnvollen Lücken zwischen diesen Kategorien und trugen daher die Bezeichnung Lückenbier.

Bei einem Sekundärspritzer handelt es sich nicht etwa um den zweiten Spritzer, den man sicherheitshalber gleich zusammen mit dem ersten bestellt, um ja nicht irgendwann auf dem Trockenen zu sitzen, sondern um einen sportlichen Fachbegriff. Wenn ein Turmspringer auf die Wasseroberfläche trifft, gibt es zuerst einen klaren Verdrängungsspritzer. Durch den hohen Druck beim Eintauchen kommt es aber auch zu Hitzeentwicklung an den Berührungsstellen zwischen Haut und Wasser. Der dadurch entstehende Wasserdampf erzeugt Gasblasen, die erst ein bis zwei Sekunden später an die Wasseroberfläche kommen und dort dann den gesuchten Sekundärspritzer verursachen.

Nicht zwangsläufig ein billiger Fusel ist der Dreigroschentropfen. Er ist tatsächlich nach Bertolt Brechts berühmter »Dreigroschenoper« benannt, für die der Autor seinerzeit kurzerhand ein paar Verse von François Villon in der deutschen Version des Offiziers und Übersetzers Karl Anton Klammer geklaut hatte. Als das bekannt wurde, musste Brecht an Klammer Tantiemen in einer Größenordnung nachzahlen, die es ihm immerhin ermöglichten, sich einen kleinen Weinberg in Grinzing zuzulegen. »Seine goldflüssige Lese«, hielt er 1955 in seinen Memoiren fest, »taufte ich pietätvoll Dreigroschentropfen«.

Bei einem ABC-Trinker handelt es sich weder um einen Erstklassler des Alkoholkonsums (ABC-Schütze) noch um einen Kampftrinker (ABC-Waffen), sondern um einen amerikanischen Weinliebhaber mit ausgeprägter Abneigung gegen schwere Chardonnay-Weine. Diese Chardonnay-Verweigerer bezeichnen sich selbst als ABC-Trinker: »Anything But Chardonnay« (Alles außer Chardonnay).

Wer mit Ausnahme einer einzigen Rebsorte wahllos Wein in größeren Mengen trinkt, muss erfahrungsgemäß mit unschönen Folgen rechnen. Das Rauschchaos zählt nur fallweise dazu, handelt es sich dabei doch um eine unkoordinierte Paarungsbereitschaft. Jede Wildschweinrotte hat ihre Leitbache. Die als Rauschzeit bezeichnete Brunft aller Bachen einer Rotte richtet sich nach dem Beginn der Rauschzeit dieser Leitbache, was zur Folge hat, dass alle Säue zeitgleich gamsig werden. Der Waidmann bezeichnet das als Rauschsynchronisation, das gewünschte Gegenstück zum Rauschchaos. Fehlt nämlich die Leitbache, weil sie einem Abschuss oder einem fatalen Wildwechsel zum Opfer gefallen ist, werden die Weibchen zu unterschiedlichen Zeiten im Jahr rauschig.

Um einen Kater wieder auszubügeln, empfiehlt sich ein Bügeltrunk, der in Teilen Österreichs auch unter dem Begriff Reparaturseidl bekannt ist. Oder handelt es sich dabei doch eher um das Glas Prosecco, das sich der Hausmann genehmigt, wenn er die Wäsche fertig gebügelt hat? Alles falsch. Den Bügeltrunk gibt es auf längeren Reitjagden. Wenn bei kurzen Pausen, in denen die Reiter im Sattel und mit den Füßen in den Steigbügeln sitzenbleiben, Erfrischungsgetränke ausgeschenkt werden, heißt dieser Schnaps in der Fachsprache Bügeltrunk.

Brennt der Schnaps, lobt der Jäger das Bügelfeuer. »Hoppla«, meint da der des Wegs kommende Lokomotivführer, »werter Waidmann, das ist aber ein Begriff aus der Eisenbahner-Sprache.« So werden nämlich heftige, geradezu blitzartige Stromüberschläge zwischen dem ebenfalls Bügel genannten Stromabnehmer von E-Loks und der Fahrleitung genannt.

Ein Bügelparker ist aber nicht etwa eine abgestellte Lokomotive mit eingeklapptem Bügel, sondern ein ganz gewöhnlicher Fahrradabstellplatz aus nebeneinander montierten gebogenen Metallrohren, die ja auch als Bügel bekannt sind.

Warum wurde 1979 im Auftrag der Errichtungsgesellschaft des Wiener Allgemeinen Krankenhauses ein spezieller Teig hergestellt?

Kein Witz: Oliver Baier mit dem Originalaktenvermerk der berüchtigten »Allgemeinen-Krankenhaus-Planungs- und Errichtungsgesellschaft« (AKPE) vom 12. November 1979 mit der Nummer 1020300

Gab es zum Richtfest einen ganz besonderen Kuchen für alle Bauarbeiter? Leider, dafür war beim AKH kein Geld übrig. Der Teig wurde weder gebacken noch gegessen. Die breiige Masse diente als künstlicher Stuhl und wurde zum Testen der anzuschaffenden Leibschüssel-Spülmaschinen verwendet. Das Rezept dazu stammte vom Hygieneinstitut Wien.

Bei einem Kuchenblock handelt es sich weder um ein Bäckerbündnis noch um ein Notizbuch für Tortenrezepte, sondern um eine eher in Deutschland gebräuchliche, umgangssprachliche und durchaus verächtlich gemeinte Bezeichnung für den VIP-Bereich in Fußballstadien. Das ist bekanntlich jener Sitzplatzblock, in dem zwar nur selten gesungen und angefeuert wird, dafür aber umso mehr für kostenlose Verpflegung gesorgt ist. Gegen derartige Privilegien gibt es naturgemäß immer wieder Widerstand seitens der Fanclubs.

Nicht zu verwechseln mit dem Kuchenwiderstand. In diesem Fall geht es nämlich um einen sogenannten Filterkuchen. Das sind all die Feststoffe, die von einem Filter zurückgehalten werden. Dadurch, dass der Kuchen im Lauf der Zeit immer dicker wird, steigt der Strömungswiderstand für die zu filternde Flüssigkeit. Das nennt der Filterfachmann Kuchenwiderstand.

Warum muss jeder Manager eines großen deutschen Chemiekonzerns immer eine Keksdose bei sich haben?

Des Rätsels Lösung lautet: Spionageabwehr. Sobald irgendwo Besprechungen mit Kollegen oder Geschäftspartnern stattfinden, deren Inhalt vertraulich oder geheim ist und bleiben soll, muss jeder sein Handy in die Blechdose legen, die als Faraday'scher Käfig alle elektromagnetischen Wellen blockiert. Mitlauschen via Handy ist somit unmöglich.

Wenn Rauschkinder im Rausch entstanden sind, sind dann Auflaufkinder während eines Auflaufs entstanden? Ebenso falsch ist die Vermutung, es handle sich um Kinder, die vorwiegend mit Aufläufen aufgezogen wurden. So heißen nämlich jene Kinder, die zu Beginn eines Fußballspieles Hand in Hand mit den großen Stars aufs Feld auflaufen bzw. einlaufen. Daher werden sie gelegentlich auch als Einlaufkinder bezeichnet.

Nichts zu tun haben sie mit dem Einlaufmann. Den finden wir in größeren Bäckereien mit Tunnel- oder Durchlauföfen. Diese Öfen haben nämlich einen Einlauf und einen Auslauf. Der Einlaufmann hat die Aufgabe, dafür zu sorgen, dass das Backgut möglichst regelmäßig und im richtigen Abstand in den Ofen einfährt.

Wer schon einmal in sommerlicher Mittagshitze ein Eisstanitzel genießen wollte, hat Erfahrung mit Schmelztüten. Nie käme er auf die Idee, dass es sich dabei um eine Vertiefung im Schmelz der Schneidezähne von Pferden handelt, die zur Altersbestimmung des Tiers dienen kann. Unter Pferdezüchtern ist sie auch unter der Bezeichnung Kunde oder Bohne bekannt.

Abschließend gilt es in diesem Kapitel über kulinarisch klingende Kuriositäten noch zu klären, was unter dem Begriff Sirup-Bande zu verstehen ist? Die Bande eines Billardtischs, an der die Kugel festzukleben scheint, obwohl sie eigentlich abprallen sollte? Oder mit Sirup besiegelte Ehebande? Viel naheliegender: Es war eine Gruppe junger Leute, die unter diesem Namen Ende des 19. Jahrhunderts in New York gewirkt hat. So weit, so klar. Doch warum mag sie ausgerechnet als Sirup-Bande berühmt geworden worden sein?
Diese »Molasses Gang« war eine Gruppe trickreicher Gelegenheitsdiebe. Ihren Namen verdankt sie einer ihrer originellsten Überfallsvarianten: Dazu suchten sie sich immer kleine Lebensmittelläden aus. Einer von ihnen nahm seinen Hut ab und bat den Inhaber, er möge ihn mit Sirup auffüllen. Es gehe um eine Wette, wie viel Sirup der Hut fassen könne. Kaum war der Hut gefüllt, zogen ihn die Ganoven dem Ladenbesitzer über den Kopf und setzten ihn damit auf recht harmlose Weise lang genug außer Gefecht, um die Kasse zu plündern.

Weitaus gravierender waren übrigens die Folgen der Sirup-Katastrophe, die sich am 15. Jänner 1919 in Boston ereignete: Als ein gigantischer Siruptank platzte, ergoss sich eine 2,5 Meter hohe Flutwelle der klebrigen braunen Sauce durch die Straßen, die 21 Todesopfer und

Ein Bild der Verwüstung: Boston am 15. Jänner 1919 nach der »Sirup-Katastrophe«.

150 Verletzte forderte. Wegen dieser tragischen Folgen wurde in »Was gibt es Neues?« auch nie nach dem »Boston Molasses Disaster« gefragt.

Ins Land einischaun

Fragen mit dem Duft
frischen Kuhmists

Warum haben die vier Kilometer voneinander entfernt liegenden Ortschaften Bichlbach und Lähn im Tiroler Außerfern ihre jeweiligen Almen miteinander getauscht?
Sinn und Zweck dieses Tauschs war es, die Entfernung zwischen den Orten und ihren jeweiligen Almen zu vergrößern. Bis dahin lief das mühsam auf die Alm getriebene Vieh nämlich einfach immer wieder in die heimatlichen Ställe zurück. Nach dem Tausch war das den Kühen zu weit und sie blieben brav auf der Alm.

Warum legen manche Bauern im Raum Kirchberg in Tirol einmal im Jahr ein großes weißes Tuch auf ihre Felder?
Jedes Jahr findet im September in und um Kirchberg ein einwöchiger großer Heißluftballon-Cup statt. Jene Bauern, die es nicht wünschen, dass die Ballons in ihren Feldern landen, markieren diese für die Dauer der Veranstaltung mit einem weithin sichtbaren weißen Tuch.

Warum löste die Bergung eines Ebers aus einer Jauchegrube in Oberösterreich einen Großeinsatz mit Notarzt, Feuerwehr und Rettungshubschrauber aus?
Schuld an diesem Großeinsatz war ein simpler Hörfehler bei der Entgegennahme des Notrufs: Statt »Eber« verstand der Diensthabende in der Notrufzentrale »Ehepaar« und löste den Großalarm aus.

Warum vertrieb der Knittelfelder Bürgermeister im April 2009 ein Storchenpaar aus seiner Stadt?
Üblen Vorsatz kann man dem Bürgermeister nicht unterstellen. Seine Aktion stand eher unter dem Motto »Gut gemeint, aber voll daneben«. Er hatte nämlich nach ergiebigen Schneefällen Angst, dass seine beiden Knittelfelder Störche – das erste Paar seit Jahren, das in Knittel-

---

feld »übersommern« wollte – unter der Schneedecke keine Nahrung mehr finden würden. Daher hielt er Rücksprache mit einem Biologen und erteilte der städtischen Feuerwehr danach den Auftrag, ein halbes Kilogramm klein geschnittener Frankfurter als Futter ins Storchennest zu legen. Für die Störche war dieser überraschende Fund Anlass genug, sofort panisch das Weite zu suchen. Erst nach einem erneuten Feuerwehreinsatz, bei dem die Wurststücke wieder entfernt wurden, kamen die Störche im Mai nach Knittelfeld zurück.

Warum binden sich manche ungarische Landarbeiter einen Faden an ihr bestes Stück?

Paprika werden in Ungarn oft mit der Hand geerntet. Auch die scharfen Sorten. Dadurch überträgt sich die Schärfe zwangsläufig auf die Finger der Feldarbeiter. Wenn sie während der Ernte kurz austreten müssen, ist daher ein Faden zum Dirigieren des besten Stücks die einfachste Möglichkeit, sich ohne höllisch brennende Begleiterscheinungen zu erleichtern.

Auch wenn er an einem für die Fortpflanzung nicht ganz unwichtigen Organ hängt, eignet sich dieses Stück Schnur nicht als Bewerbungsfaden. Der ist nämlich ein unerlässliches Instrument für manche Spinnenmännchen, wenn sie auf Aufriss sind. Dann spinnt es diesen Bewerbungsfaden an das Netz des Weibchens und zupft daran. Ist das Weibchen willig, verlässt es die Netzmitte und begibt sich zum Männchen. Einer Paarung steht dann nichts mehr im Weg.

Nicht immer ist eine Vermählung der Vorbote für eine fröhliche Familiengründung. Bei einer Gurkerlhochzeit müssen einander die betroffenen Gurken nicht einmal besonders zugetan sein. Wird nämlich in der Autoindustrie jener Produktionsschritt, bei dem die Karosserie mit dem Motor vereinigt wird, als Hochzeit bezeichnet, ist es bei der Gewürzgurkerlherstellung jener entscheidende Augenblick, wenn das Gurkerl gereinigt und nach Größe sortiert ins Glas gesteckt wird.

Mit der Frage nach der Bedeutung des Begriffs Fadinger-Hochzeit begeben wir uns wieder zurück auf den Pfad heimatlichen Brauchtums. Stefan Fadinger war Anfang des 17. Jahrhunderts ein in Oberösterreich sehr populärer Anführer der aufständischen Bauern: ein legendenumwobener Volksheld, dessen Ruf in Oberösterreich dem von Andreas Hofer in Tirol um nichts nachsteht. Beide Widerstandskämpfer hatten offenbar ein gutes Gespür für griffige Slogans. War Hofers Leitspruch »Mander, 's isch Zeit«, wurde Fadinger mit dem Spruch »Es muaß sei« berühmt. Womit die Frage, worum es sich bei einer Fadinger-Hochzeit handelt, schon fast beantwortet wäre: eine wegen einer bereits bestehenden Schwangerschaft vermeintlich unvermeidliche Eheschließung.

Apropos Hochzeit: Wer den Kuppel-Cup gewinnen will, muss dazu weder möglichst viele Ehen stiften, noch den Rückwärtsgang geräuschlos einlegen können. Es genügt vollauf, bei Vergleichswettkämpfen freiwilliger Feuerwehren als Schnellster eine bestimmte Strecke Schlauch einsatzfertig zusammenzukuppeln.

Welches gewagte Experiment eines Schweizer Bauern führte vor acht Jahren dazu, dass sein Stall bis auf die Grundmauern niederbrannte?
Auf einem Bauernhof in Turbach im Berner Oberland ereignete sich 1996 unfreiwillig Tragikomisches. Bauer Emil Abderhalden wollte wissen, ob – wie landauf landab behauptet wurde – Körpergase tatsächlich brennbar sind. Um sich selbst nicht zu gefährden, führte er dieses Experiment vorsichtshalber an einer seiner sechs Kühe durch. Ausgerechnet an einem sonnigen Frühlingstag, an dem die Kuh besonders starke Blähungen hatte. Das Resultat war verheerend: Eine Stichflamme steckte Stroh in Brand, der ganze Stall brannte bis auf die Grundmauern nieder. Glück im Unglück: Der Bauer konnte sich und alle sechs Kühe retten.

Forschergeist und Einfallsreichtum zählen ganz offensichtlich zu den Stärken Schweizer Landwirte: **Wie düngen die Bauern auf der Schweizer Riederalp ihre Felder?**
Zu diesem Zweck veranstaltet ihr Besitzer immer im Spätsommer ein recht spezielles Golfturnier, bei dem es darum geht, Kuhfladen mit dem Golfschläger möglichst gleichmäßig über die Weiden zu verteilen. Wer keinen Golfschläger hat, darf auch mit einer Mistgabel

abschlagen. Hauptsache, der Mist fliegt in hohem Bogen in alle Richtungen.

Ein ausgefallenes Hobby pflegt auch eine bayerische Bäuerin: Warum hängt Daniela Dorrer aus Landshut Watte in ihrem Kuhstall auf? Die Watte dient als textiler Geruchsträger, wird in Aluminiumdosen abgefüllt und im Internet vertrieben. »Sie suchen die etwas andere Geschenkidee«, so der Werbetext, »mit der Sie Ihre Freunde, Familie und Bekannte verblüffen können? Es soll ein kleines, aber eindrucksvolles Mitbringsel oder ein kleines Geschenk sein? Sie wollen wissen, wie es in einem Stall wirklich riecht? Holen sie sich den original bayerischen Stallgeruch nach Hause. Mit Stallduft aus der Dose.«

Der unbändige Wunsch, Scheiße in Gold zu verwandeln, ließ auch einen französischen Landwirt nicht ruhen: Wie macht Olivier Legrand seinen Kuhmist zu Geld? Er hat einen Internet-Service für enttäuschte Liebespartner, genervte Nachbarn oder gestresste Angestellte ins Leben gerufen, denen womöglich die passenden Worte fehlen. Unter dem Motto »Sag's mit Kuhmist« verschickt er für knapp 10 Euro hübsche Geschenkschachteln mit diskret verschweißten Plastiksackerln an den gewünschten Widersacher. »Riecht ziemlich übel«, sagt Legrand, »aber es ist zu 100 % biologisch und kann dann ja auch als Dünger für Rosen verwendet werden.«

Eine hübsche Portion Schadenfreude stand auch beim Begriff Jungjägerring Pate. So nennen Waidmänner jene ringförmige Narbe zumeist im Bereich der Augenbraue, die das Zielfernrohr eines Gewehres durch den Rückstoß in das Gesicht eines noch unerfahrenen Jägers zeichnet.

Bei einem Rückschlagring handelt es sich allerdings um einen Daumenring, der in erster Linie beim Zitherspielen verwendet wird. Der Ring hat eine kleine Spitze, um die Saiten nicht nur vorwärts, sondern auch rückwärts anschlagen zu können.

Warum haben viele Bewohner von Edlau im Mühlviertel wochenlang Tag und Nacht ihr Radio laufen lassen?

Diese Geschichte ist keineswegs an Edlau gebunden, aber dank der detektivischen Mitarbeit des Amtsleiters des Gemeindeamts von Lasberg ist sie für Edlau verbrieft. Begonnen hat alles damit, dass sich im Dachboden eines Hauses in Edlau an einer unzugänglichen Stelle ein Marder eingenistet hatte. Der Besitzer des Hauses bekam den Tipp, in der Nähe ein Radio laufen zu lassen. Nachdem kein noch so harter Marder eine derartige Dauerbeschallung mit Formatradio aushält, übersiedelte er in den nächsten verfügbaren Dachboden. Der Tipp mit dem Radio hatte sich aber schnell herumgesprochen, sodass schon bald in fast allen Dachböden in Edlau ein Radio lief – und ein vermutlich ziemlich entnervter Marder sein Ränzlein schnürte und den Ort verließ.

Wenn also ein simples Radio ein ökologisch einwandfreier Marder-Vertreiber ist, worum mag es sich dann bei einem Dachs-Vertreiber handeln? Mit Nagetier-Vergrämung hat dieser Begriff erstaunlicherweise gar nichts zu tun. Es ist vielmehr ein wertvoller Pinsel aus Dachshaaren, mit dem die Farbe besonders fein vertrieben werden kann.

Zwerge
in der Nikolausfalle
Märchen und Mythen

Bisweilen genügt es, ganz einfach anmutende Fragen zu stellen, um dem Rateteam Probleme zu bereiten. Eine solche möge das Märchen-Kapitel eröffnen: Warum tragen Zwerge Mützen?
Früher wurden Kleinwüchsige oft im Bergbau beschäftigt. Auch Schneewittchens berühmte sieben Zwerge sind ja Bergleute. Um sich in den engen und niedrigen Stollen nicht ständig die Köpfe anzuhauen und um vor herabfallenden Steinen geschützt zu sein, trugen sie mit Stroh gefüllte Mützen als Schutzhelme.

Zwergsignale gibt es keine unter Tage. Die stehen zumeist neben Weichen. Es handelt sich dabei nämlich um spezielle Lichtsignale für den Bahnverkehr, die nicht wie andere Bahnsignale hoch oben an Masten angebracht sind, sondern am Boden stehen und vergleichsweise klein sind.

»Schneewittchen und die sieben Zwerge« sind ja spätestens seit der Disney-Adaption weltberühmt. Trotzdem kam es vor einigen Jahren zu einem kleinen Skandal: Warum wurde eine Ausgabe des Märchens »Schneewittchen und die sieben Zwerge« in China wieder aus den Regalen der Buchgeschäfte entfernt?

Diese ganz besondere Ausgabe von »Schneewittchen« musste deshalb wieder entfernt werden, weil dem Verlag ein peinlicher Fehler unterlaufen war: Er hatte versehentlich eine pornografische Nacherzählung des Märchens übersetzen und drucken lassen.
Auch in Amerika wurden Märchen und Legenden immer wieder aus den Büchereien entfernt. Dazu bedurfte es nicht einmal eines Druckfehlers oder einer allzu schamlosen Illustration. In Los Angeles betraf

das Verbot den Klassiker »Tarzan«, weil sein Zusammenleben mit Jane die wilde Ehe gutheiße und fördere. »Robin Hood« war gleich in mehreren Staaten verboten, weil sein räuberisches Prinzip, den Reichen ihr Geld wegzunehmen, um es den Armen zu geben, kommunistische Propaganda sei.

Bleibt die Frage: Warum wurde in Kalifornien 1990 eine illustrierte Ausgabe des Märchens »Rotkäppchen« von der Polizei beschlagnahmt?
Es gibt in »Rotkäppchen« tatsächlich einen sehr gefährlichen Moment, der das Seelenheil unreifer Leserinnen und Leser schwer zu beeinträchtigen imstande ist. Die wölfische Verspeisung der Großmutter ist völlig harmlos im Vergleich zu der abenteuerlichen Aktion, dass Rotkäppchen seiner Großmutter eine Flasche Wein mitbringt. In einem Kinderbuch habe »Anstiftung zum Alkoholkonsum« nichts verloren, argumentierten die übereifrigen Sittenwächter.

Der Rotkäppchen-Service beinhaltet schließlich auch keinen Wein. Unter diesem Namen wurde Ende der 1960er-Jahre das Betreuungsprogramm der Lufthansa für allein reisende Kinder ins Leben gerufen, da die zuständigen Hostessen ein rotes Käppchen trugen.

Die überregionale Bekanntheit vieler Märchen hat auch die Wissenschaft immer wieder dazu veranlasst, Effekte, Phänomene oder Syndrome nach deren Hauptfiguren zu benennen, wenn sich nur irgendwie eine Ableitung konstruieren ließ. In einem »Standard«-Kommentar vom 9. April 1999 – und bislang nur dort – war beispielsweise von einem Rumpelstilzchen-Effekt in Vorwahlzeiten die Rede. Zur Umschreibung der damaligen Erkenntnis, dass jene Gruppe Stimmberechtigter immer größer wird, die bei Meinungsumfragen nicht zugibt, die FPÖ wählen zu wollen, bemühte der Autor das Motto des bösen Waldschrats »Ach wie gut, dass niemand weiß …«
Üblicherweise ist unter dem Rumpelstilzchen-Effekt aber etwas ganz anderes zu verstehen. Psychologen beziehen sich nämlich dabei auf die ersten beiden Zeilen jenes Liedes, das das Rumpelstilzchen singt, während es um sein Lagerfeuer tanzt: »Heute back ich, morgen brau ich, übermorgen hol ich mir der Königin ihr Kind.« Als Rumpelstilz-

chen-Effekt bezeichnen sie daher die menschliche Neigung zu einem unrealistischen Planungsoptimismus. Einfacher ausgedrückt: die bei vielen Menschen stark ausgeprägte Eigenart, sich immer nur den günstigsten Lauf der Dinge auszumalen, ohne mögliche Konflikte oder Probleme mit einzukalkulieren.

Der Tapfere-Schneiderlein-Effekt verdankt seine Existenz dem Gürtel oder der Schärpe, auf dem der heimliche Held stolz vermerkt hatte, es habe »Sieben auf einen Streich« erlegt. Die meisten, die diesen Spruch lasen, verstanden darunter, dass der Schneider wohl sieben Menschen auf einen Streich erledigt habe. In Wirklichkeit waren es aber nur sieben Fliegen auf seinem Powidlbrot, denen er das Licht ausgeblasen hatte. Der Tapfere-Schneiderlein-Effekt ist daher das Ausnutzen der Zweideutigkeit einer Aussage, die eindeutig wirkt.

Die Rapunzel-Zahl kommt dabei heraus, wenn Physiker und Friseure gemeinsame Sache machen. Diese Maßzahl beschreibt nämlich das Verhältnis von Schwerkraft zu Haarlänge und das Fallverhalten unterschiedlich langer Woll- oder Fellhaare.

Die Rapunzel-Zahl ist auch eine wichtige Größe bei der Pferdeschwanz-Gleichung, die u. a. auch die Lockigkeit und Elastizität der Haare berücksichtigt. Die Pferdeschwanz-Gleichung beschäftigt sich mit der Frage, warum ein Zopf mal fächer- und mal bogenförmig fällt oder schlicht geradlinig wächst.

Auch Heilige sind nicht davor gefeit, als Namensspender herangezogen zu werden. Der Nikolaus-Effekt ist beispielsweise ein Begriff aus dem Personalmanagement. Um ihn zu verstehen, gilt es, sich kurz die Situation zu vergegenwärtigen, wenn der Nikolo sein großes, scheinbar das ganze Jahr über penibel geführtes Goldenes Buch öffnet und daraus vorliest. Dank des Kurzzeitgedächtnisses der Ghostwriter ist es ja dann oft so, dass darin hauptsächlich die Sünden und guten Taten der letzten Tage und Wochen vermerkt sind. Leistungen oder Verfehlungen, die länger zurückliegen, sind bereits vergessen. Auch im Bereich der Personalbeurteilung gibt es diesen unfairen Nikolaus-Effekt, der bewirkt, dass bei der Einschätzung von Mitarbeitern die letzten, frischesten Eindrücke immer sehr viel stärker ins Gewicht fallen als länger zurückliegende.

Um ein kleines Eckhaus komplizierter ist die Nikolausfalle. In dem berühmt-berüchtigten und moralisch verzopften Kindererziehungs-Klassiker »Der Struwwelpeter« droht der Nikolaus all jenen bösen Buben Bestrafung an, die den kohlpechrabenschwarzen Mohren nicht in Ruhe lassen. Er könne ja nichts dafür, heißt es dort, dass er »so weiß nicht ist wie ihr«. Das Problem seiner tendenziell zu begrüßenden Erziehungsversuche liegt in der Widersinnigkeit der Bestrafung: Wer sich nicht an die Anordnung hält, wird nämlich in ein Tintenfass getaucht, damit er noch schwärzer wird als der Mohr, um dann den Spott am eigenen Leib zu erfahren. Womit das Verspotten der Eingetunkten ob ihrer Dunkelhäutigkeit plötzlich wieder legitimiert wird. Eine derartig fragwürdige pädagogische Logik wird daher in vielen Quellen als Nikolausfalle bezeichnet.

Der letzte Schrei der Widerstandshose

Modisch geht die Welt zugrunde

Kleider machen Leute. Und Leute, die Kleiderfouls begehen, machen sich weder eines peinlichen Toilette-Fehlers noch eines heimlichen Trikot-Zupfers schuldig, sondern berühren während einer Billardpartie sträflicherweise eine Kugel mit ihrer Kleidung.

Könnte nun beispielsweise ein Magistratsbeamter, der bei der abendlichen Billardpartie noch seine Dienstkleidung trägt, ein Kleiderfoul mit seinem Behördenoberteil begehen? Unwahrscheinlich. Denn dabei handelt es sich um eine Vorrichtung an zentral gesteuerten Heizkörpern, die statt des üblichen Heizleistungsreglers montiert werden kann, um zu verhindern, dass Mitarbeiter oder Kunden die Temperatur eigenmächtig verstellen.

Diese Vorrichtung wird wegen ihres häufigen Einsatzes in öffentlichen Gebäuden auch als Beamtenventil bezeichnet. Womit wir der Bedeutung des durchaus auch modisch interpretierbaren Begriffs Lässigkeitsverlust schon sehr nahe wären. Dabei geht es nämlich um die Mechanik von Verbrennungsmotoren. Lässigkeitsverlust steht für einen Leistungsverlust aufgrund von Durchlässigkeit. Zum Beispiel bei Ventilen oder undichten Zylindern. Wer seinerseits nicht ganz dicht unter dem Zylinder ist, läuft natürlich auch ständig Gefahr, einen Lässigkeitsverlust zu erleben.

Nicht besonders lässig ist es auch, wenn sich bereits am Mantel Schweißflecken im Achselbereich abzeichnen. Bei Mantelschweiß haben wir es allerdings mit einem geologischen Begriff zu tun. Der Mantelschweiß findet sich stellenweise als Erdkruste am Boden der Meeresbecken. Mit Mantel ist in diesem Fall der Erdmantel gemeint. Als Schweiß bezeichnen Geologen jene Magmaschicht, die sich aus

Millionen Magmatröpfchen gebildet hat, die durch das poröse Gestein im Lauf der Zeit ausgetreten sind. Ganz so, als ob das Gestein dort schwitzen würde.

Während eine Stiefelprobe für den Normalverbraucher als üblicher Vorgang in einem Schuhgeschäft verstanden werden könnte, ist er in der Veterinärmedizin eine Möglichkeit zur sogenannten Kotbewertung, mit der der Gesundheitszustand von Rindern überprüft werden kann. Der Tierarzt steigt dazu einfach mit den Stallstiefeln in einen frischen Fladen. Im besten Fall bleibt kein Sohlenprofil im Kuhfladen zurück und der Kot saugt sich beim Anheben des Stiefels auch nicht an.

Wenig wünschenswert wäre es in diesem Fall, ein großes Loch in der Sohle zu haben. Derartiges Schuhwerk gibt es aber. Warum werden manche Schuhe bereits mit einem großen Loch in der Sohle hergestellt? Diese Schuhe werden speziell für Schaufensterpuppen produziert. Durch das Loch in der Sohle wird der für die aufrechte Haltung der Puppe unverzichtbare Fersendorn der Standplatte geführt. Keineswegs dient er dem Komfort des Trägers. Ein Komfortloch ermöglicht vielmehr eine gemütliche Bauchlage bei Massagen: Es ist das Loch für das Gesicht in einer Massageliege.

Ein Loch in der Schuhsohle könnte andererseits ein geeignetes Mittel sein, Schlapfendampf abzulassen. Dabei handelt es sich allerdings um einen typisch wienerischen Ausdruck, der heutzutage nicht mehr allzu gebräuchlich ist. Vor über hundert Jahren arbeiteten die Perlmuttdrechsler Ottakrings mit pedalbetriebenen Drehbänken. Diese Form der Energiegewinnung wurde damals in Wien mit dem schönen Ausdruck Schlapfendampf bedacht.

Weshalb verhängten die Behörden in der britischen Grafschaft Lancashire einen Sockenerlass?
Verantwortlich für diesen Erlass, in dem es übrigens nicht um ein Verbot weißer Tennissocken in Sandalen ging, war die Gesundheitsbehörde. Er richtete sich ausschließlich an die Spitalsärzte in Lancashire. Ihnen wurde darin ausdrücklich verboten, Socken mit Cartoons

zu tragen: Snoopy-, Mickey-Mouse- oder Simpsons-Motive seien nicht dazu geeignet, so die Gesundheitsbehörde, den Patienten Vertrauen in die Kompetenz der Ärzteschaft zu vermitteln.

Warum zogen sich in der neuseeländischen Ortschaft Dunedin im August 2008 zahlreiche Fußgänger ihre Socken über die Schuhe?
Im Rahmen einer streng wissenschaftlichen Untersuchung sollte der Nachweis erbracht werden, dass über die Schuhe gezogene Socken die Rutschgefahr auf glatten Wegen deutlich reduzieren. Als Versuchsgelände wurde eine besonders steile Straße in Dunedin ausgewählt, da es in dieser Stadt laut dem »Guinness Buch der Rekorde« die »steilste Straße der Erde« gibt. Probanden auf diese Baldwin Road zu schicken, erschien ihnen bei allem Forscherdrang aber dann doch »ethisch und juristisch unvernünftig«. Sie wählten eine etwas weniger steile Straße für ihren Versuch aus. Bleibt noch zu erwähnen, dass den Wissenschaftlern der Nachweis gelang und ihre Arbeit mit dem Ig-Nobelpreis für Physik ausgezeichnet wurde. Dabei handelt es sich um eine von der Harvard-Universität alljährlich verliehene, satirisch gemeinte Auszeichnung für besonders unnütze, unwichtige oder skurrile wissenschaftliche Arbeiten.

Die zweifelhafte Ehre eines Ig-Nobelpreises wurde auch dem Notfall-BH zuteil. Diese Erfindung der Medizinerin Elena Bodnar ist in zwei Teile zerlegbar: Beide Körbchen können im Notfall als Atemschutzmasken verwendet werden.

Orientiert sich der modische Single beim Kleidungskauf an der aktuellen Junggesellen-Linie? Oder ist das die Straßenbahnlinie in den Vergnügungsbezirk? Es geht noch dümmer: So wird nämlich in Haushaltskursen für Männer und Frauen jener markante Knick genannt, der beim Trocknen von Wäsche entsteht, wenn man keine Wäscheklammern verwendet, sondern sie einfach über die Leine hängt.

Nach einem Begriff aus der Haushaltsschule klingt auch der Bügelaufschlag. Auch der Hinweis, dass dieser eng mit dem Telleraufschlag verwandt ist, führt Rätselnde noch nicht zwangsläufig auf die richtige Fährte. Doch wo könnte die Schnittmenge zwischen Bügelbrett und

Essgeschirr liegen? Im Wintersport. Als Bügel- beziehungsweise Telleraufschlag wird jene Rampe am Ende eines Schlepplifts bezeichnet, auf der die Bügel oder Teller nach dem Loslassen aufschlagen, damit sie abgebremst werden und sich wieder aufrollen können.

Die Modemacher kümmern sich ja bereits um fast jeden Bereich des Lebens. Aber entwickeln sie jetzt auch bereits für Formen und Farben von Schuheinlagen und Slipeinlagen trendige Einlagelinien? Ohne das mit Sicherheit verneinen zu können, sei festgehalten, dass es sich dabei vorläufig noch um zusätzliche Straßenbahnlinien handelt, die nur dann verkehren, wenn anlässlich von Großveranstaltungen oder Messen mit besonderem Passagieraufkommen zu rechnen ist.

Warum hat der US-Zoll 1995 eine Containerladung Unterwäsche beschlagnahmt und vernichtet?

Es handelte sich dabei um Superheldenunterwäsche für Kinder, die mit den Symbolen von »Batman«, »Superman« und »The Flash« bedruckt war. Die Beschlagnahmung erfolgte aus versicherungstechnischen Gründen. In den USA darf derartige Bekleidung nämlich tatsächlich nur mit einem eingenähten oder aufgedruckten Warnhinweis verkauft werden: »Achtung, Kleidung verleiht keine Flugfähigkeit!« Die Herstellerfirma legte damals vergeblich mit der schönen Begründung Beschwerde ein, Batman und The Flash könnten ja gar nicht fliegen.

Ein Superman-Logo im Slipbereich fällt nicht nur den Zollbeamten auf. Auch Werft- und Hafenarbeiter würden sich wundern, wenn es plötzlich auf ihrem Slipbereich auftaucht. So nennen sie nämlich jene üblicherweise mit Gleisen und Slipwagen ausgestattete schräge Ebene, über die sie Schiffe vorsichtig ins Wasser rutschen (engl. to slip) lassen.

Der Schlüpfertyp steht sicher nicht auf Unterwäsche. Dabei handelt es sich nämlich nicht um einen Fetischisten, sondern – im Jargon der Jäger – um ganz bestimmte Rotwild- und Antilopenarten, die bevorzugt in unterholzreichen Habitaten leben. Aufgrund ihres schmalen Körperbaus können sie nämlich auf der Flucht geduckt und geschwind durchs Gebüsch schlüpfen.

Die Jugend hat es ja heutzutage modisch wahrlich nicht leicht. Der Gruppendruck zwingt viele dazu, ständig die coolsten Klamotten nicht nur zu kennen, sondern auch zu kaufen. Und zu allem Überfluss müssen dann auch noch alle Gesetze und Bestimmungen eingehalten werden. Auf welches neue Gesetz mussten modebewusste junge Männer 2008 in Flint im US-Bundesstaat Michigan besonders achten?

Es ging um den Hip-Hop-Modetrend der sogenannten Saggy Pants, der Jugendliche dazu veranlasste, ihre Hosen möglichst weit unterhalb der Hüften zu tragen. Dieser vermeintlich unsittliche Stil war der Stadtverwaltung von Flint ein Dorn im Auge. Der Bürgermeister wetterte, die Saggy Pants seien schuld an der wirtschaftlichen Flaute, weil die »halb nackten Jugendlichen potenzielle Investoren und Kunden abschrecken«. Also wurde ein Gesetz erlassen: Wer mehr als acht Zentimeter seiner Unterhose entblößt, muss wegen ungebührlichem Benehmen bis zu 500 Dollar Strafe zahlen. Wehe, die Unterhose rutscht ein klein wenig hinunter. Dann droht dem Modeopfer sogar eine einjährige Gefängnisstrafe wegen sittenwidriger Entblößung.

In Österreich hingegen zählt dieser Modetrend bereits seit Jahrzehnten unter dem Fachbegriff Maurer-Dekolleté zur Handwerker-Folklore.

Wer sich gegen staatliche Modediktate wehren möchte, trägt bei der nächsten Demo eine Widerstandshose. Diese gibt es in Sportartikelgeschäften, da es sich um spezielle Badehosen mit ganz weiten, ausgestellten Taschen handelt. Dadurch entsteht ein größerer Wasserwiderstand, der den Trainingseffekt für den Schwimmer erhöht.

Weniger empfehlenswert sind Hosen mit extremer Schrittspannung. Das klingt bereits schmerzhaft, bevor man weiß, dass hier von elektrischer Spannung die Rede ist. Wenn ein Blitz einschlägt oder ein Starkstromkabel die Erde berührt, verteilt sich die freigesetzte Spannung im Boden. Steht man als Mensch blöderweise in der Nähe und macht unbedacht einen großen Schritt, schlägt die Schrittspannung aufgrund der unterschiedlich hohen Ladungen an den Fußaufsatzpunkten zu. Sie kann tödlich sein. Die Schrittspannung ist also eine Größenangabe zur Definition der Bodenspannung zwischen zwei Polen, die einen Meter voneinander entfernt sind.

Bei Taschenschreiern handelt es sich nicht um Vertreter jenes durch die Fernsehwerbung berühmt gewordenen Menschenschlags, die beim Anblick neuer Angebote eines Online-Modeversandhauses hemmungslos zu kreischen beginnen, sondern um ein handliches Warngerät für Menschen, die in Kernkraftwerken oder Forschungslaboren mit radioaktiver Strahlung in Berührung kommen könnten. Wird der erlaubte Höchstwert überschritten, fängt der Alarm in der Tasche an zu schreien.

Der Lederhosen-Test ist weder eine Maßnahme des Konsumentenschutzes noch ein Bestandteil der bayerischen Staatsbürgerschaftsprüfung. Er ist ein aus dem 15. und 16. Jahrhundert überliefertes Brauchtum, um den Malzgehalt von Bier zu überprüfen. Dazu wurde ein Krug Bier über eine Holzbank gegossen, drei Testpersonen mit Lederhosen mussten darauf Platz nehmen und auf ein Kommando gleichzeitig aufspringen. Riss es die Bank mit in die Höhe, hatte der Bierbrauer den Qualitätstest bestanden, weil ausreichend klebriger Malzzucker im Bier vorhanden war.

Wieso waren im Juni 2006 in Stuttgart Hunderte Holländer ohne Hosen unterwegs?
In Stuttgart fand am 16. Juni 2006 das Fußball-WM-Spiel zwischen den Niederlanden und der Elfenbeinküste statt. Eine niederländische Brauerei mit dem trefflichen Namen Bavaria hatte aus diesem Anlass als Werbegag am Spieltag in der Stuttgarter Innenstadt orangefarbene Latzhosen an die holländischen Fans verteilt. Diese entsprachen jedoch wegen des aufgedruckten Logos der Brauerei nicht dem strengen Regelwerk der FIFA, laut der Werbung für Nicht-FIFA-Sponsoren in den Stadien verboten ist. Da die Fans also mit diesen Hosen nicht ins Stadion gelassen wurden, zogen sie sie kurzerhand aus, um das Spiel zu sehen.

Keinerlei modische Gründe waren ausschlaggebend für besondere Accessoires an türkischen Uniformen: Warum wurden früher türkischen Rekruten Zwiebel und Knoblauch an die Schultern gehängt?
Um diesen außergewöhnlichen Soldatenschmuck etwas zu konkreti-

sieren: Es waren nur einige Rekruten davon betroffen – und ihnen wurde die Zwiebel stets an die eine Schulter und der Knoblauch an die andere gehängt. Eher zur Verwirrung beitragen dürfte der Hinweis, dass in Österreich zur Erzielung desselben Effekts wohl Lauch und Rettich verwendet werden müssten. Wer indes des Türkischen mächtig ist, könnte bereits erkannt haben, dass in dieser Sprache die Worte für Zwiebel [soğan] und links [sol] ebenso mit der gleichen Silbe beginnen wie Knoblauch [sarımsak] und rechts [sağ]? Um also beim Exerzieren ohne große Nachdenkzeit erkennen zu können, wo rechts und wo links ist, bekamen die begriffsstutzigeren Rekruten links eine Zwiebel und rechts eine Knoblauchknolle verpasst.

Auch die Hauptbehaarung ist fest in der Hand von Modeschöpfern und erfindungsreichen Coiffeuren. Die Entwarnungsfrisur war in den 1940er- und 1950er-Jahren der letzte Schrei. Ihren merkwürdigen Spitznamen bekam diese Kreation, bei der alle Haare nach oben frisiert wurden, wegen des für die Menschen im Luftschutzkeller erlösenden Entwarnungsrufs »Alles nach oben!«.

Weniger geeignet für feierliche Anlässe ist der Hausmeisterschnitt. So bezeichnen nämlich Spötter die von ungelernten Gartenpflegern beliebte Technik, Sträucher jedweder Art zu rundlichen Gebilden zurechtzustutzen. Die meisten dieser dermaßen malträtierten Gewächse verkahlen dann unten, während sich oben dichtes Gestrüpp mit nur wenigen Blüten bildet.

Nicht aus der Fachsprache der Friseure stammt auch der Begriff Kammbindung. Diese wird oft mit der Spiralbindung verwechselt, dient also der dauerhaften Verbindung von Kalenderblättern oder College-Block-Seiten. Bei der Kammbindung greift eine Plastikzahnung von oben und unten in die vorgestanzten Löcher der zusammenzuhaltenden Seiten.

Die Hutmode unterliegt ebenfalls einer strengen Etikette. Wo kämen wir denn da hin, wenn einfach jeder eine x-beliebige Kopfbedeckung tragen dürfte? Das Hutrecht hat damit allerdings nichts zu tun. Es heißt nämlich auch Weidservitut oder Weidegerechtigkeit und leitet sich von dem Verb hüten ab. Das Hutrecht war das Recht, das Vieh bei Bedarf auch auf fremdem Grund und Boden weiden zu lassen.

Um keinerlei Kopfbedeckungswettbewerb handelt es sich bei der Schlafmützenkonkurrenz. Das ist nämlich ein Begriff aus der schönen Volkswirtschaft. Wenn Unternehmen keinen Anreiz haben, Innovationen oder Veränderungen durchzuführen, weil sie mit ihren Konkurrenten in einer Art friedlichen Koexistenz leben, wird diese Wettbewerbssituation als Schlafmützenkonkurrenz bezeichnet.

Eine Schrumpfhaube ist keine praktische shrink-to-fit-Wintermütze, sondern ein Fachbegriff aus dem Spediteurswesen. Es handelt sich dabei um Plastikfolien, die zusammenschrumpfen, wenn sie erhitzt werden, um auf Paletten gestapelte Waren für den Transport zu stabilisieren und vor Witterungsschäden und Diebstahl zu schützen.

Eine Schrumpfkapsel ist folgerichtig kein kleines Raumschiff, sondern jene Versiegelungsfolie, die nach dem Verkorken einer Weinflasche über den Flaschenhals geschrumpft wird.

Wer ein ausgefallenes modisches Accessoire sucht, könnte indes zu einer Schamkapsel greifen. Sie trägt auch den nicht minder schönen Namen Gliedschirm und war im 15. und 16. Jahrhundert ein unter Adeligen beliebter auffällig gestalteter Hosenlatz. Bei Ritterrüstungen war die Schamkapsel ein aus einer ovalförmig ausgebeulten Metallplatte bestehender funkelnder Genitalschutz.

Schmuckeremiten mit Dufttauben

Monarchen und Marotten

Da das Augenmerk der Geschichtsschreibung stets vorrangig auf die herrschende Klasse gerichtet war, sollte man nicht ausschließlich adelige Degenerationserscheinungen dafür verantwortlich machen, dass besonders viele kuriose Geschichten über Monarchen kursieren. Zu einer auffällig weitverbreiteten Verhaltensauffälligkeit gekrönter Häupter zählt allerdings die eigentümliche Handbewegung, mit der sie das Volk huldvoll zu grüßen pflegen, wenn sie in ihren goldenen Kutschen ihre Runden drehen. Bei einem Winkschaden handelt es sich allerdings um einen Begriff aus der Welt der Eisenbahn-Freaks, die sich selbstironischerweise auch als Ferrosexuelle bezeichnen. Ein wesentlicher Bestandteil dieser Leidenschaft ist es, möglichst viele verschiedene und ausgefallene Züge und Lokomotiven abzulichten. Fotos, auf denen ein Passagier aus dem Fenster winkt, wird in diesen Kreisen als weniger wertvoll erachtet, weil es einen sogenannten Winkschaden hat.

Einen eher unfreiwilligen Bezug zu Eisenbahnen hatte Kaiserin Sisi. Sie hatte nämlich einen außergewöhnlichen Spitznamen, der ihr während ihrer vielen Aufenthalte auf Korfu verpasst wurde. Warum wurde Kaiserin Sisi von den Griechen auch Eisenbahn genannt?
Bei ihren Besichtigungstouren und Spaziergängen beeindruckte sie die Griechen mit ihrer an eine Dampflok gemahnenden Geschwindigkeit und Ausdauer. Ihre Hofdamen mussten eigens nach ihrer Marschfähigkeit ausgewählt werden.

Warum hatte Kaiser Franz Joseph den Spitznamen Seeadler?
Franz Joseph verfügte weder über einen besonders scharfen Blick, noch ernährte er sich vorrangig von Fischen. Während seiner Regent-

schaft kam es allerdings zu einer regelrechten Inflation an Adelstiteln. Den etwas spöttischen Spitznamen Seeadler bekam er, weil es hieß, er adle jeden, den er sieht.

Die Redewendung den Doppeladler machen war in der Monarchie eine metaphorische Umschreibung für eine Ehe, in der sich nichts mehr abspielt. Wenden sich Mann und Frau im Ehebett voneinander ab, bilden sie nämlich mit ihren Köpfen und Körpern mit etwas Phantasie die Silhouette des Doppeladlers.

Keinerlei medizinisches Vorwissen ist für einen Kaiser-Franz-Joseph-Einlauf nötig. Auch von Pferderennen braucht man nicht mehr zu verstehen als der Kaiser selbst. Nämlich nichts. Kam er bei gesellschaftlichen Anlässen dennoch in Verlegenheit, eine Wette abgeben zu müssen, lautete sein Tipp stets: »Das Pferd mit der Nummer 1 wird Erster, das mit der Nummer 2 wird Zweiter und das mit der Nummer 3 Dritter.« Tritt dieser Zufall wirklich ein, spricht der Fachmann bis heute von einem Kaiser-Franz-Joseph-Einlauf.

Warum bestrich sich eine Angestellte von Kaiserin Sisi den Oberschenkel mit Honig, bevor sie ihren Dienst antrat?

Bei der Angestellten handelte es sich um die Friseurin der Kaiserin namens Fanny Feifalik. Sisi hatte panische Angst vor Haarausfall und akzeptierte nur sie als Friseuse, weil sie ihrer Meinung nach ganz besonders pfleglich mit ihrer Haarpracht umzugehen verstand. Nie fand sich nach Fannys ausgiebiger Haarpflege auch nur ein einziges kaiserliches Haar in der Bürste. Fannys Trick hieß Honig. Jedes Mal, nachdem sie mit der Bürste durch die Haare von Sisi gefahren war, entsorgte sie die ausgegangenen Haare mit einer unauffälligen Handbewegung an ihrem mit Honig bestrichenen Oberschenkel.

Warum geht eine Uhr in Sisis Schlafgemach in der Hofburg rückwärts?

Auf dieser wertvollen astronomischen Standuhr aus dem Jahr 1671 lassen sich auch die Mondphasen, die geographischen Zeitunterschiede und sogar die Namen der Tagesheiligen ablesen. Die Zeiger der Uhr aber drehen sich auf Wunsch der Kaiserin gegen den Uhrzeigersinn. Auch die Ziffern sind verkehrt herum angeordnet. Sisi konnte die Uhr von ihrem Bett aus nämlich nur in einem Spiegel sehen.

Um einen Kronenspiegel handelt es dabei aber nicht. So wird auch weder das dänische Budget noch eine kleinformatige Presseschau oder der Alkoholpegel eines Menschen bezeichnet, der konstant einen in der Krone hat. Es ist vielmehr ein Gerät für Förster, mit dem sie die Dichte ihres Waldes leichter abschätzen können. Das ist wichtig, um zu gewährleisten, dass der Nachwuchs am Boden genug Sonne bekommt. Weil dieses Gerät so funktioniert, dass man nackenschonenderweise über einen schrägen Spiegel die Baumkronen anvisiert, heißt es Kronenspiegel.

Als Konversationsspiegel wird indes ein kleiner ausklappbarer Spiegel im Innenraum mancher Autos bezeichnet, mit dem der Fahrer die Personen auf der Rückbank sehen kann, während er mit ihnen kommuniziert.

Der Rückspiegel im Auto stand auch Pate für den Begriff der Spiegelrettung. In den 1950er-Jahren kamen bei Unfällen oder Notfällen nicht immer Sanitäter und Fahrer mit dem Notarztwagen zum Einsatzort, um dann den Patienten bei Bedarf bereits während der Fahrt ins Spital behandeln zu können, sondern nur ein Helfer, der als Sanitäter und Fahrer in Personalunion fungierte. Der Umstand, dass er den Patienten beim Transport im Rückspiegel selbst überwachen musste, führte zu der Bezeichnung Spiegelrettung.

Nach dieser verspiegelten Abschweifung nun wieder zurück ins Kuriositätenkabinett durchlauchter Denkwürdigkeiten. Warum ließ sich der schwedische König Karl XIV. Johann nie von seinen Kammerdienern aus- oder anziehen, geschweige denn waschen?
Eva Marold kam mit ihrer Idee, dass ihm möglicherweise eine Schatzkarte auf den Hintern tätowiert worden war, der Wahrheit schon erstaunlich nah. 1818 bestieg Napoleons Marschall Jean Baptiste Bernadotte nach seiner Adoption durch den kinderlosen schwedischen König Karl XIII. als Karl XIV. Johann den schwedischen Thron. Erst nach seinem Tod wurde beim Waschen der Leiche eine Tätowierung

an seinem Arm entdeckt, die dem ehemaligen Revolutionsgeneral in seiner Rolle als König verständlicherweise unangenehm war. Sie lautete: »mort au roi« (»Tod dem König«).

Wozu verwendete der äthiopische Kaiser Menelik II. (1899–1913) einen eigens aus den USA gelieferten elektrischen Stuhl?

Der Gedanke, dass er ihn als Thron verwendet haben könnte, liegt irritierend nah und ist überdies richtig. Bleibt die Frage, warum? Besonders bequem war er nämlich nicht. Und der Wunsch, einen einzigartigen königlichen Sessel zu haben, war auch nicht ausschlaggebend. Kaiser Menelik II. wollte sein Land modernisieren und bestellte deshalb 1890 gleich drei dieser neuen High-Tech-Hinrichtungsgeräte direkt beim Erfinder Harold P. Brown, einem Mitarbeiter von Thomas Alva Edison. Ein voreiliger Kauf, wie sich schon bald herausstellte, da es in Äthiopien noch keine Elektrizität gab. Damit die kostspielige Anschaffung nicht ganz für den Hugo war, funktionierte er einen davon zu seinem Thron um.

Warum ließen Pharaonen im alten Ägypten Menschen mit Eselsmilch übergießen?

Eselsmilch hat eine unwiderstehliche Anziehungskraft auf Fliegen. Die mit Eselsmilch Übergossenen waren Diener des Pharaos, deren Aufgabe es war, die Fliegen von seiner Hoheit wegzulocken.

Wozu wurden am Hofe des französischen Sonnenkönigs Ludwig XIV. Tauben gezüchtet?

Weder waren es königliche Brieftauben, noch standen sie zu besonderen Feiertagen auf der Speisekarte. Sie dienten gewissermaßen als Raumspray. Die Tauben wurden parfümiert und dann während der feinen Tischgesellschaften in den Festsälen freigelassen, sodass sie – wie ein Chronist festhielt – »einen Teppich aus Aromen webten«, um den nicht immer nur angenehmen Geruch der Anwesenden zu übertünchen.

Warum ließ der französische König Ludwig XV. um 1770 über 200 Kartäusermönche eine Menschenkette bilden?

Mitte des 18. Jahrhunderts wurde die Leydener oder auch Kleistsche

Flasche erfunden. Das war das erste Gerät, mit dem Strom gespeichert werden konnte, also eine Art Batterie. Und es war bei den Herrschaften der höheren Gesellschaft schon bald ein beliebter Zeitvertreib, damit Menschenketten zu elektrisieren und sich über ihr synchrones Zucken zu amüsieren.

Der Belustigung diente auch das Hochfürstliche Nasenluststechen. Bei der in diesem Fall gemeinten Nase handelt es sich um einen mitteleuropäischen Flussfisch, der sich früher zur Laichzeit in solchen Massen in den Bächen tummelte, dass er mit Speeren gestochen werden konnte. Dieser Sport entwickelte sich stellenweise zu einem gesellschaftlichen Ereignis. Im Raum Hallein mussten die Fischer jedes Frühjahr 1.000 bis 2.000 Stück dieser Nasen fangen und bereithalten, um dem fürstlichen Auftrag zu entsprechen, »jederzeit ein hochfürstliches Nasenluststechen veranstalten zu können, wenn ein solches gewünscht wird«.

Warum werden in der kurfürstlich-königlichen sächsischen Schatzkammer im Residenzschloss von Dresden vier Kirschkerne aufbewahrt?
Diese Kirschkerne aus dem 16. Jahrhundert sind kunstvoll unter der Lupe geschnitzte Einzelstücke. Sie zeigen Bibelgeschichten, Wappen oder Porträts. In einen wurden sogar in sorgfältigster Feinarbeit über 100 Gesichter eingraviert.

Warum bekommt die Stadtregierung von Madrid monatlich eine Stromrechnung für ein Reiterstandbild von Kaiser Karl III. an der zentralen Puerta del Sol?
Das Bronzestandbild wird rund um die Uhr leicht unter Strom gesetzt, um Vögel davon abzuhalten, sich darauf niederzulassen und den König zu bescheißen.

Wer den König beleidigt, macht sich des Kronentritts schuldig. Wer sich dann dem Zugriff des Königs entzieht, begeht Kronenflucht. Klingt beides überzeugend, ist aber beides falsch. Der Kronentritt ist eine Verletzung des Hufkrone genannten oberen Rands von Pferdehufen, die besonders oft bei Springpferden vorkommt, wenn sich das Tier bei der Landung auf die eigenen Hufe steigt. Als Kronenflucht bezeichnet der Zahnmediziner die nach innen gerichtete Neigung der Zahnkronen des Unterkiefers.

Aus welchem speziellen Grund ließ sich König Richard III. bei politischen Verhandlungen Erdbeeren servieren?

Richard III. regierte Ende des 15. Jahrhunderts nur knapp drei Jahre lang, war aber ein ziemlich raffinierter Geselle. Nur ihm war bewusst, dass er unter einer Erdbeerallergie litt. Also ließ er sich während der Verhandlungen mit unliebsamen Gegenspielern irgendwann beiläufig und vor den Augen aller Anwesenden von seinem Widersacher den am Tisch bereitstehenden Teller Erdbeeren reichen und aß davon. Prompt bekam er heftige Rötungen und Schwellungen im Gesicht und kaum noch Luft. Noch unangenehmer waren die Folgen allerdings für seinen Gast. Der wurde des Giftanschlags bezichtigt, angeklagt, im Schnellverfahren für schuldig befunden und hingerichtet.

Welche Veränderung an seinem Dienst-Rolls-Royce ließ Prinz Charles für 12.500 Euro vornehmen?

Es war ein kleines Geschenk für seine geliebte Gattin Camilla. Damit sie für die Fahrt zum Pferderennen in Ascot ihren neuen, überdimensionalen Hut nicht abnehmen musste, ließ er im Fahrgastbereich das Dach ordentlich erhöhen. Jetzt hat der Rolls-Royce eine unschöne, aber teure Beule.

Welche Besonderheit mussten die Hersteller des offiziellen Tafelgeschirrs für die Hochzeit von Kate und William beachten?

Für eine königliche Hochzeit werden alle Teller nach einer 250-jährigen Tradition handgefertigt und mit einem goldenen Ornament aus den Initialen der Vornamen des Brautpaares geschmückt. Im Fall von Catherine »Kate« Middleton und Prinz William durfte erstmals in der

Geschichte des britischen Königshauses der Anfangsbuchstabe des Namens der Braut vor dem des Bräutigams stehen. Nicht etwa aus fortschrittlich emanzipatorischen Erwägungen oder Gründen simpler Höflichkeit, sondern weil sich bei Catherine und William sonst das doch etwas unpassende Kürzel »WC« ergeben hätte.

Womit versuchte der englische Landadel im 18. Jahrhundert seine Gärten besonders originell zu gestalten?
Als letzter Schrei galten seinerzeit sogenannte Schmuckeremiten. Im England des 18. Jahrhunderts statteten exzentrische Landadelige ihre weitläufigen Gärten gern mit malerischen künstlichen Eremitagen aus. Nichts, so meinten sie, könne das Auge mehr entzücken als der Anblick eines schweigsamen älteren Mannes, der in eine armselige Kutte gehüllt die Natur durchstreift. In Zeitungen der damaligen Zeit finden sich sogar Annoncen für diese dekorative Tätigkeit.

Zu welchem Zweck hatte der spanische König Alfonso XIII. (1886–1931) einen persönlichen Bediensteten, der sich bei offiziellen und öffentlichen Anlässen immer in unmittelbarer Nähe des Königs aufhalten musste?
König Alfonso XIII. war so unmusikalisch, dass er sich eigens einen Bediensteten hielt, der ihn darauf aufmerksam machen musste, wenn die Nationalhymne gespielt wurde, damit er sich dann geziemend erhebe. Allein hätte er sie trotz seiner jahrzehntelangen Regentschaft nicht erkannt.
Ganz ähnliche Probleme hatte übrigens auch John F. Kennedy. Bei klassischen Konzerten im Weißen Haus musste daher immer dann unauffällig eine Tür im Blickfeld des Präsidenten geöffnet werden, wenn es Zeit war zu applaudieren. Des Öfteren war ihm zuvor der Fauxpas unterlaufen, beispielsweise zwischen zwei Sätzen einer Sonate zu klatschen.

Alles
eine Frage der Technik

Österreich darf sich rühmen, auf dem Gebiet der Computertechnologie wegweisende Leistungen vollbracht zu haben. Ganz besonders hervorgetan hat sich auf diesem Gebiet Heinz Zemanek, der in den 1950er-Jahren den ersten volltransistorisierten Computer auf dem europäischen Festland baute. Eine Frage aber bleibt: Warum nannte Computerpionier Heinz Zemanek seinen bahnbrechenden Computer »Mailüfterl«?

Die etwas schwachwindige Bezeichnung entstand in Anspielung auf die kurz zuvor in Amerika entwickelten Superrechner namens Wirbelwind und Taifun. Da Zemanek mit einem vergleichsweise lächerlich geringen Budget und langsamen Transistoren auskommen musste, taufte er ihn augenzwinkernd auf den Namen Mailüfterl.

Warum dauerte es Anfang des 19. Jahrhunderts 50 Jahre, bis sich die neu erfundene Konservendose am Markt durchsetzen konnte?

Es klingt fast zu blöd, um wahr zu sein: weil der Dosenöffner erst rund 50 Jahre später erfunden wurde. Laut Gebrauchsanweisung waren die Dosen anfänglich nur mit Hammer und Meißel zu öffnen.

Bei einer Neidröhre oder Geizröhre handelt es sich um eine spezielle, etwas unsympathische Bauweise eines Weinkellers. Üblicherweise sind die Weinkeller einer Kellergasse parallel angeordnet. Wenn nun ein neidisch oder geizig veranlagter Kellerbesitzer seinem Nachbarn keinen größeren Weinkeller gönnte, grub er einfach hinter dessen Keller eine abzweigende Nebenkeller-Röhre, wodurch der benachbarte Keller nicht mehr verlängert werden konnte.

Als Einstichkasten bezeichnen Stabhochspringer jene Vorrichtung im Boden, in die sie mit ihrem Stab vor dem Absprung hineinstechen müssen.

Treffen sie diese Vertiefung nicht, geraten sie verständlicherweise in Panik und schleudern die Stange verärgert zu Boden. Eine Panikstange ist indes ein Türöffner für Fluchttüren, der aus einer quer über das gesamte Türblatt verlaufenden niederdrückbaren Stange besteht, damit sich die Tür auch bei unsachgemäßer Handhabung oder einer Massenpanik sofort öffnet.

Bei einer Pfostenschau handelt es sich nicht um eine feierliche Parade der größten Vollpfosten des Orts, sondern um eine Hundeausstellung, bei der auch die Pfeiler der jeweiligen Zucht – also der Deckrüde und die Hündin – präsentiert werden. Der Begriff hat seinen Ursprung darin, dass die Hunde früher zur Begutachtung und Bewertung an Pfosten angebunden wurden.

Eine einmalige Ausnahme in der Geschichte von »Was gibt es Neues?« war die Frage nach dem Lachestab. Dabei handelt es sich nämlich um das erstaunlich weit verbreitete fehlerhafte Produkt einer schlecht gefütterten Übersetzungsmaschine. Ursprünglich war es einmal ein englisches Wort, mit dem vor allem in Ferienanlagen oder auf Kreuzfahrtschiffen auf eine Einrichtung hingewiesen wurde, bei der ein Gast in unmittelbarer Nähe des Schwimmbeckens Getränke bekam. Die Lache – im Sinne von Lacke, See oder Wasserbecken – war vor ihrer verhunzten Übersetzung ein simpler »pool«. Und die Stange war eine »bar«. So wurde aus der Pool-Bar in vielen Reiseprospekten, auf Hotel-Homepages und etlichen Wegweisern kurzerhand der Lachestab.

Kein Übersetzungsfehler ist die Lachlinie. So nennen Zahnärzte und Kieferchirurgen den Verlauf der Oberlippen-Unterkante beim Lachen. Wie viel Zahnfleisch beim Lachen sichtbar wird, ist für sie ein wichtiges Kriterium bei der Anpassung von Zahnimplantaten.

Ein Heimlichkeitsfeger ist kein kleiner Handfeger, sondern ein mittelalterlicher Beruf. Die in Wien auch als Nachtkönige bezeichneten

Heimlichkeitsfeger hatten die Aufgabe, in der Nacht die Kloaken, Abtritte und Senkgruben heimlich zu leeren und zu säubern.

Das geflügelte Wort Notnagel stammt von der Feuerwehr. Für den Fall, dass Feuerwehrmännern früher in oberen Stockwerken der Rückweg über die Treppen vom Feuer abgeschnitten war, hatten sie stets eine Rettungsleine und ein Feuerwehrbeil dabei. Im Futteral des Beils steckte der Notnagel: ein kräftiger, mit einer Öse versehener Nagel, den sie mit dem Beil in einen Balken schlagen konnten, um sich dann mit der Rettungsleine abzuseilen.

Als Von-Nagel-zu-Nagel-Vertrag werden Transportversicherungen für wertvolle Bilder bezeichnet, wenn sie von einer Ausstellung zur nächsten unterwegs sind. Der Versicherungsschutz erstreckt sich dann auf den Zeitraum, in dem das Bild nicht an einem Nagel hängt.

Eher ungeeignet zum Einschlagen von Nägeln ist der Wendehammer. Obwohl er seinen Namen von den in Deutschland üblichen Sackgassenschildern hat, bezeichnen inzwischen auch Stadt- und Straßenplaner hierzulande das Ende einer Sackgasse so, da es dort üblicherweise eine Straßenverbreiterung gibt, in der die Autos wenden können.

Ein Zuwachsbohrer ist ein Gerät aus der Forstwirtschaft, mit dem sich Bohrproben aus dem Inneren eines Baumes entnehmen lassen, um deren Wachstum oder auch Umwelteinflüsse untersuchen zu können.

Warum bekam im Februar 2005 ein Mainzer Schlosser den öffentlichen Auftrag, auf 1.300 Kanaldeckel einzuschlagen?

Im Februar 2005 besuchte der damalige US-Präsident George W. Bush die Hauptstadt von Rheinland-Pfalz. Um terroristische Anschläge zu verhindern, wurden 1.300 Kanaldeckel in der Innenstadt von Mainz kurzerhand zugeschweißt. Die mussten natürlich nach dem Besuch wieder entsiegelt werden. Dazu genügte es, sie mit einem Schlag mit dem Vorschlaghammer zum Erzittern zu bringen.

Dazu brauchte der Schlosser ebenso wenig eine Deckelbewilligung wie hierzulande Prostituierte. Denn entweder sie haben den Deckel (Kontrollkarte) oder sie brauchen eine Bewilligung für die Ausübung ihres Gewerbes. Bei der Friedhofsverwaltung um eine Deckelbewilligung ansuchen muss aber jemand, der ein Erdgrab in ein Deckelgrab umwandeln möchte.

Schließlich soll ja jeder die Freiheit haben, sein letztes Loch so zu gestalten, wie er will. Bei der Lochfreiheit handelt es sich allerdings erwartungsgemäß um etwas ganz anderes. Die Lösung findet sich in der »Verordnung des Bundesministeriums für Gesundheit und öffentlicher Dienst vom 22. August 1990 über die Herstellung, Sicherheit und Prüfung von Kondomen«. Im § 4 dieser kurz auch Kondomprüfungsverordnung genannten Rechtsvorschrift steht der schöne Satz: »Kondome müssen frei von Undichtheiten sein.« Dieser Paragraph heißt demzufolge ganz offiziell Lochfreiheit.

Warum stieg in der nordindischen Stadt Varanasi der Verbrauch von Kondomen plötzlich sprunghaft an?
Der plötzliche hohe Kondomverbrauch in der früher auch Benares genannten heiligen Stadt des Hinduismus war selbst den Ärzten lange Zeit ein Rätsel. Die ortsansässigen Seidensari-Manufakturen waren schuld. Sie hatten erkannt, dass das Gleitmittel der Kondome für sie sehr nützlich war: Mit seiner Hilfe riss das Garn nicht so oft und die Spule ließ sich schneller drehen. Da für einen Sari rund 14 Kondome gebraucht wurden, wirkte sich das naturgemäß deutlich auf den Durchschnittsverbrauch in Varanasi aus.

Unter welcher gesetzlichen Bedingung dürfen im US-Staat Maryland Kondome aus Automaten verkauft werden?
Es gibt in Maryland eine Ausnahmeregelung, die den grundsätzlich verbotenen Automatenverkauf von Kondomen erlaubt. Diese mutet auf den ersten Blick sehr kurios an: Die Automaten dürfen nämlich nur an Orten stehen oder hängen, an denen auch alkoholische Getränke zum sofortigen Verzehr verkauft werden. So steht es tatsächlich im Gesetz. Natürlich geht es nicht darum, dass Kondome nur von

alkoholisierten Konsumenten erworben werden dürfen, sondern darum, dass für derartige Lokalitäten Altersbeschränkungen gelten, die verhindern sollen, dass Minderjährige Zugang zu Kondomautomaten haben. Was in Wahrheit auch nicht besonders viel Sinn macht, außer man verfolgt in Maryland das Ziel, dass Minderjährige möglichst ungeschützten Geschlechtsverkehr haben sollten.

Warum gibt es auf der Ponte Vecchio in Florenz ausschließlich Goldschmiede-Werkstätten?
Schuld daran ist Großherzog Ferdinand I. der Toskana, der Ende des 16. Jahrhunderts jeden Tag vom Palazzo Pitti zu den Uffizien in die Arbeit gehen musste. Der Weg führte ihn über die Ponte Vecchio, wo damals noch hauptsächlich Fleischhauer ansässig waren, die ihre stinkenden Abfälle direkt in den Arno entsorgten. Ein untragbarer Zustand für die großherzogliche Nase. Darum erließ er die Anordnung, dass hinkünftig nur mehr Goldschmiede auf der Brücke Geschäfte betreiben dürften. Denn Gold stinkt ja bekanntlich nicht.

In ihren Funktionsweisen gänzlich unverwandt sind die Streck-Blas-Maschine und die Vorstreck-Anlage. Bei Ersterer handelt es sich um ein Gerät in einer Mineralwasser-Abfüllfirma, mit der die ursprünglich wie dickwandige Reagenzgläser aussehenden Rohlinge für PET-Flaschen zu dünnwandigen Mineralwasserflaschen gestreckt und aufgeblasen werden.
Bei der Vorstreck-Anlage handelt es sich nicht etwa um eine automatisierte Kreditvergabe oder den verworfenen deutschen Namen für Bankomaten, sondern um einen Begriff aus der Fischzucht. Es sind Wasser-Container, in denen die frisch geschlüpften Bachforellen, Aale oder Hechte für rund zehn Wochen aufgepäppelt werden, bis sie groß genug sind, um in Teiche oder Bäche umgesetzt zu werden. Sie werden in diesen Anlagen also vorgestreckt.

Warum werden bei der New Yorker U-Bahn die Glühbirnen gegen den Uhrzeigersinn eingeschraubt?
Diese verkehrte Schraubrichtung sorgt dafür, dass die Glühbirnen

ausschließlich in den U-Bahnen verwendet werden können. Deswegen werden sie nämlich nicht geklaut.

Zum Abschluss dieses Kapitels drehen wir noch rasch das Höflichkeitslicht auf. »Das ist das Licht«, meinte Michael Niavarani, »das ich im Schlafzimmer abdrehe, wenn ich mich ausziehe.« Die richtige Antwort ist vergleichsweise langweilig. Es handelt sich dabei um jene Innenbeleuchtung in Autos, die angeht, wenn man das Auto auf- oder zusperrt, und die höflicherweise noch etwas länger nachleuchtet.

Ein Tanzmuffel
und ein Seifenspender
Politiker und Prominente

Berühmtheiten werden immer wieder gern zu Patenschaften verpflichtet, wenn es darum geht, beispielhaften Präzedenzfällen auf-
merksamkeitserregende, griffige Namen zu geben. Dem Rateteam bietet diese Vorgangsweise die dankbare Gelegenheit, ihren Vorurteilen
über bestimmte Prominente fröhlich-freien Lauf zu lassen. Wenn es
um den Streisand-Effekt geht, haben Nasen-Kalauer und Modewitze
durchaus ihre belustigende Berechtigung. Auch wenn es dabei
eigentlich um das Phänomen geht, dass der heftige Versuch, eine
Information zu unterdrücken, genau das Gegenteil bewirken kann,
indem er die Aufmerksamkeit auf dieses ansonsten übergangene
Detail lenkt. Barbra Streisand verklagte 2003 einen Fotografen, der
auf seiner Website ein Luftbild ihrer Villa an der kalifornischen Küste
veröffentlicht hat. Dabei war ihm das – ohne namentliche Nennung
der Eigentümerin und zwischen 12.000 anderen zu wissenschaftlichen Zwecken angefertigten Fotos von der Küste Kaliforniens –
unwissentlich passiert. Erst durch die Klage wurde bekannt, dass es
ein Foto des Streisand'schen Anwesens im Internet gibt. Die Zugriffs-
zahlen schnellten in kürzester Zeit in die Höhe.

Dass es bei der Udo-Jürgens-Klausel um etwas Juristisches geht, ist
naheliegend. In Zusammenhang mit seinem speziell bezüglich jünge-
rer Damen ausschweifenden Lebensstil lassen sich unzählige anrüchige Vermutungen formulieren, worum es in dem Verfahren konkret
gegangen sein mag, in dem diese spezielle Klausel das Licht des
Gerichtssaals erblickte. Um es vorwegzunehmen: Es war ein Erb-
schaftsfall.
Generell ist es so, dass der Pflichterbteil um die Hälfte gekürzt wird,

wenn ein Vater nie Kontakt zu seinem Kind hatte. Um genau das zu verhindern, wollte vor einigen Jahren eine von Udo Jürgens geschwängerte Jus-Studentin erreichen, dass sich Herr Jürgens mit seinem Kind trifft. Der aber weigerte sich, weil er genau wusste, was das bedeuten würde. Aus diesem Grund schuf der Oberste Gerichtshof die Udo-Jürgens-Klausel. Sie besagt: Der Pflichterbteil reduziert sich nicht, wenn Mutter und Kind den Kontakt zum Vater herstellen wollen, dieser sich aber weigert.

1966 gewann Udo Jürgens bekanntlich mit seinem Hit »Merci Chérie« den Eurovision Song Contest. Weniger bekannt ist folgendes Song-Contest-Detail: Warum strahlte der italienische Sender RAI den als klassisches Live-Event konzipierten Eurovision Song Contest 1974 erst mit 6-wöchiger Verspätung aus?
1974 war jenes Jahr, in dem die schwedische Gruppe »Abba« mit »Waterloo« den Song Contest gewann und ihre Weltkarriere startete. Auf Platz 2 landete die Italienerin Gigliola Cinquetti mit dem Titel »Si«. Da es aber in Italien am Tag nach dem Song Contest eine Volksabstimmung über die Modernisierung des Scheidungsrechts gab, bei dem die Wahlberechtigten mit »Si« oder mit »No« abstimmen konnten, hatten die katholische Kirche und konservative Kreise die große Befürchtung, dass sich das Lied auf das Abstimmungsergebnis auswirken könnte. Sie erwirkten daher kurzerhand die Verschiebung der Ausstrahlung. Vergeblich. Mit »Schmerz und Erstaunen« musste Papst Paul VI. zur Kenntnis nehmen, dass sich dennoch fast 60 % der Italiener für ihr Recht auf Ehescheidung entschieden hatten.

Das Paris-Hilton-Urteil ist nicht etwa eine besonders blonde, unbedarfte Meinungsäußerung, sondern tatsächlich ein in Österreich gefälltes richterliches Urteil. Einst hatte Paris Hilton einen gut bezahlten Auftritt in einem heimischen Jet-Set-Skiort. Dummerweise hat sie damals vergessen, ihr Honorar ordnungsgemäß zu versteuern. Die heimische Justiz fällte daraufhin ein folgenschweres Urteil, laut dem in Zukunft die Veranstalter für die Steuerschulden ihrer Stars und prominenten Gäste haften und die dem Finanzamt zustehende Summe gegebenenfalls selbst zahlen müssen.

Wieso wurde Humphrey Bogart 1957 mit einer kleinen goldenen Pfeife beerdigt?

Die Beerdigung mit Pfeiferl geschah im Auftrag von Bogarts Ehefrau Lauren Bacall. Kennengelernt hatten sich die beiden nämlich 1944 bei den Dreharbeiten zu dem Film »Haben und Nichthaben«, in dem sie jenen Satz zu ihm sagt, den sie auch in die kleine goldene Trillerpfeife eingravieren ließ: »If you need anything, just whistle.« (»Wenn du irgendetwas brauchst, pfeif einfach.«)

Warum lehnte der Schauspieler Helmut Berger 1971 beim Rot-Kreuz-Ball in Monaco jede Aufforderung zum Tanz ab?

Wegen eines sogenannten »falschen Freunds« traute er sich nicht aufzustehen. In seinen Memoiren* schreibt Helmut Berger wörtlich: »Ich trug einen weißen Smoking, alles deutete auf einen wunderbaren Abend hin, bis mir ein Malheur passierte, das mich schweißüberströmt von abends 8 bis morgens 4 auf meinem Stuhl festnagelte: Ich wollte mitten beim Essen einen klitzekleinen Pups rausrutschen lassen, aber der winzige Windstoß war flüssig und rutschte mir so nass wie er war in die Hose.«

Um 4 Uhr morgens band er sich dann seine Smokingjacke um die Hüften und verließ den Ball grußlos und eiligen Schritts.

Vom vermutlich leicht befleckten weißen Smoking des legendären Dschungel-Campers zu einem Eimer weißer Farbe, der 1981 dem Publikum der britischen TV-Hitparaden-Show »Top of the Pops« Rätsel aufgab: **Warum stand bei einem Fernsehauftritt von Phil Collins 1981 ein Eimer weiße Wandfarbe auf seinem Piano?**

Mit dem dargebotenen Lied, der Ballade »In the Air tonight«, hatte der Kübel nichts zu tun. Ein schwer gekränkter Phil Collins nutzte die Fernsehsendung vor einem Millionenpublikum vielmehr für eine nachtragende Bloßstellung seiner frisch von ihm geschiedenen Ex-Frau. Sie hatte ihn nämlich mit einem Anstreicher betrogen.

---

* Helmut Berger: *»Ich, Die Autobiographie«*. Ullstein, Berlin 1998

Aus welchem Grund brach die Gruppe Kings of Leon am 23. Juli 2010 ein Konzert im US-Bundesstaat Missouri nach wenigen Minuten ab?

Austragungsort des Open-Air-Konzerts war das Verizon-Amphitheater in St. Louis. Der Abbruch erfolgte wegen eines Protests der Tauben. »Klar, weil sie nichts gehört haben«, meinte Andreas Steppan qualifizierterweise. Nein, von den gleichnamigen Vögeln ist die Rede. Die nisten nämlich zu Dutzenden in den Gerüsten des Open-Air-Stadions und schissen sich ob des ungewohnten Lärms regelrecht an. Nachdem der Bassist Jared Followill während der ersten Songs bereits mehrmals von Taubenkot getroffen worden war, war es ihm beim dritten Titel zu viel. Da traf ihn eine Ladung mitten im Gesicht. Die Band floh angewidert in die Garderobe. Ausgeschissen, gewissermaßen. Oder, wie die enttäuschten Konzertbesucher meinten: »Shit happens.«

Warum wollte die Rockband Van Halen vor Konzerten immer eine Schüssel mit M&M's-Schoko-Dragees ohne braune M&M's (!) in der Garderobe haben?

Dieser besonders allürenhaft wirkende Paragraph in ihren Auftrittsverträgen war schlicht ein raffinierter Test, um zu überprüfen, ob der Veranstalter auch wirklich auf alle Punkte in dem Kontrakt sorgfältig geachtet hatte. Wenn an den M&M's etwas nicht stimmte, stand zu befürchten, dass auch andere, wichtigere Details nicht erfüllt wurden, die die Qualität oder die Sicherheit des Konzerts beeinträchtigen könnten.

Warum trug der Pianist Glenn Gould bei Plattenaufnahmen im Jahr 1955 zeitweise eine Gasmaske?

Glenn Gould hatte die Angewohnheit, seine virtuose Akkordarbeit unwillkürlich stimmlich zu begleiten. Anders gesagt: Er sang ständig mit, wenn er Klavier spielte. Für die bei dieser Aufnahme besonders streng um reinen Klang bemühten Tontechniker waren das unzulässige Störgeräusche. Da Glenn Gould sein Mitsingen nicht unterdrücken konnte, nahm er sich als Schalldämpfer eine Gasmaske mit ins Studio.

Wieso war Robbie Williams über den Verkauf von einer Million Exemplaren seiner CD »Rudebox« in China nicht sonderlich erfreut?
Hatte er sich mehr erhofft? Keineswegs. Allerdings bekam er es mit einer ganz neuen Bedeutung des Begriffs Plattenbau zu tun. Von Robbies CD »Rudebox« blieben über eine Million Exemplare übrig, die billig nach China verkauft wurden, um dort zu Straßenbelag weiterverarbeitet zu werden. Robbies Plattenfirma ließ verlauten, dies sei die gängige Art, Ladenhüter zu entsorgen.

Plattenfriedhof ist allerdings nicht der Spitzname einer Umfahrungsstraße in China, sondern ein Begriff aus der Geologie. Taucht eine Erdplatte oder Kontinentalplatte unter die andere, sinken die Gesteinsreste von der Kruste hinab in den Erdmantel zum sogenannten Plattenfriedhof in ca. 2.900 Kilometer Tiefe.

Nicht ganz so tief war ein Massengrab im Süden der USA: **Was wurde 1983 millionenfach in der Wüste von New Mexico vergraben?**
Das Videospiel »E. T. – der Außerirdische« wird von vielen Experten als »das schlechteste Videospiel aller Zeiten« bezeichnet. Es führte nicht nur zum Ende der Firma Atari, sondern auch zu einer kurzen Krise der gesamten Branche. Fast alle Exemplare wurden von den Händlern retourniert. Atari verscharrte sie dann zu Millionen in einer Deponie in der Wüste von New Mexiko.

Dass Naturwissenschaftler Spaß daran haben, neu entdeckten Arten der Fauna und Flora originelle Namen zu geben, wurde bereits im Pflanzenkapitel kurz erwähnt. Besonders gerne bemühen sie prominente Paten, um sie zu würdigen oder zu verspotten. So gibt es beispielsweise drei Schleimpilzkäfer, die nach dem ehemaligen amerikanischen Präsidenten, seinem Stellvertreter und seinem Verteidigungsminister benannt wurden: Agathidium Bushi, Cheneyi und Rumsfeldi. Der braune, blinde Höhlenkäfer Anophtalmus hitleri, der 1937 nach Adolf Hitler benannt wurde, ist dank sammelwütiger Neonazis fast ausgestorben. Der Crichtonsaurus verdankt seinen Namen dem Autor von »Jurassic Park« Michael Crichton. Nach Harrison Ford sind sogar eine Spinne und eine Ameise benannt worden: Calponia harrisonfordi und Pheidole harrisonfordi. Boris Becker und Kate Winslet verdanken ihre Verewigungen als Meeresschnecke Bufonaria borisbeckeri und Käfer Agra katewinsletae zwei großen Verehrern unter den Zoologen. Warum aber wurde eine Fliegenart nach Charlie Chaplin benannt?

Es waren die eigentümlichen und charakteristischen Bewegungen und Haltungen der Hinterbeine, die den Fliegenforscher an Charlie Chaplin erinnerten. Daher wählte er den berühmten Komiker als Taufpaten für die Gattung Campsicnemius charliechaplini.

Warum wurde eine neu entdeckte Tiefseekrabbe nach David Hasselhoff benannt?

Die Hasselhoff-Krabbe gehört zur Familie der weißen Yeti-Krabben, die in der Nähe von Tiefsee-Thermalquellen leben. Zusätzlich zu den für diese Art typischen haarigen Scheren hatte die neu entdeckte Tiefseekrabbe auch eine extrem behaarte Brust, die den Zoologen spontan an David Hasselhoff erinnerte.

Warum hat ein australischer Insektenforscher eine Pferdebremsenart nach der Sängerin Beyoncé benannt?

Der australische Insektenforscher Bryan Lessard gab an, dass ihn bei der Namensgebung das schön geformte Hinterteil der Insektenart inspiriert habe. Wörtlich meinte er: »Ich konnte das Hinterteil ohne Mikroskop sehen. Auf dem Unterleib wachsen dichte goldene Haare. Das hat mich an Beyoncé in einem ihrer goldenen Kostüme erinnert.«

Auch inoffiziell müssen Prominente fallweise als Namenspatrone herhalten. Dass der burmesische Stumpfnasenaffe umgangssprachlich auch als Elvis-Affe bezeichnet wird, ist rasch erklärt: Seinen Kopf ziert eine markante Haartolle. Interessanter ist folgende Frage: Warum steckt dieser Elvis-Affe oft seinen Kopf zwischen die Beine?

Michael Niavarani war mit der von ihm dezent angedeuteten Vermutung – »Haben wir das nicht alle versucht?« – auf dem Holzweg. Schließlich handelt es sich dabei um ein Verhalten, das bei keiner anderen Affenart beobachtet werden kann. Auf die Spur zur richtigen Antwort führt die Erkenntnis, dass der Elvis-Affe aufgrund seines eigentümlichen Aussehens eigentlich mehr an Michael Jackson erinnert: Er hat nämlich keine Nase – und daher Nasenlöcher, die nach oben gerichtet sind. Bei Niederschlag regnet es ihm daher ständig in die Nase. Um nicht unentwegt niesen zu müssen, verbirgt er bei Regen seinen Kopf zwischen den Beinen.

Tatsächlich nach dem »King of Pop« benannt wurde ein Loch im spanischen Cádiz: Warum wird das Loch Nr. 17 am berühmten Golfplatz von Valderrama auch »Michael Jackson« genannt?

Beim 17. Loch handelt es sich wegen seines »stark ondulierten, pfeilschnellen und zum davorliegenden Wasserhindernis abfallenden Grüns« um eine Herausforderung auch für Golfprofis. Offiziell heißt es nach einer Befestigungsmauer am Rand des Greens »Los Gabiones«. Den Spitznamen »Michael Jackson« bekam es unter Golfern deshalb, weil an ihm schon so oft bauliche und optische Veränderungen vorgenommen wurden.

Auch die berühmteste Praktikantin der Weltgeschichte, Monica Lewinsky, wurde unfreiwillig zur Namenspatin: Was wird in den USA im Jargon der Filmbranche als »Lewinskys« bezeichnet?

»Hey man, vergiss deine Lewinskys nicht«, sagt der Stuntman in Hollywood zu seinem Kollegen und lacht dreckig. Die Bezeichnung hat sich nämlich nach Bekanntwerden der Oral-Affäre unter Stuntleuten für Knieschützer eingebürgert.

Welches Geschenk der rumänischen Regierung an den damaligen US-Präsidenten Bill Clinton stiftete Verwirrung?

Nach der Rückkehr in die Heimat bedankte sich Bill Clinton gemäß diplomatischen Gepflogenheiten in einem Schreiben für die erhaltenen Geschenke. Zum großen Erstaunen der rumänischen Regierung war darin auch von einem »schicken Poncho« die Rede, an den sie sich beim besten Willen nicht erinnern konnte. Des Rätsels Lösung: Es war eine Fahne des früheren kommunistischen Rumäniens, aus der das typisch realsozialistische Symbol herausgeschnitten worden war. Diese symbolträchtige Revolutionsfahne war für Clinton oder seine Berater nichts weiter als ein dreifärbiger Poncho.

Das Gegenstück zu einer derartigen Befreiungsfahne ist übrigens die Anschlussfahne. Diese Aussage ist falsch. Wer schon mal selbst ein Haus gebaut hat, könnte über eine Anschlussfahne gestolpert sein. Sie ist nämlich eine im Fundament des Hauses verankerte senkrechte Metallstange, die mit dem Erdungsring verbunden ist. Sie dient als Anschlussstelle für den Blitzableiter oder andere metallene Konstruktionsteile des Hauses.

1996 wurde Waltraud Klasnic in der Steiermark zur ersten Landeshauptfrau Österreichs gewählt. Sie führte die steirische Volkspartei auch neun Jahre später noch in die Landtagswahl 2005. Das sollte als Vorinformation für die nächste Frage genügen: Was passierte nach der Landtagswahl 2005 in der Steiermark mit den übriggebliebenen Wahlkampfgeschenken der ÖVP?
Sie wurden nach Bremen geschickt. Es gab dafür nämlich großes Interesse von Fanklubs des Fußballvereins Werder Bremen. Auf den Wahlkampfgeschenken der ÖVP standen nämlich damals in den steirischen Landesfarben grün-weiß die drei Worte: »Ja zu Klasnic.« Fußballfachleute ahnen bereits die Antwort. Schließlich sind die Farben von Werder Bremen ebenfalls Grün-Weiß und für den Verein spielte damals der kroatische Starstürmer Ivan Klasnić. Dank dieses glücklichen Zufalls hatte die steirische ÖVP nach der ersten Wahlniederlage nach 60 Jahren wenigstens einen kleinen Grund zur Freude: Sie wurde all ihre T-Shirts und Aufkleber noch gewinnbringend los.

Was kann man von Silvio Berlusconi für 14.000 Euro erwerben?
Fairer wäre es vielleicht gewesen, die Frage anders zu stellen: Was von Silvio Berlusconi kann man für 14.000 Euro erwerben? Erstaunlicherweise geht es um ein Stück Seife. Aber nicht etwa um eines, das Silvio Berlusconi höchstpersönlich beim Duschen verwendet hat, sondern um eines, das der Künstler Gianni Motti in einer Galerie in Basel ausgestellt und zum Verkauf angeboten hat. Angeblich hat ihm für dieses teure Stück Il Cavaliere als menschlicher Seifenspender gedient: Er will es nämlich aus jenem Körperfett von Silvio Berlusconi hergestellt haben, das er von einem Angestellten einer Klinik für plastische Chir-

urgie in Lugano bekommen habe, in der sich der Premierminister einer kosmetischen Behandlung unterzogen hatte.

Warum hat der ehemalige französische Präsident Nicolas Sarkozy einen findigen Unternehmer geklagt?

Dieser Unternehmer hat kleine Püppchen mit dem Gesicht von Präsident Sarkozy auf den Markt gebracht. Das allein wäre wohl noch nicht strafbar. Was den Präsidenten störte, war der Umstand, dass sie zusammen mit ein paar spitzen Nadeln verkauft wurden. Es handelte sich nämlich um ein bestechliches Voodoo-Püppchen. Nachdem die Klage des Präsidenten gegen dieses Produkt in erster Instanz abgelehnt worden war, entschied das Berufungsgericht, dass die Puppe unter einer recht originellen Bedingung im Handel bleiben darf. Auf der Verpackung muss der Hinweis stehen: »Die Puppe zu stechen, verstößt gegen die Würde des Präsidenten.«

Was hat Präsident Sarkozy für seinen Staatsbesuch in den USA eigens mitgenommen?

Für alle, die es noch nicht wussten: Sarkozy hat ein Problem mit seiner geringen Körpergröße. Er ist nämlich mit 1,65 Meter genauso groß wie Silvio Berlusconi. Sein Komplex packte ihm daher ein maßgeschreinertes Podest für eine geplante Rede an der New Yorker Columbia-Universität und einen passenden Teppich, um das Podest zu kaschieren, in sein Reisegepäck. Dummerweise vergaß sein Begleitpersonal darauf, die Tarnung auszurollen. Die Fotos vom kleinen Sarkozy auf dem Podest hinter dem hohen Rednerpult gingen um die Welt.

Bei einer Teppichansprache handelt es sich allerdings um einen Fachbegriff unter Schlagzeugern. Charakteristisch für den Klang einer Snare-Drum sind die unterhalb der Trommel gespannten dünnen Metallketten. Durch stärkeres oder schwächeres Spannen dieses sogenannten Snare-Teppichs lässt sich die Teppichansprache verändern, um unterschiedlich scharfe oder weiche Klangprofile zu erzeugen.

Wie hat sich Bundeskanzlerin Merkel auf ihre Begegnungen mit dem französischen Präsidenten Sarkozy vorbereitet?

Laut dem verlässlichen Nachrichtenmagazin »Der Spiegel« sah sie sich zur Vorbereitung ihrer Begegnungen mit Sarkozy extra Filme mit Louis de Funès an, »um etwas über zappelige Franzosen zu erfahren«.

Was veranlasste Winston Churchill 1942 dazu, eine größere Anzahl Affen anzuschaffen?

Winston Churchill hat im Jahr 1942 die britische Kolonie Gibraltar an der Südspitze Spaniens besucht. Eine Legende besagt, dass Gibraltar bei Großbritannien bleibt, solange der Felsen von Affen bewohnt wird. Eine Legende, die ein wenig an jene der Raben im Londoner Tower erinnert: Sinkt deren Zahl unter sechs, wird das britische Königreich angeblich von einer großen Krise erschüttert. Das Schicksal Englands scheint eng mit dem einiger Tiere in Zusammenhang zu stehen. Zurück zu Churchills Affen: Als der britische Premierminister Gibraltar besuchte, lebten dort nur noch sechs Berberaffen. Um den Bestand zu sichern, ließ Churchill eigens welche dort aussetzen. Heute tummeln sich wieder Hunderte Affen auf dem Felsen von Gibraltar. Diese Berberaffen sind übrigens die einzige frei lebende Primatenart in Europa – mit Ausnahme des Menschen …

Ein selbst für britische Verhältnisse origineller Tod möge dieses Kapitel beschließen. Unter recht außergewöhnlichen Umständen starb nämlich 1626 der englische Philosoph, Staatsmann und Wissenschaftler Francis Bacon: **Inwiefern war ein Huhn schuld an einer tödlichen Erkältung von Francis Bacon?**

Er war auf der Suche nach einer Methode, Nahrungsmittel mittels Kühlung besser zu konservieren. Bei dem im Freien durchgeführten Versuch, ein Huhn mit Schnee zu füllen, zog er sich die tödliche Erkältung zu.

Gewitterfurzer sucht Mondscheinanschluss

Wind, Wetter und Weltraum

Während es sich bei Windflüchtern um Bäume oder Sträucher handelt, deren Wuchsrichtung durch vorwiegend aus einer Himmelsrichtung wehende Winde bestimmt wird, sind Windsichter spezielle Sortiermaschinen, die leichte Substanzen mittels eines Gebläses von schweren trennen können. Mithilfe des Windes wird ein Stoff auf Verunreinigungen hin gesichtet. Bei der Mülltrennung kommen solche Geräte beispielsweise zum Einsatz, um Papier und Folien aus dem Biomüll herauszublasen.

Ein Nebelstecher ist kein Londoner Wolkenkratzer, sondern ein markanter Teil jener Tracht, die in Teilen von Salzburg und Oberösterreich getragen wird: ein hoher Filzhut.

Bei einem Absackblitz handelt es sich weder um ein seltenes Naturschauspiel noch um einen flott gekippten Absacker, sondern um die handelsübliche Bezeichnung für ein kleines, mobiles Förderband mit eingebauter Waage, Absiebvorrichtung und Kohlensack-Halterung, mit der sich blitzartig Kohlensäcke füllen lassen.

Ein Sklavenblitz ist kein Putzmittel zum Aufpolieren unbezahlter Hausangestellter, sondern ein Fachbegriff aus der Fotografie. Es handelt sich dabei um ein zusätzliches Blitzlichtgerät, das vom Hauptblitzgerät mitausgelöst wird. Weil der Zusatzblitz gewissermaßen ein Sklave des Hauptblitzgeräts ist, spricht der Fotograf vom Master-Flash und vom Slave-Flash.

Der sogenannte Schneeflockenerlass wurde 1948 vom Bundesministerium für Justiz veröffentlicht. Er besagt, dass Delogierungen aufgrund von Räumungsklagen in der kalten Jahreszeit nicht oder nur eingeschränkt vorgenommen werden dürfen.

Für den Gewitterfurzer hatte Viktor Gernot sofort eine überzeugende Lösung parat: »Das ist eine ganz bestimmte Form des Durchfalls, die sich mit dunklem Grollen ankündigt. Wenn man dann ein Feuerzeug hinhält, gibt's auch noch einen Blitz.« Sehr schöne Idee, aber leider weit gefehlt, war diese Frage doch speziell für Eva Marold ausgesucht worden. Der Gewitterfurzer ist nämlich ein Fisch. In Wahrheit heißt er Europäischer Schlammpeitzger, sieht so aus wie ein Aal und verfügt über die Fähigkeit, auch mit dem Darm zu atmen. Da seine Darmatmung ein quietschendes oder furzendes Geräusch erzeugt, das am ehesten zu hören ist, wenn er vorzugsweise bei Gewitter den Bodenschlamm verlässt und an die Wasseroberfläche kommt, bekam er den hübschen Beinamen Gewitterfurzer.

Ein Mondscheinanschluss ist ein Begriff aus dem Telefonwesen der ehemaligen DDR. Was bei uns das Viertertelefon war, war in der DDR der Mondscheinanschluss. Da Telefonanschlüsse Mangelware waren, wurden manchmal private Anschlüsse mit denen von Betrieben zusammengelegt. Tagsüber konnte der Betrieb telefonieren, während der Privatanschluss tot war. In der Nacht, wenn der Mond schien, war es dann umgekehrt. Dieses System hieß zwar offiziell Zeitgemeinschaftsanschluss, wurde im Volksmund aber Mondscheinanschluss genannt.

Zu welchem Zweck startete am 2. Februar 1931 vom Grazer Hausberg Schöckel aus eine Rakete?

Am 2. Februar 1931 zündete Ingenieur Friedrich Schmiedl, ein Raketenpionier aus der Steiermark, die erste Postrakete der Welt. Diese knapp neun Meter lange Rakete V7 war mit 102 Poststücken beladen, die zielsicher nach St. Radegund am Fuße des Schöckels befördert wurden.

Warum waren die ersten Kosmonauten mit Pistolen ausgerüstet?

Es war nicht etwa die Angst vor außerirdischen, sondern vor höchst irdischen Gefahren. Mit den Pistolen sollten die Kosmonauten die Möglichkeit haben, sich bei einer außerplanmäßigen Landung der Raumkapsel in den Weiten Sibiriens notfalls eine Zeit lang gegen Wölfe und Bären verteidigen zu können.

Warum hat das NASA-Forschungsfahrzeug Curiosity Geld auf den Mars mitgenommen?

Um bei Weggabelungen die Richtung mittels Münzwurf zu entscheiden? Um nach Hause telefonieren zu können? Kleiner Tipp: Es handelt sich bei dem Geld um eine amerikanische 1-Cent-Münze aus dem Jahr 1909, die außen an Curiosity angeklebt wurde. Sie dient nämlich der Kalibrierung der Bordkamera. Der Penny fungierte ja bei Wissenschaftlern immer schon gerne als Vergleichsobjekt, um die Größe eines gefundenen Gegenstands oder Lebewesens zu veranschaulichen. Damit ein kleiner Kiesel nicht versehentlich zu einem Fels wird, ist dieser Penny neben einer Farbpalette und einer Schärfenskala zur Feineinstellung der Kamera außen an dem Marsmobil befestigt.

Warum hatte Apollo-15-Kommandant David Scott bei seiner Weltraummission eine Falkenfeder dabei?

Die Feder diente der Veranschaulichung der natürlich grundsätzlich längst bewiesenen These Galileo Galileis, dass unterschiedlich schwere Körper gleich schnell zu Boden fallen, wenn es – wie am Mond – keinen Luftwiderstand gibt. Am 2. August 1971 hat daher Apollo-15-Astronaut David Scott gleichzeitig einen Hammer und eben jene Falkenfeder feierlich fallen lassen. Und siehe da: Galileo hatte recht.

Einen auf den ersten Blick nicht sonderlich sinnvoll erscheinenden Ausrüstungsgegenstand hatte vor einigen Jahren auch ein Polarforscher dabei: **Wozu nahm der Wissenschaftler Bob Reid bei seiner Südpol-Expedition einen Bumerang mit?**

Der Bumerang wird zugegebenermaßen auch bei genauerer Betrachtung nicht sinnvoller. Bob Reid ist nämlich ein lustiger Mensch. Er wollte einen Spaßrekord aufstellen: Sein Bumerang sollte über 24 Stunden lang durch die Luft fliegen. Also schleuderte er ihn genau am Südpol, sodass er bei seinem kreisförmigen Flug alle 24 Zeitzonen durchflog. Streng genommen hat er dabei natürlich auch die Datumsgrenze passiert und damit die gewonnenen 24 Stunden durch einen Datumsrücksprung wieder verloren, aber so genau sollte man das nicht nehmen. Es war ja nur ein Spaß.

Auf Schlittschuhen am Strand

Es lebe der Sport

Der Begriff Sportgummi wäre höchstens in Deutschland dazu geeignet, in einer vergleichbaren Sendung für eine heiter-ordinäre Raterunde zu sorgen. Hierzulande ist der gleichnamige Klassiker unter den Fruchtgummis jedem geläufig. Über den Ursprung der Bezeichnung macht sich daher niemand mehr Gedanken. Außer, man wird als Mitglied des »Was gibt es Neues?«-Rateteams dazu genötigt: Wie kam die ursprünglich Egger-Fruchtgummi genannte Süßigkeit zu dem Namen Sportgummi?

In jener grauen Vorzeit des ersten Drittels des 20. Jahrhunderts, da der Sportgummi noch Fruchtgummi hieß, veranstaltete die Firma Egger eine besondere Werbeaktion: Jeder, der 1.000 leere Fruchtgummi-Sackerln zurück in die Fabrik brachte, bekam ein Kilo der Süßigkeit gratis. Als lukrativste Weidegründe für die Sackerlsammler erwiesen sich rasch Fußballstadien und Sportplätze. Die dadurch im Volksmund entstandene Bezeichnung Sportgummi wurde von der Herstellerfirma dankbar übernommen.

Zu einer etwas unsportlichen Begegnung kam es zu dieser Zeit in Antwerpen: Warum trat bei den Olympischen Spielen 1920 im Wasserball-Wettbewerb die italienische Nationalmannschaft mit nur einem Spieler gegen Schweden an?

Den Italienern war das Wasser zu kalt. Lediglich der Kapitän zeigte Sportsgeist und stellte sich allein der Übermacht der kompletten schwedischen Mannschaft. Beim Stand von 0:7 gab er auf.

Warum hat Liechtenstein nach den berüchtigten Olympischen Spielen 1936 seine Landesfahne geändert?

Die Funktionäre aus Liechtenstein kamen beim Einzug der Athleten

aus aller Welt erstmals drauf, dass ihre blau-
rote Landesfahne ident war mit jener von
Haiti. Daher wurde gleich nach den Olympischen Spielen der liechtensteinische Fürs-
tenhut im linken oberen Eck der Fahne hin-
zugefügt.

Bei vielen Fahnen wurde das Symbol des Fürstenhauses kurzerhand
mit einer handelsüblichen Nähmaschine aufgenäht. Apropos: Was
bezeichnen Sportkletterer als Nähmaschine?
Wenn Kletterer am Ende einer Route mit den Kräften am Ende sind,
kann es passieren, dass ihre Beine unkontrolliert und rasch zu zucken
beginnen. Das kommentieren schadenfrohe Sportsfreunde gerne mit
der Bemerkung »Er hat die Nähmaschin'«, da das Zucken an die
schnellen Nadelstiche einer Nähmaschine erinnert.

Warum versammeln sich in Australien regelmäßig Männer in Eishockey-
Ausrüstung am Strand von Darwin?
Der »Eishockey Club Darwin« hat alles, was ein Eishockey-Team
braucht: eine engagierte Mannschaft, eine komplette Ausrüstung und
das Selbstbewusstsein, sich selbst als »bestes Eishockey-Team der
Welt« zu bezeichnen. Es fehlt ihr allerdings eine Eishalle, um überhaupt Spiele austragen zu können. Weil sie aber eine lustige Truppe
sind, laden sie regelmäßig berühmte Mannschaften aus Nordamerika
und Russland zu Vergleichskämpfen ein. An den von den Australiern
angesetzten Spieltagen versammeln sich dann alle Teammitglieder am
als Treffpunkt angegebenen Strand, um den Gegner willkommen zu
heißen. Erscheint dieser nicht, werten sie das gemäß internationalem
Reglement automatisch als Sieg für die Heimmannschaft. Bislang ist
überraschenderweise noch nie ein eingeladener Gegner aufgetaucht.
Folgerichtig bezeichnet sich das fröhliche Darwin-Team als weltbeste,
weil unbesiegte Eishockey-Mannschaft.

Was war das Ungewöhnliche am Olympiasieg des amerikanischen Hürdenläufers Forrest Smithson im Jahr 1908?
Forrest Smithson führte damals einen amerikanischen Dreifachsieg

an, obwohl er beim Rennen etwas dabeihatte, was nicht unbedingt zur Standardausrüstung eines Hürdenläufers zählt: In der linken Hand hielt er eine Bibel. Der Baptistenprediger hielt das für einen geeigneten Protest gegen den Umstand, dass das Finale an dem von den Siebenten-Tags-Baptisten geheiligten Sabbat stattfand.

Warum wurden bei den Olympischen Spielen 1904 der amerikanische Marathonläufer Lorz und der japanische Stabhochspringer Funi disqualifiziert?

Im Fall von Fred Lorz gab es keine Diskussion. Dafür, dass er nachweislich die Strecke zwischen Kilometer 14 und Kilometer 34 mit dem Auto zurückgelegt hatte, wurde er auf Lebenszeit für die Olympischen Spiele gesperrt.

Etwas diffiziler war der Fall des Japaners Funi. Er erreichte zwar problemlos die damalige Gold-Höhe von 3,5 Metern, bediente sich zu diesem Zweck allerdings einer überraschenden Technik: Er hatte den Stab nämlich unmittelbar vor der Querlatte in die Erde gesteckt und war dann daran hinaufgeklettert. Das Kampfgericht beriet sich kurz und forderte den Athleten dann auf, die Höhe mit Anlauf zu überspringen. Funi nickte höflich, ging einige Schritte zurück, lief locker an jene Stelle, wo sein Stab noch in der Erde steckte und kletterte erneut daran hinauf. Daraufhin wurde er disqualifiziert.

Warum finden in Tonga seit rund 70 Jahren keine Stabhochsprungbewerbe mehr statt?

Tonga ist eine konstitutionelle Monarchie. Der langjährige Regent König Taufa'ahau Tupou IV. († 2006) stellte in den 1940er-Jahren als Student und Thronfolger mit einer übersprungenen Höhe von 3 Metern den tongaischen Landesrekord im Stabhochsprung auf. Um zu gewährleisten, dass er bis in alle Ewigkeit Landesmeister bleibt, finden in dieser Sportart auf Tonga keine Bewerbe mehr statt.

Nur stellenweise sprachlich verwandt mit dem Stabhochsprung ist die Springglocke. Handelt es sich dabei um ein spezielles Kirchengeläut oder eine Springform für den möglicherweise in Castrop-Rauxel berühmten Glockenkuchen? Weder noch. Es sind Kunststoffkappen für Pferdehufe, die hauptsächlich beim Springreiten zum Einsatz kommen, um die Pferde vor Verletzungen zu schützen. Es kommt nämlich gelegentlich vor, dass sich das Pferd bei der Landung mit den Hinterhufen auf die Vorderhufe tritt*.

Warum haben manche Pferde bei Reitturnieren eine rote Schleife im Schweif?

Eine rote Schleife im Schweif ist eine Warnung für alle anderen Reiter. Damit werden nämlich Pferde gekennzeichnet, die schon einmal stark ausgeschlagen haben.

Was ist die Football-Stellung?

Weder ist es eine »mir unbekannte, weil besonders sportliche Sexualpraktik« (Niavarani) noch »ein medizinischer Tauglichkeitstest für Nachwuchsspieler« (Gernot). Die Bezeichnung bezieht sich auf die spezielle Hand- und Armhaltung eines erfahrenen American-Football-Spielers, damit er den eingeklemmten Ball bei all dem Geschubse und Geremple nach Möglichkeit nach nicht verliert. Genau so lässt sich

* siehe »Kronentritt«, S. 194f.

auch ein Säugling beim Stillen sicher halten. Überdies hat die Mutter – wie auch der Football-Spieler – den anderen Arm frei, um Angriffe abzuwehren. Diese Methode wird daher als Football-Stellung bezeichnet.

Warum sind die Spiele einer neu gegründeten, unterklassigen American Football Liga schon Monate im Vorhinein ausverkauft?

Die besondere Zugkraft dieser neuen Liga sind die Spielerinnen. Es ist nämlich eine reine Frauenliga. Damit noch nicht genug: Es ist die sogenannte »Lingerie League« (Dessous-Liga). Eine doch recht sexistische Angelegenheit, da die jungen Damen den Sport zur Freude johlender Mannsbilder eher spärlich bekleidet ausüben.

Warum haben manche American-Football-Spieler in Deutschland ein großes »A« auf Helm und Trikot?

Vorschläge seitens des Rateteams waren unter anderem: Anfänger (Steppan), Azubi (Rudle), Analphabet (Marold) und Arschloch (Niavarani). Alles falsch. In der deutschen American-Football-Liga gibt es Beschränkungen für Legionäre aus Amerika, um die Teams dazu zu motivieren, den eigenen Nachwuchs zu fördern. Es darf immer nur eine bestimmte Anzahl von Spielern aus den USA, aus Kanada oder aus Mexiko pro Team am Feld sein. Um den Schiedsrichtern den Überblick zu erleichtern, müssen diese mit einem »A« für »Amerikaner« gekennzeichnet sein.

Warum wurde beim Eröffnungsspiel der Fußball-WM 1966 ein Hund in die Ehrenloge eingeladen?

Bei dieser 8. Fußball-Weltmeisterschaft gelang Gastgeber England mithilfe des legendären, umstrittenen Wembley-Tors in der Verlängerung des Finales der erste und bisher einzige Titelgewinn bei einem großen Turnier. Fast hätten sie aber auf die Überreichung des WM-Pokals verzichten müssen. Vier Monate vor Beginn der Weltmeisterschaft war der berühmte Coupe Jules Rimet nämlich aus einer Ausstellung gestohlen worden. Nur eine Woche später wurde der in Zeitungspapier gewickelte und unter einem Busch vergrabene Pokal von einer kleinen Promenadenmischung namens Pickles entdeckt. Als

Dank für die Wiederbeschaffung durfte Pickles dann beim Eröffnungsspiel in der Ehrenloge sitzen.

Warum zog Indien seine Teilnahme an der Fußball-WM 1950 in Brasilien kurzfristig zurück?
Nicht etwa, »weil sie immer über ihre Saris gestolpert sind« (Beimpold), sondern weil der indischen National-Elf verboten worden war, bei dem Turnier in gewohnter Weise barfuß zu spielen. Mit Fußballschuhen und Stoppeln wären sie ständig gestürzt. Als Stoppelsturz bezeichnet übrigens der Landwirt die erste Bearbeitung des Feldes nach der Ernte, wenn die noch stehenden Stoppeln untergeackert werden.

Warum war im Rahmen der im Jahr 2008 von Österreich und der Schweiz ausgerichteten Fußball-Europameisterschaft auch die österreichische Bergrettung im Einsatz?
Da die Zusatztribünen in manchen Stadien wie Innsbruck oder Klagenfurt extrem steil gebaut waren, hätten erkrankte oder verletzte Zuschauer abgeseilt werden müssen. Für derartige Notfälle standen Staffeln der Bergrettung bereit.

Am 7. Juni 1934 spielte das österreichische Wunderteam bei der Weltmeisterschaft in Italien im kleinen Finale gegen Deutschland. **Warum pfiff der Schiedsrichter das Spiel in der 20. Minute beim Stand von 2:0 für Österreich plötzlich ab?**
Natürlich war kein Unwetter an dem Abbruch schuld. Denn dann würde ja, wie Oliver Baier nicht müde wird zu betonen, in »Was gibt es Neues?« wohl kaum danach gefragt werden. Es waren vielmehr anhaltende, lautstarke Proteste des Publikums, die den Schiedsrichter schließlich dazu veranlassten, das Spiel zu unterbrechen. Weder er noch die Zuschauer konnten die beiden Mannschaften nämlich auseinanderhalten. Das österreichische und das deutsche Team spielten in ihren klassischen schwarzen Hosen und weißen Trikots. Sie hatten sich beide standhaft geweigert, andere Dressen anzuziehen. Offiziell gab es damals auch noch gar keine Auswärtstrikots. Es gab noch nicht einmal Rückennummern. Durch Losentscheid wurde dann bestimmt,

dass sich die Deutschen die roten Dressen eines örtlichen neapolitanischen Fußballvereins anziehen mussten. Dadurch hatten sie prompt das Publikum auf ihrer Seite und konnten – natürlich nur deshalb – das Match mit 3:2 gewinnen.

Rund 500 Kilometer südlich von Neapel liegt inmitten des italienischen Stiefelabsatzes der kleine Ort San Luca, dem es mit einem außergewöhnlichen Vorkommnis gelang, auf die Sportseiten überregionaler Medien zu kommen: Warum wurden unlängst gleich 16 Spieler des italienischen Fußballvereins San Luca für je zwei Spiele gesperrt? Üblicherweise ist es weder verwerflich noch strafbar, wenn Spieler oder ganze Mannschaften mit Trauerflor am Spielfeld erschein. In diesem Fall galt die Trauerbekundung allerdings einem verstorbenen Paten der kalabrischen Mafia 'Ndrangheta, die mit geschätzten 44 Milliarden Euro Jahresumsatz als mächtigste Mafia-Organisation Europas gilt. Die öffentliche Trauer für einen Verbrecher ging dem italienischen Fußballverband dann doch etwas zu weit. Für den Verein von San Luca setzte es Punkteabzug, Geldstrafe und eine 2-Spiele-Sperre für alle 16 Kicker.

Warum stiegen wegen eines italienischen Fußballers 1998 in Rom plötzlich die Milchpreise? 1998 kaufte Sergio Cranotti, Großindustrieller und Präsident von Lazio Rom, den italienischen Christian Vieri von Atletico Madrid für den damaligen Rekordpreis von umgerechnet 40 Millionen Euro. Schließlich galt er seinerzeit als einer der besten Mittelstürmer der Welt. Um diesen Einkauf zu finanzieren, hob er als Eigentümer der größten Molkerei des Landes kurzerhand den Milchpreis in Rom an, sodass jeder Römer seinen Solidarbeitrag leisten konnte oder musste.

Bei einem Strafstoß dürfen normalerweise nur zwei Spieler im Strafraum sein: der Schütze und der Torhüter. Warum dürfen sich auf den Färöer Inseln bei einem Elfmeter drei Spieler im Strafraum aufhalten? Aufgrund der teilweise hohen Windstärken darf ein Teamkollege des Schützen den Ball festhalten, damit dieser nicht vom Elfmeterpunkt geweht wird.

Warum blieb Tormann Richard Siddall bei einem englischen Ligaspiel seines Vereins Stocksbridge Steels gegen Witton Albion im Jahr 2003 als einziger Spieler nach einem witterungsbedingten Spielabbruch noch 15 Minuten in seinem Tor stehen?

Richard Siddall blieb im Tor und war bester Dinge. Er war nämlich der festen Überzeugung, sein Team schnüre den Gegner Witton Albion regelrecht in der eigenen Hälfte ein. Wegen des plötzlich aufgezogenen dichten Nebels konnte er nämlich kaum bis zur eigenen Strafraumgrenze sehen. Das Spiel war aber wegen der geringen Sichtweiten schon längst abgebrochen. Der arme Richard Siddall hatte davon nichts mitbekommen. So stand er dann eine Viertelstunde lang mutterseelenallein auf dem Platz – bis sein Trainer in der Kabine sein Fehlen bemerkte und ihn von seinem Arbeitsplatz holen ließ.

In Spanien sind die Rivalitäten zwischen den Fußballvereinen ja zumeist von besonderer Emotionalität geprägt. Umso mehr, wenn es um wichtige Begegnungen geht. Umso erstaunlicher, was sich am 25. Mai 2012 im Madrider Vicente-Calderon-Stadion ereignete: Warum sangen die Fans von Atletico Bilbao und FC Barcelona beim spanischen Cupfinale gemeinsam ein Kinderlied?

Das von allen Fans angestimmte Lied heißt »Un elefante se balanceaba sobre la tela de una araña« (»Ein Elefant balancierte auf einem Spinnenetz«). Diese Information mag bei der Suche nach der richtigen Antwort ebenso weiterhelfen wie das Wissen, dass Bilbao im Baskenland und Barcelona in Katalonien liegt. Bei beiden Provinzen handelt es sich um sogenannte autonome Gemeinschaften, die zur Zentralmacht in Madrid ein entsprechend gespanntes Verhältnis haben. Kurz vor dem Finale war bekanntgeworden, dass König Juan Carlos bei einer Safari in Botswana einen Elefanten geschossen hatte. Aus Protest gegen das Königshaus sangen daher alle Fans zusammen das Kinderlied über den Elefanten.

Sehr sportlich, wenn die Anhänger konkurrierender Fußballvereine im Stadion kurzfristig zu Freunden werden. Apropos: Unter der Bezeichnung Stadionfreund (stadium pal) wird in den USA eine Vorrichtung verkauft, die es dem Sportsfreund ermöglicht, das Geschehen auf dem Spielfeld pausenlos entspannt zu genießen. Es ist gewissermaßen ein Erleichterungssackerl für das kleine Geschäft zwischendurch: ein tragbares Urinal, das aus einem am Bein fix befestigten Plastikbeutel besteht, der mit einem Schlauch und Katheder an der entsprechenden Körperöffnung befestigt ist. So lassen sich lästig weite Wege und lange Warteschlangen vor Fußballstadien-Toiletten vermeiden. Eine lange Hose ist allerdings aus Rücksicht auf die Sitznachbarn empfehlenswert.

Warum verbot der FC Bayern München 1985 seinem Spieler Helmut Winklhofer, in der ARD-Sportschau aufzutreten?
Der traditionell etwas humorlose FC Bayern empfand die Einladung als Beleidigung. Und das, obwohl sie erfolgte, weil Winklhofers Tor im Spiel gegen Uerdingen kurz zuvor zum Tor des Monats gewählt worden war. Dummerweise war es allerdings ein Eigentor: ein Schuss aus 35 Metern Entfernung, mit dem er Tormannlegende Jean-Marie Pfaff kunstvoll überhob.

Warum hat Rapid Wien kurz nach der Vereinsgründung die ursprünglichen Vereinsfarben rot-blau zugunsten von grün-weiß geändert?
Es waren keine weltanschaulichen oder politischen, sondern rein praktische Gründe, die zu der Abschaffung der ursprünglichen Vereinsfarben führten. Die rot-blau-gestreiften Dressen hatten zwei gravierende Nachteile: Erstens waren sie bei schlechten Lichtverhältnissen nur schwer zu erkennen und zweitens vermischten sich die damals nicht besonders haltbaren Textilfarben nach wenigen Waschgängen bereits zu einem speziell für Rapidler wenig kleidsamen Violett.

Es gibt viele Fachbegriffe, die den Anschein erwecken, als könnten sie unter Umständen mit dem Fußballsport in Verbindung stehen. Auch wenn dem nur selten so ist, eröffnen sie doch einen großen interpretatorischen Spielraum für Fußballfans. Ein paar dieser rätselhaften Fachworte sollen nun entlarvt werden.
Als Torluftschleier wird nicht etwa ein modernes Hilfsmittel der Torlinientechnologie bezeichnet, sondern das Warmluftgebläse bei

automatischen Schiebetüren von Kaufhäusern, das den Eintritt von Kaltluft und Zugluft verhindern soll.

Bei der Hütespannung geht es nicht um die Angst des Torwarts beim Elfmeter, sondern um die elektrische Spannung eines Weidezauns, die an jeder Stelle des Zauns mindestens zwei Kilovolt betragen, aber zehn Kilovolt nicht überschreiten sollte. Weil sonst ist sie den Tieren entweder wurscht oder sie bekommen schlagartig eine komische Frisur.

Der Schusswächter ist keine veraltete Bezeichnung für den Innenverteidiger, sondern ein kleines Gerät in einer Webmaschine, das die Unversehrtheit des durch die parallel gespannten Längsfäden geschossenen Querfadens überwacht. Registriert der Schusswächter einen gerissenen Faden, wird die Webmaschine automatisch gestoppt.

Auch ein Bandverteidiger ist kein Abwehrspieler, der sich bei Hallenturnieren um Spieler kümmern muss, die entlang der Bande versuchen, zum gegnerischen Tor durchzubrechen, sondern ein Anwalt in einem kirchlichen Eheprozess nach katholischem Kirchenrecht. Er ist der Verteidiger oder Hüter des Ehebandes und vertritt somit keine der beiden Prozessparteien. Unparteiisch ist er deshalb nicht wirklich, besteht seine Aufgabe doch vor allem darin, Gründe für die Aufrechterhaltung der Ehe zu finden.

Sein Gegenspieler bei derartigen Prozessen könnte der Familienspalter sein. Dabei handelt sich aber schlicht um eine Holzspaltmaschine für den Hausgebrauch. Anders gesagt: ein Brennholz-Zerkleinerer für den Familienbetrieb.

Zur Wilden Deckung kommt es weder, wenn jedes andere Verteidigungssystem versagt hat, noch wenn versehentlich das Gatter zwischen den Stieren und den Kühen aufspringt. Es ist vielmehr eine außergewöhnliche Art, ein Hausdach zu decken. Die Schiefersteine werden zu diesem Zweck unbehauen an die Baustelle geliefert, wo sie der Dachdecker individuell für das entsprechende Dach zurichtet.

Ein Lattenrichter ist weder ein auf Lattenpendler spezialisierter Referee noch eine auf die Vorbereitung des Milchschaums spezialisierte Kaffeehaus-Hilfskraft. Er arbeitet aber eng mit der Dosenlibelle zusammen. Es handelt sich um ein Instrument des Vermessungswesens, das aus einem Winkeleisen besteht, an dem eine spezielle runde Wasserwaage – die Dosenlibelle – angebracht ist. Mithilfe eines solchen Lattenrichters lassen sich beispielsweise Vermessungsstangen ganz genau lotrecht aufstellen. Bei Bedarf auch Torstangen.

Ein Eckenbrüller ist kein stets in Corner-Fahnen-Nähe sitzender Schlachtenbummler, sondern ein Begriff aus dem Zeitungsjargon. Bezeichnet wird damit ein einspaltiger Artikel, der zumeist in der besonders aufmerksamkeitserregenden linken oder rechten oberen Ecke der Titelseite erscheint.

Die Arschkarte war einst tatsächlich die rote Karte beim Fußball, da sie der Schiedsrichter aus der Gesäßtasche zog, um auch dem Publikum vor Schwarz-Weiß-TV-Geräten den Unterschied zu der in der Brusttasche aufbewahrten gelben Karte zu verdeutlichen.

Eine Demutspfeife ist weder eine besonders lautstarke Trillerpfeife, mit der sich ein Schiedsrichter in kritischer Situation Respekt zu verschaffen vermag, noch die Tabakspfeife, die ein Angestellter seinem Chef respektvoll für den Feierabend stopft. Sie ist ein Effektregister einer Orgel, das aus Pfeifen besteht, deren tiefe Töne unterhalb der Hörgrenze liegen und dadurch ein mulmiges Gefühl im Bauch auslösen. Von den meisten Zuhörern werden diese nicht lokalisierbaren Infraschall-Schwingungen als beklemmend empfunden. In der Kirche soll damit ein Gefühl besonderer Demut ausgelöst werden.

Apropos Pfeife: Die schöne Bezeichnung Absturzpfeife darf durchaus für Menschen verwendet werden, die allzu oft dazu neigen, sich mittels übermäßiger Alkoholisierung aus dem Verkehr zu ziehen. In Wahrheit handelt es sich aber um eine bei Installateuren bestens bekannte gekrümmte Einmündung eines Abwasser-Hausanschlusses in das öffentliche Kanalnetz. »Die Absturzpfeife hat die Funktion«, so steht es geschrieben, »den Abwässern und darin enthaltene Festkörpern den Schwung zu nehmen, mit dem sie aus dem Hausanschluss kommen.«

Bei einer Dunkelgangreserve handelt es sich nicht um die Ersatzspieler, die im Tunnel zur Kabine auf ihren Einsatz warten müssen, sondern um einen Fachbegriff, der sich in den Gebrauchsanweisungen für manche Solaruhren findet. Als Dunkelgangreserve wird die Zeitdauer bezeichnet, die eine Solaruhr nach vollem Aufladen auch im Dunkeln noch weiter läuft.

Die Schuss-Bums-Technik ist nicht etwa die deutsche Umschreibung für das kick-and-rush-Spielsystem beim Fußball, sondern ein Begriff aus der Frühzeit des Skisports. Lang vor der Entwicklung ausgefeilter Kurven- und Bremstechniken war die Schuss-Bums-Technik die ideale Variante, um steilere Hänge heil zu bewältigen: ein Wechselspiel aus Schussfahrt und kontrollierter, körpergewandter Stürze in den Schnee. Und das so lange hintereinander, bis man sicher ins Tal gelangt war.

So gesehen könnte ein Runder Einwärtsdreher natürlich nicht nur ein mit viel Effet geschossener Freistoß, sondern auch eine spezielle Kurventechnik beim Skifahren sein. Richtig ist allerdings, dass es sich um den im Unterarm befindlichen Muskel pronator teres handelt, der zusammen mit seinem Freund namens musculus pronator quadratus für die Drehbewegung des Unterarms zuständig ist.

Der Skisport drängt sich auch bei anderen Fachbegriffen fälschlicherweise als mögliches Herkunftsgebiet auf. Die Japanische Bindung ist weder eine Entwicklung für Skispringer noch eine fernöstliche Variante der wilden Ehe. Es handelt sich vielmehr um eine spezielle Art, ein Buch zu binden, bei der die Bögen an ihrer Faltkante nicht aufgeschnitten und daher auch nur einseitig bedruckt werden.

Die Einkehrpflicht gilt nicht für Skifahrer, um den Hüttenumsatz zu steigern, sondern für Hausverwaltungen und Hausmeister, wenn es die Wetterlage erlaubt, den im Winter auf Gehsteigen und Straßen gestreuten Splitt oder Schotter wieder weg- oder einzukehren.

Die Flatterbremse ist weder eine ausgefeilte Technik zur Geschwindigkeitsreduktion beim Schussfahren noch ein Insekt. Es handelt sich um ein PVC-Rohr, das an der Unterkante von Banner- oder Galgenfahnen eingenäht wird, um die Fahne stabiler zu machen und zu verhindern, dass sie allzu schnell ausfranst.

Ein Flattersatz wird höchstens fallweise als abfällige Bezeichnung für einen missglückten Skisprung verwendet. In erster Linie ist es aber ein Begriff aus der Typographie oder auch dem Druckereigewerbe. Variieren beim Blocksatz die Abstände zwischen den Worten dergestalt, dass die Schrift – wie bei dem Buch, das sie gerade lesen – rechts und links einen geraden Rand bildet, bleiben beim Flattersatz die Abstände immer gleich groß. Geht sich ein Wort in einer Zeile nicht mehr aus, wird es komplett in die nächste Zeile gesetzt. Dadurch ergibt sich rechts ein unregelmäßiger, flattriger Rand.

Um abschließend noch eine Brücke zu Ballsportarten zu schlagen, sei an dieser Stelle geklärt, dass es sich bei einem Wurfausgleich nicht um einen besonders spannenden Moment eines Handballspiels handelt, sondern um einen Begriff aus der Schweinezucht. Wirft die Sau Resi zwölf Ferkel und die Sau Herta zeitgleich nur acht, gibt der Bauer zwei Ferkel von Resi zu Herta, damit sich beide um je zehn Ferkel kümmern können. Diesen Vorgang nennt der Fachmann Wurfausgleich.

Warum begannen die Heimspiele der namhaften amerikanischen Baseball-Mannschaft Chicago White Sox drei Spielsaisonen lang ausgerechnet immer um 19:11 Uhr?
Die Vermutung, dass der Grund dafür mit den Fernsehübertragungen in Zusammenhang stehen könnte, liegt auf der Hand, ist aber falsch. Die Chicago White Sox hatten einen Werbevertrag über kolportierte 500.000 Dollar mit der berühmten Supermarktkette Seven-Eleven, die so heißt, da ihre Filialen täglich von 7 Uhr bis 23 Uhr geöffnet haben. Der Stadionsprecher konnte daher zu Spielbeginn immer verkünden: »Ladies and Gentlemen, it is 7:11.«

Fernsehübertragungen können aber bisweilen sehr wohl nachhaltigen Einfluss auf Sportveranstaltungen haben. Insbesondere auf ihre

Popularität. Bis in die 1960er-Jahre war die englische Billardvariante Snooker* (vergl. Langer Einsteiger) eine Randsportart, die kaum jemanden interessierte. Trotzdem entschloss sich die englische Fernsehanstalt BBC dazu, dem Bekanntheits- und Beliebtheitsgrad dieses Sports mit ausgiebigen Übertragungen unter die Arme zu greifen.

Warum förderte die BBC den Snooker-Sport?

Der Grund dafür war ein geradezu bestürzend banaler. Ende der 1960er suchte die BBC nach preiswerten Programmen, bei denen die Vorteile des gerade eingeführten Farbfernsehens besonders zur Geltung kommen sollten. Und da war eine Sportart wie Snooker, die sich dem Zuschauer nur erschließt, wenn er die vielen verschiedenfarbigen Kugeln auch voneinander unterscheiden kann, natürlich ideal.

Wieso benötigt der schottische Snooker-Profi Stephen Maguire für die Ausübung seines Sports ein ärztliches Attest?

Snooker ist ein Gentlemen-Sport. Daher müssen alle Spieler bei Turnieren laut britischem Reglement ein Mascherl tragen. Stephen

---

* Die unverhältnismäßig hohe Zahl der Fragen zum Themenbereich Snooker mag ihre Ursache übrigens u. a. in dem Umstand haben, dass sowohl Redakteur Peter W. als auch Autor Peter B. dieser Leidenschaft in ihrer Freizeit mit großem Dilettantismus frönen.

Maguire aber empfand das als beeinträchtigend. Daher ließ er sich vom Arzt ein Kehlkopfleiden attestieren, das ihn seither vom Mascherlzwang befreit.

Zu den ganz großen Stars der Snooker-Szene zählt seit Jahren Ronnie »The Rocket« O'Sullivan. Viele junge Spieler betrachten es bereits als Ehre, gegen ihn antreten zu dürfen. Einer jedoch legte ein überraschendes Verhalten an den Tag: Warum verweigerte der Franzose Alain Robidoux nach einem Snooker-Match seinem Gegner Ronnie O'Sullivan den geradezu obligaten Handschlag?

Ronnie O'Sullivan ist bis heute einer der wenigen Spieler, die mit rechts und mit links gleich gut spielen können. In manchen Situationen ist ihm seine virtuose Beidhändigkeit von immensem Nutzen. Der Vorteil ist durchaus vergleichbar mit dem eines Fußballspielers, der mit links ebenso sicher schießt wie mit rechts. Natürlich musste er sich diese Fähigkeit erst aneignen. Bei der Snooker-WM 1996 spielte er gegen Alain Robidoux zum ersten Mal öffentlich ein gesamtes Match nur mit links. Er gewann es auch mit links. Robidoux fasste das – wohl nicht ganz zu Unrecht – als Verhöhnung auf und verweigerte ihm daher den üblichen Handschlag.

Mit Auftrittsrohr am Fummelplatz

Zweideutiges und Anzügliches

Es soll hier nichts schöngeredet werden: Selbstverständlich werden Begriffe, die auch leicht anrüchige Assoziation zulassen, von der schamvoll errötenden Redaktion nicht sofort aussortiert. Oft sind es aber gerade jene Begriffe, bei denen sich ordinäre Antworten fast schon aufdrängen, die das Rateteam dazu veranlassen, jegliche Anzüglichkeit vorsätzlich weiträumig zu umfahren. Auch diese Strategie birgt erhebliches Spaßpotenzial. Stattdessen sorgt dann eine völlig harmlose Frage ein paar Minuten später für eine schillernde Obszönität nach der anderen. In dieser Unberechenbarkeit liegen viel von dem Witz und der Würze von »Was gibt es Neues?«

Über welche Fähigkeit muss ein Sexer verfügen?

Ein Sexer muss imstande sein, das Geschlecht eines neugeborenen Hühnerkükens zu bestimmen. Eine schwierige Aufgabe, weil die Unterschiede anfänglich kaum erkennbar sind. Für die Hühnerfarmen ist es aber sehr wichtig, dass die Küken von klein auf entsprechend ihrer Bestimmung ernährt werden: Entweder sie legen Eier oder sie drehen später ihre Runden am Grillspieß.

Ein Schenkelsammler ist kein Don Juan, der sich für jedes eroberte Frauenbein eine Kerbe in den Bettpfosten ritzt, sondern ein Sammelbegriff für jene Bienenarten, die den Pollen an ihren stark behaarten Hinterschenkeln transportieren. Dazu zählen u. a. viele der Erd- und Sandbienen. Es gibt übrigens auch noch Kropfsammler, Mundsammler, Bauchsammler und Körbchensammler. Letztere sorgen für unseren Honig.

Eine Geilstelle ist kein bestimmter Körperteil, sondern eine Bezeichnung für jene Stellen in Wäldern und auf Wiesen, an denen sich besonders üppiges Pflanzenwachstum zeigt. Auf Bauernhöfen zum Beispiel dort, wo längere Zeit Dünger gelagert wurde.

Der Letzte Busen ist kein Seufzer der Erleichterung eines Bodypainters oder eines Ostseekapitäns, sondern das Finale bei der Blattgoldproduktion. Die Herstellung von Blattgold erfordert viele Arbeitsschritte, bei denen das Gold mit immer schwereren Hämmern immer dünner geschlagen wird. Jeder dieser Arbeitsabschnitte wird als Busen bezeichnet. Der schwerste Hammer kommt beim gesuchten letzten Busen zum Einsatz.

Warum musste in Japan eine 38-jährige Frau vor Gericht ihre Oberweite demonstrieren?
Bei Serena Kozakura handelt es sich um ein Bikini-Modell mit besonders üppigen Formen. Sie war beschuldigt worden, durch ein kleines Schlupfloch in eine Wohnung eingedrungen zu sein, konnte aber mittels der werbewirksamen Präsentation ihrer üppigen Oberweite eindrucksvoll belegen, dass ihr das gar nicht möglich gewesen sei. Freispruch.

Von Retromöpsen spricht nicht etwa der Couturier in Anbetracht eines völlig aus der Mode gekommener Dekolletés, sondern ein Kynologe, wenn er einer Mops-Art ansichtig wird, die durch Kreuzung mit einem Jack-Russel-Terrier zurückgezüchtet wurde. Im Gegensatz zum heutzutage handelsüblichen hochgezüchteten Mops mit extrem platter Schnauze und oftmals Atemproblemen, sieht der Retromops wieder so aus, wie noch vor ein paar Jahrhunderten: mit einer richtigen Hundeschnauze und brauchbaren Nasenlöchern.

Die Möpserinne darf nicht mit dem Kavaliergang* verwechselt werden. Sie ist auch kein Pissoir für klein gewachsene Hunde. Die Lösung lauert in einem Kalkwerk, in dem Kalksteine im Ofen gebrannt werden. Als Möpse bezeichnet der Fachmann schlecht oder fehlerhaft gebrannte Steine, die aussortiert und in die Möpserinne gelegt werden.

* Siehe erstes Fragenkapitel »Stets findet Überraschung statt, wo man's nicht erwartet hat.«

Bei der Fummelzone handelt es sich abermals nicht um eine bestimmte anatomische Region, sondern um einen Begriff aus dem Schießsport. So wird jene Zone im Wettkampfgelände genannt, in der die Sportler ihre Waffe auspacken, ungeladen überprüfen und mit ihr daher nach Lust und Laune herumfummeln dürfen.

Die Intimmischung ist nicht der Befehl zum Partnerwechsel im Swingerclub, sondern ein Begriff aus der Textilindustrie: Werden bei Fasermischungen die einzelnen Komponenten innig miteinander vermischt, spricht der Fachmann von einer Intimmischung.

Wer eine Damenlandung anpeilt, sollte das vielleicht nicht als Heckaufreißer versuchen. Die Damenlandung ist allerdings keine gelungene Eroberung, sondern ein Begriff aus dem Flieger- oder auch Modellfliegerjargon. Er ist unfreundlich, sexistisch und verwerflich. Und gar nicht mal so lustig. Von einer Damenlandung spricht der mit dem speziellen Fliegerhumor Gesegnete dann, wenn sich ein kleines Flugzeug bei der Landung überschlägt, sodass beide Fahrwerksbeine erwartungsvoll gespreizt in die Höhe ragen.

Der Heckaufreißer hat tatsächlich etwas mit steilen Zähnen zu tun: Es gibt ihn nämlich als Einzelzahnaufreißer und als Mehrzahnaufreißer. Diese wahrlich ganz schön scharfen und steilen Zähne werden am Heck von Baggern oder Bulldozern montiert, wenn die Asphaltdecke aufgerissen werden soll.

In Anbetracht der Vielzahl an Begriffen, mit denen der Mann sein Genital zu umschreiben pflegt, ist es kein Wunder, dass bei Dutzenden eigentlich völlig harmlosen Begriffen wie z. B. Ständer, Latte, Rohr, Versager oder Hänger bei vielen sofort der assoziative Bezug zum Geschlechtsorgan da ist. Bringen wir sie hinter uns.

Ein Vier-Monats-Hänger ist die Fachbezeichnung für eine als Werbegeschenk beliebte Art von Hängekalendern, auf deren drei Seiten jeweils vier Monate abgedruckt sind.

Ein Weicher Liegenbleiber ist ein besonders blumiger Begriff aus dem Kfz-Werkstatt- und Versicherungswesen. Es geht um die Unterscheidung zwischen »weichen« Schäden am Fahrzeug, die so unerheblich sind, dass es dem Lenker nach einer Panne noch möglich ist, selbst bis zur Werkstatt zu fahren, und erheblicheren Schäden, die den Einsatz eines Abschleppwagens erforderlich machen, um den Harten Liegenbleiber in die Werkstatt zu transportieren.

Der Urlaubsversager ist ein Begriff aus dem Jargon des Justizvollzugs. So werden jene Häftlinge genannt, die sich im Hafturlaub oder Freigang nicht an die Regeln halten und beispielsweise zu spät zurückkehren oder gar eine Straftat begehen.

Das Auftrittsrohr ist keine Bühnenerektion, sondern schlicht ein Metallrohr am hinteren unteren Rahmen von Rollstühlen. Mittels hebelwirkungsvollem Fußdruck auf dieses Rohr kann der Rollstuhlschieber Gehsteigkanten oder andere Hindernisse leichter überwinden.

Während der Rohrhügel ein Hindernis beim Minigolf ist, ist der Spritzhügel ein Begriff aus dem Medizinerjargon: Erfolgt die Verabreichung von Injektionen immer an der gleichen Stelle, können Wucherungen

des Fettgewebes unter der Haut entstehen, die von Ärzten als Spritz-hügel bezeichnet werden.

Als Schweißlatten werden jene Holzlatten bezeichnet, die im Bauch von Frachtschiffen an der Bordwand angebracht sind, um zu verhin-dern, dass das Frachtgut mit den oftmals Kondenswasser schwitzen-den Außenwänden in Kontakt kommt und nass wird.

Bei einer Stehenden Latte vergeht sogar Piloten der Humor. So wird im Fliegerjargon ein Propellerausfall bezeichnet.

Der Latte-Faktor hat nichts mit sexuellen Erfolgschancen zu tun. In dem Buch »Automatisch Millionär. Die bombensichere Anleitung, steinreich zu werden« ist der Latte-Faktor für Autor David Bach der unauffällige finanzielle Schwund durch jene täglichen Ausgaben, die einem gar nicht mehr richtig bewusst sind. Als markantes und namensgebendes Beispiel führt er den Caffè-Latte-to-go am Weg zur Arbeit an.

Absolut rekapitulierenswert sind die Erklärungsvorschläge des Rate-teams für den Begriff Fangständer. Viktor Gernot blieb auf Gürtel-höhe: »Das ist einer, der sich am FKK-Strand auf den Rücken legt – und die anderen dürfen Ringe werfen.«
Michael Niavarani kam nach langem Nachdenken zu folgender beste-chenden Erkenntnis: »Vielleicht ist es ein Gerät, das irgendwo verwen-det wird, wo man es braucht …«
Thomas Maurer hatte eine besonders schöne, schräge Vision: »In der Reha-Klinik für Greifvögel sitzen Patienten mit verletzten Fängen gemütlich in ihren Fernsehsesseln und ruhen dabei ihre lädierten Krallen auf ergonomisch angepassten Fangständern aus.«
Keiner kam auf die eigentlich naheliegende Idee, dass es sich einfach nur um ein Gestell handelt, auf dem Fische zum Trocknen aufgehängt werden. Das wäre allerdings auch falsch gewesen. Als Fangständer werden nämlich beim Springreiten die breiteren Ständer an den Sei-ten eines Hindernisses bezeichnet, die den Effekt haben, dass das Pferd auf die Hindernismitte konzentriert ist und nicht seitlich aus-weichen möchten.

Im Fachjargon als Steifer Nachläufer wird der hintere Teil eines Gelenkbusses bezeichnet.

Unter dem Begriff Erektionsbulle ist eine von Papst Paul II. am 18. Jänner 1496 besiegelte Urkunde zu verstehen. Mit dieser Bulle wurde damals Wien zu einem Bistum und die Stephanskirche zum Dom erhoben. Nachdem eine derartige Erhebung oft mit der Bewilligung zur Errichtung eines Doms einherging, wurde der Vorgang als Erektion bezeichnet.

Unter der Bezeichnung Orgasmusuhr kennen Porno-Synchronsprecher und -stöhner ein Hilfsmittel im Aufnahmestudio: eine Countdown-Stoppuhr, die die verbleibende Zeit bis zum sexuellen Höhepunkt der Darsteller anzeigt.

Bei einem Paarungsrad haben wir es mit einem Begriff aus der Zoologie zu tun. Wenn sich Libellen begatten, spricht der Fachmann ob der markanten kreisförmigen Vereinigung von einem Paarungsrad. Auch manche Falter pflanzen sich dadurch fort, dass sie ihre Körperenden zusammenführen.

Eine außergewöhnliche Sexualpraktik ist indes die Englischen Kopulation mit Gegenzunge. Es handelt sich dabei nämlich um einen besonderen Veredelungsschnitt bei Weinreben, der erstmals in England angewendet wurde. Details erfahren Interessierte bei einem Weinbauern ihres Vertrauens.

Weder die Knallplatte noch der Knallteppich sind geeignete Unterlagen für Sexualakte.
Knallplatten findet man bei Tischfußballtischen. Sie werden schräg im Tor angebracht und sollen verhindern, dass der Ball nach dem knalligen Torschuss wieder aufs Spielfeld zurückspringt.
Als Knallteppich wird jener Geländestreifen unter dem Flugweg eines mit Überschallgeschwindigkeit fliegenden Flugzeugs bezeichnet, in dem der Überschallknall wahrnehmbar ist.

Wer sich im Bereich dieses Teppichs entkleidet, könnte als Teppichstripper bezeichnet werden. Üblicherweise ist damit allerdings schlicht eine Art motorisierte Spachtel gemeint, mit der am Boden verleimte Teppiche und Klebstoffrückstände abgelöst werden können. »To strip« heißt schließlich auch abschälen oder abkratzen.

Das Perverse Dreieck ist ein Fachbegriff aus der Familientherapie. Psychologen sprechen von einem perversen Dreieck, wenn sich in einer Familie zwei Angehörige unterschiedlicher Generationen gegen einen Dritten verbünden. Beispielsweise die Frau und deren Mutter gegen den Ehemann der Frau. Oder Vater und Tochter gegen die Mutter.

Ein Dreiecksaufriss interessiert ausschließlich Menschen, die der seltsamen Leidenschaft anheimgefallen sind, die Deckelbildchen jener Kaffeeobersbehälterchen sammeln zu müssen, die es üblicherweise zum großen Braunen gibt. Für die ist es total wichtig, ob sich diese Deckel im Ganzen ablösen lassen oder ob sie beim Öffnen dreieckig einreißen. Diese beiden spannenden Varianten heißen demzufolge Vollaufriss und Dreiecksaufriss.

Der Mutterstecher ist nicht der verzweifelte Versuch der Eindeutschung eines bösen englischen Schimpfworts, sondern ein harmloser, aber sehr wichtiger Mitarbeiter in einem Schallplattenpresswerk. Mit einem ganz feinen Stichel sorgt er für die akustische Sauberkeit jener Pressformen, mit denen dann die Vinylscheiben zu Schallplatten gedruckt werden. Da diese Pressform als Mutter bezeichnet wird, heißt ihr Schöpfer folgerichtig Mutterstecher.

Ein Quoten-Quickie ist ein cineastischer Fachausdruck, den die Welt der sogenannten Cinematographic Films Bill verdankt. Dabei handelte es sich um ein Gesetz, das 1927 in England verabschiedet wurde. Es besagte, dass ein gewisser Prozentsatz der in den Kinos gezeigten Filme von heimischen Filmschaffenden sein musste. Um diese Quotenvorgabe zu erreichen, wurden extra zu diesem Zweck billige, meist minderwertige Kurzfilme produziert, die als Quoten-Quickies in die Filmgeschichte eingingen.

Nichts mit Bier, Fernsehen oder anderen Phantasien hat die Feierabend-Stellung zu tun. Verlässt ein Kranführer nach Dienstschluss seinen Arbeitsplatz in luftiger Höhe, darf der Ausleger des Krans nicht fixiert sein, damit er sich bei Bedarf mit dem Wind drehen kann und ihm so keine Angriffsfläche bietet. Das ist die Feierabend-Stellung.

Die Fertig-Stellung – nicht zu verwechseln mit der simplen Fertigstellung – ist jene Körperposition, die ein Kurzstrecken-Sprinter während des Startkommandos »Achtung – Fertig – Los« beim Befehl »Fertig« einnimmt.

Als Selbstkommer werden nicht etwa sexuell autonome Handanleger, sondern Spitalspatienten bezeichnet, die nicht mit der Rettung eingeliefert werden, sondern selbst in die Aufnahme kommen.

Auch der Sockenschuss ist nicht die von Andreas Vitásek angeregte Masturbationstechnik, sondern soll verhindern, dass Socken das traurige Schicksal blüht, vereinzelt zu werden. In Wäschereien werden Socken zu diesem Zweck manchmal mit einem »durchgeschossenen« Faden paarweise zusammengeheftet, bevor sie in die Trommel kommen. Das erspart dann auch später die mühselige und zeitaufwendige Suche nach Pärchen.

Genau den gleichen Zweck erfüllen die unter der Bezeichnung Paarungshelfer oder Sockenwächter verkauften Plastikklammern, die die Socken in der Waschmaschine paarweise zusammenhalten sollen.

Warum ist der Vibrator der Marke »Love Bug« auf Zypern verboten?

Die Regierung hat tatsächlich Angst, dass dieser spezielle Vibrator Zyperns nationale Sicherheit gefährden könnte. Das Besondere an ihm ist nämlich, dass er mittels Fernbedienung funktioniert. Die hat zwar »nur« – zu welchem Zweck auch immer – eine Reichweite von 6 Metern, stört aber den Funkverkehr der zypriotischen Nationalgarde.

Was ist ein Französischer Grunzer?

Endlich sind wir bei jener ominösen Frage angelangt, die Andreas Vitásek zu einer Antwort animierte, die verhinderte, dass die Sendung planmäßig in der darauffolgenden Woche im Vormittagsprogramm wiederholt werden konnte. »Fut-Schaß« ist defintiv nicht jugendfrei. Dass es sich bei Französischen Grunzern nur um Korallenfische handelt, die ihre Zähne so aneinander reiben, dass dabei eigenartige Grunzlaute entstehen, war für Eva Marold so enttäuschend, dass sie monatelang mit konsequentem Trotz bei fast jedem Rätselbegriff die Vermutung äußerte, es handle sich sicher nur wieder um einen Fisch.

Der Trockenspanner war eine Erfindung für sparsame Männer, die die Grande Dame der Enttabuisierung Beate Uhse 1978 sogar im Deutschen Fernsehen präsentierte. Mit ihm ließen sich verwendete, gereinigte Kondome spannend trocknen, um sie anschließend nochmals verwenden zu können.

Beim Spargummi handelt es sich allerdings um einen Begriff aus der Philatelie. Es ist eine spezielle, sparsame Gummierung, die nicht vollflächig, sondern nur punktuell aufgetragen ist.

Übungsgummis sind Gummischeiben, die als Schalldämpfer auf Trommeln und Becken gelegt werden können, um in Ruhe Schlagzeug üben zu können, ohne die Umwelt allzu sehr zu belästigen.

Der Verzögerungsgummi kommt einem beim Abschleppen zugute. Um beim Anfahren oder Beschleunigen einen zu starken Ruck zu vermeiden, gibt es nämlich leicht elastische Abschleppseile mit einem eingearbeiteten Gummi, der umgangssprachlich auch als Verzögerungsgummi bezeichnet wird.

Als Wiener Gemeindegummi wird eine Gummimanschette zwischen der WC-Schale und dem Abflussrohr bezeichnet, das in den Abfallstrang

Art der Leistung:

Nässe im WC.
WC Anlage demontiert.
Undichten Gemeindegummi erneuert.
WC Anlage wiedermontiert.
Auf Funktion und Dichtheit geprüft.

01. Material lt. Tarif		
Baustelleneinrichtung	1,00	PA
Demontage von Einrichtungen	1,00	PA
WC Anlage	1,00	PA
Rohrverbmansch. 90x300mm	1,00	St
Schelle 90-110mm	2,00	St
Summe 01. Material lt. Tarif		
Auf- und Abschläge Material :		
Auf- und Abschläge Lohn :		

Als Beleg dafür, dass der »Wiener Gemeindegummi« wirklich so heißt, betrachte man diese Installateurrechnung: »Undichten Gemeindegummi erneuert«.

führt. Die spezielle Bezeichnung rührt daher, dass diese Manschette seit jeher vorzugsweise in Gemeindebauten benutzt wird.

Im Anschluss an den Wiener Gemeindegummi geradezu ideal geeignet als letzte Frage dieser Sammlung ist jene nach dem Wiener Schluss. Die Habsburger liebten zwar das Theater, Tragödien waren aber nicht ihr Fall. Kaiser Joseph II. hat Ende des 18. Jahrhunderts tatsächlich per Dekret angeordnet, dass im damaligen alten Burgtheater keine Stücke zur Aufführung kommen durften, die dazu geeignet wären, die Zuschauer in traurige Stimmung zu versetzen. Vielen Dramen mussten daher kurzerhand Happy Ends verpasst werden. Diese Vergewaltigung von u. a. auch Tragödienklassikern wie »Romeo & Julia« oder »Hamlet« wird von Theaterwissenschaftlern als Wiener Schluss bezeichnet.

Nachwort
von Michael Niavarani

So! Jetzt haben Sie sich also bis zu mir durchgekämpft. Gratulation und ein herzliches Willkommen zum Nachwort. Falls Sie vorgeblättert haben, um diese Zeilen hier zuerst zu lesen, dann blättern Sie wieder zurück und lesen Sie gefälligst das ganze Buch. Ich mühe mich doch nicht ab, schreibe ein Nachwort und dann lesen Sie es zuerst und es mutiert gleichsam zum Vorwort. Und für ein Vorwort ist mein Nachwort ungeeignet. Es ist zu finalesk. Man kann schließlich nicht mit dem Ende beginnen. Mein Nachwort ist das Letzte, das Sie lesen sollten. Man kann übrigens ein Nachwort auch gar nicht lesen. Es ändert nichts am Buch, ob Sie das Nachwort lesen oder nicht. Das Nachwort ist im Grunde unnötig. Es gehört gar nicht zum Buch – es ist ein Anhängsel.

Ich denke mir oft, wenn ich sehe, dass ein Autor ein Nachwort geschrieben hat, wieso er das, was er da schreibt, nicht gleich ins Buch hineingeschrieben hat. Ins letzte Kapitel meinetwegen – aber muss es sein, ein Nachwort zu schreiben? »Nachwort« ist im Mittelhochfinnischen übrigens ein sehr langes Wort und bedeutet wörtlich angeblich: »IchbinjetztmitderGeschichtefertigmöchteeuchabernochetwassagenwaszwarmitderGeschichtezutunhataberdanndochwiederauchnichtsozurGeschichtegehörtdassichesindieGeschichteschreibedrumschreibichesamSchlussnochmalextraauf«.

Nun in diesem Falle handelt es sich ja bei Buch und Nachwort um zwei unterschiedliche Autoren. Peter Blau ist der Autor des Buches, ich, Michael Niavarani, der Autor des Nachworts. Da geht es gar nicht anders, als dass man es hinten ans Buch dranklebt sozusagen. Denn wie hätte denn Peter Blau das, was ich sagen will, in sein Buch schreiben können!? Er kann vieles, aber Gedanken lesen kann er nicht. Noch dazu macht es wenig Sinn, meine Gedanken über das Phänomen »Nachwort« in ein Buch ohne Nachwort zu schreiben, wenn das Buch nicht von Nachwörtern handelt. Da käme ja das Thema »Nachwort« aus dem Nichts. Im Nachwort ist es nur logisch, sich mit dem Nachwort zu beschäftigen. Das Nachwort beschäftigt sich sozusagen mit sich selbst ... wahrscheinlich, weil ihm so fad ist.

Noch sinnloser als ein Nachwort ist ein Vorwort. Was um alles in der Welt ist so wichtig, dass ich es noch unbedingt wissen muss, bevor ich das Buch lese? Was will mir der Autor noch schnell sagen? Wenn es so wichtig ist, soll er mich anrufen. Aber auch in diesem Falle macht es Sinn, denn der Autor des Vorworts ist Oliver Baier.

Das Nachwort wurde übrigens von einer Frau erfunden, denn wer das Nachwort hat, hat auch das letzte Wort. Man weiß nicht mehr so genau, welche Frau es war – aber es muss eine Ehefrau gewesen sein, deren Mann eine ziemliche Lusche war, denn sonst müsste sie ja nicht immer das letzte Wort haben.

Interessanterweise gibt es kein Mittelwort, was ich nicht verstehe, denn was, wenn der Autor das Verlangen verspürt, uns nach dem 7. Kapitel etwas mitzuteilen, was wir noch vor dem 8. Kapitel unbedingt wissen müssen, was aber nicht ins 7. Kapitel passt und eher kurz ist? Da zahlt sich kein eigenes Kapitel aus und das Geeignetste wäre ein Mittelwort. Schade, dass es das nicht gibt.

Mir fehlt auch ein Zwischenwort. Wenn der Autor mitten in einem Kapitel etwas loswerden will, was aber nicht zum Kapitel gehört, aber doch irgendwie schon. Das Zwischenwort kommt allerdings oft als Unterwort, auch Fußnote genannt, daher.

Nun gut, soweit also zur Theorie des Nachworts und jetzt zur Praxis. Hier ist das Nachwort: GURKE.

Michael Niavarani

Stichwortverzeichnis

Ratschen 150
Raucherschnapper 159f.
Rauchverbot 159
Raumschiff Enterprise 95
Rauschchaos 168
Rechtsverkehr/Linksverkehr 75
Rednerpult 211
Regenbogen 78
Reitturniere 219
Rentnerteich 107
Repetierschenkel 80
Retromöpse 232
Revolution 111, 124
Rindfleischschwemme 166
Roaring Forties 58
Rohrhügel 234
Rollkugelmanipulator 109
Rolls-Royce 195
Römisches Roulette 109
Rotkäppchen 179
Rotkäppchen-Service 179
Rübenweiche 86
Rückschlagring 176
Rülpsen 132
Rumpelstilzchen-Effekt 179
Runder Einwärtsdreher 227
Rutsche 120

Sackbefehl 149
Saftkugler 158
Saggy Pants 186
Sandhotel 116
Sandwich-Präsident 159
Sarg 134
Sari 200
Säuferbalken 69
Schach 166
Schamhaar-Revolte 124
Schamkapsel 189
Schattenspitze 103
Schatzkammer 194
Scheidung in China 74

Scheißtag 140
Schenkelsammler 231
Schimpfbereich 112
Schlafmützenkonkurrenz 189
Schlagfigur 124
Schlammpeitzger 214
Schlangenplage 75
Schlapfendampf 183
Schleife 219
Schleimgriff 158
Schleuderscheibe 57
Schlümpfe 121
Schlüpfertyp 185
Schmelztüten 171
Schmuckeremit 196
Schnapskopf 112
Schneeflockenerlass 213
Schneewittchen 178
Schnelle Anflutung 107
Schnitzelbank 164
Schnitzelbruch 164
Schnitzelgrube 164
Schnitzwasser 69
Schnürlregen 117
Schoßgriff 158
Schotterspion 153
Schottische Furche 68
Schreistollen 55
Schrittspannung 186
Schrumpfhaube 189
Schrumpfkapsel 189
Schuh als Pfand 60
Schuhabkommen 59
Schuhdiebstahl 59
Schürzengriff 158
Schuss-Bums-Technik 227
Schusswächter 225
Schusterjungenregelung 46
Schwabbelland 102
Schwabbellatte 103
Schwanensee 93
Schwanzelgriff 158

Personenregister

Bildnachweis

ORF/Milenko Badzic (11, 13, 17, 20, 22, 23, 24, 25, 26, 27, 28, 29, 30, 31, 33, 35, 36, 37, 39, 40, 41, 42, 44), ORF (18, 146, 169), ORF/Ali Schafler (32), ORF/Thomas Jantzen (34), ORF/Hans Leitner (38, 43, 125), Thomas Kloebl (63), Richard Bandion (71 unten), Wikimedia Commons/Louise Wolff (84), Wikimedia Commons (85, 172, 218), Oliver Pfeiffer (116), Michael Scheinecker (119 alle), Erwin Mödritscher (120), Fritz Menzl (141), Gerhard Hubmann (142 oben), Nicole Zimmermann (239, 240)
Alle übrigen Abbildungen stammen aus den Archiven des Autors sowie des Amalthea Verlages.

Der Verlag hat alle Rechte abgeklärt. Konnten in einzelnen Fällen die Rechteinhaber der reproduzierten Bilder nicht ausfindig gemacht werden, bitten wir Sie, dem Verlag bestehende Ansprüche zu melden.